JN444352

국민통합, 남북통일, 세계평화를 위한

패러다임의 대전환

시와사람

추천사

국민대통합의 길잡이

한 광 옥 (국민통합 위원장)

유사 이래 수많은 외침을 받았던 우리나라는 그때마다 시련을 슬기롭게 극복해 나왔다. 그런데 작금의 한반도는 그 어느 때보다 호기의 천운과 함께 다급한 위기를 동시에 맞이하고 있다. G20 세계정상회의를 유치할 정도의 국운상승도 있지만 글로벌 경제위기와 중국의 동북공정, 그리고 북한의 로켓발사와 3차 핵실험으로 인한 초긴장 상황이 다급하게 전개되고 있어서 앞날을 예측하기가 쉽지 않다. 따라서 국운융성과 나라의 안전을 위한 남북의 평화체제 창출이 절실한 실정이다.

대한민국 18대 박근혜정부의 5대 국정과제는 "일자리 중심의 창조적 경제", "맞춤형 고용과 복지사회 구현", "창의적 교육과 문화가 있는 삶", "안전과 통합의 사회", "행복한 통일시대의 기반구축"이다. 역사는 우리를 위해 언제 까지나 기다려주지 않는다. 이제 우리도 역사적인 전기를 맞이하여 국민대통합으로 새로운 국력을 신장시켜야 한다.

지금 우리는 생각의 다름을 서로 인정하지 않는 사유의 편견에 의해 좌파와 우파, 보수와 진보의 극한 대결로 동서로 갈리고 남북으로 나누어져 민족의 에너지가 반세기 이상 흩어져 생활공동체를 해체시켜왔다. 앞으로 나아가느냐 아니면 후퇴의 길로 내어몰릴 것이냐의 기로에서 지금 우리에게 절실히 요구되는 것은 국민대통합으로 이제 더 이상의 갈등과 분열을 막아 새 시대를 견인하는데 온 힘을 하나로 모아야 할 것이다.

21C는 새로운 시대로의 대전환기이다. 전환기는 교체기이기 때문에 어떤 일에 있어서 한 쪽으로 치우치지 않고 조화롭게 소통시킬 수 있는 중용(中庸)의 지혜가 요구된다고 하겠다. 톰 하트만은 그의 저서 『우리 문명의 마지막 시간들(The Last Hours of Ancient Sunlight)』에서 "세상 위기에 대한 대부분의 해결책이 비현실적인 이유는 그것들이 문제를 일으킨 바로 그 세계관에서 나온 것들이기 때문이다. 진실로 의미 있는 변화가 이루어지려면 세상을 바라보고 받아들이는 방식을 바꿔야 한다."라고 했다. 따라서 새 가치관과 새 정책으로의 대전환을 위한 새 방법을 찾지 않으면 안 된다.

저자는 철학에 기반 한 새로운 패러다임으로서 인물과 정책의 수평적 조화를 위해 '심오한 철학적 이념'을 논리적인 정책제도와 결합시켰다. 철학이 있고 문화가 있는 정책인 셈이다. 그리고 다양한 의견을 하나로 수렴할 수 있는 양미론 사상도 창도했다. 이에 '제4의 길', 또는 '민주주의 4.0, 공존주의 1.0'라는 새로운 방법론을 공감하지 않을 수 없다.

이에 대통합의 길을 위한 『패러다임의 대전환』이 '국민대통합과 한반도 평화정착'을 위해, 우리의 앞날을 밝게 비춰줄 이 시대의 새 방법론이 될 것을 다시 한 번 더 인식(認識)하면서 이를 인도하고자 한다.

'국민통합'과 '창조적 공존 국가'를 이루는 지침서

이 윤 구 (전, 대한적십자사 총재)

20세기의 이데올로기 시대가 지나고 21세기의 정보화와 국제화 시대를 맞고 있는 인류사는 무한경쟁의 자본주의 시장경제에 의해 각국 간에는 경제발전과 정보기술 개발에 매진하고 있다. 그러나 한반도는 아직도 역사적 유물로 사라져버린 좌·우의 이념논쟁과 대립으로 긴장과 갈등을 벗어나지 못하고 있어 우리민족의 미래를 어둡게 하고 있다.

이에 본 저서는 이러한 이념적 혼란 속의 우리들에게 자본주의적 가치관과 사회주의적 가치관이 본질적으로 안고 있는 부족한 요인을 극복하고 새로운 '제4의 길'을 추구하는데 한 줄기 큰 빛을 던져주고 있어 매우 귀한 것으로 여겨진다.

특히 경제부분에 있어서 『자본주의 4.0』의 저자 A. 칼레츠키의 경제적 분석보다 더 세밀한 분석을 보게 될 때 놀랍다고 아니할 수 없다. 예를 들어 창조적 경제론은 역할분담경제론으로서 생산과 유통의 역할분담과 각각의 적절한 비율조정을 통해 혼합경제가 갖고 있는 담론수준의 한계를 극복한 것이 그 것이다.

사회주의의 붕괴는 생산의 '국유화'에 따른 선의 경쟁성 부재가 근본 원인이며, 자본주의 시장경제의 위기는 유통과 금융의 지나친 '사유화'로 인한 이윤추구로 버블경제를 양산했음이 근본 원인이라는 것이다. 따라서 50% 유통 공영화로 새 경제 질서를 창출하지 못하면 양극화, 국민통합, 남북통일, 세계경제의 위기를 근본적으로 해결할 수 없다는 것이다.

복지경제학자인 G. 뮈르달은 그의 저서 『복지국가를 넘어서』에서 "역사는 맹목적인 숙명이 아니라 우리들의 책임이다. 복지국가 정책은 오히려 훨씬 사회주의적 이며 훨씬 마르크스적이라고 조차 말할 수 있다"라고 했다. 빌 게이츠와 워렌 버핏도 "자본주의는 빈곤문제를 해결할 수 없으며 가난한 자의 입장에서 보면 시장경제는 제대로 굴러가지 않는다."라고 했다.

저자의 다른 책인 '제3을 넘어선 새로운 제4의 이념'이라 할 수 있는 『영(靈)철학』은 인류의 역사는 창조적 성장이라는 메커니즘을 갖고, 미완성에서 출발하여 완성된 사랑을 찾아 나온 과정이며, 21C의 인류의 시대정신은 청년기인 결혼기에 도달했다. 따라서 정치도 새 시대에 맞는 새로운 '제4의 정책모델'이 있어야 함을 예리한 눈으로 지적한다.

역사는 새로운 유형의 패러다임을 요구하며 인류는 새로운 변화의 거센 파고를 넘지 않으면 안 된다. 『영(靈)철학』을 기반으로 한 '블루오션전략'적 공생정책'인 본 저서 『패러다임의 대전환』은 새로운 나눔과 소통의 경제학을 창도 하였으며 종교·정치·경제 및 신학·철학·과학의 경계를 소통 시키고 유유히 넘나들면서 서로를 마음껏 아우르고 있다.

따라서 본서는 모든 제(諸) 학문과 정책 또는 이념 상호간의 교류를 원활하게 하여 새로운 국민대통합과 "창조적 공존국가"를 이루는데 중요한 지침서가 될 것을 확신한다.

유통의 50% 공영화와 창조적 기부

김 효 연 ((사)국민통합 창조유통위원장)

갈등과 위기의 본질은 궁극에 있어서 사랑의 결핍의 산물이다. 왜냐하면 사랑은 생명창조의 원동력이자 인류가 지향해야 할 궁극 목적이기 때문이다. 따라서 문화의 완성기를 맞이한 21세기의 시대정신을 보다 발전시키기 위해서는 자율이 아니라 책임에 준하는 헌신과 배려, 용서와 나눔에 의한 새로운 책임적 사회제도를 새롭게 뿌리내려야 함이 우리의 역사 앞에 남겨진 마지막 과제이다.

사회주의 계획경제의 붕괴는 생산의 '국유화'에 따른 선의 경쟁성 부재가 빈곤을 부채질했음이 근본 원인이었다. 그리고 자본주의 시장경제의 위기는 생산과 유통 및 금융의 지나친 '사유화'로 인한 이윤추구로 버블경제를 양산했음이 근본 원인이었으며 그 구성원의 심성을 개인주의를 넘어 이기주의로 까지 변질시켰다. 따라서 국유화와 사유화의 적절한 조화의 제도인 공영화 제도를 통해 태만하지도 이기적이지도 않는 새 문화의 창출을 역사는 간절히 요구하고 있다고 할 것이다.

우리나라에 있어서의 생산부분은 450여개의 중앙과 지방공기업으로 인한 공영화의 비율조정이 원만한 편이지만 유통부분은 거의 100%에 가까운 대기업중심의 사유화로 인해 중소기업과 농·수·축산업에 종사하는 생산자와 소비자들에 대한 그 피해가 막대함을 부정할 수 없다. 따라서 유통의 윤리적 경영으로 소비를 소득으로 전환시킬 수 있는 새로운 생산과 소비자주권을 회복하기 위한 창조적 유통체계를 하루 빨리 창출해야 한다.

그 방법론으로써 '유통의 50% 공영화'를 통해 유통 마진을 대폭 줄임과 동시에 그것으로 부터 얻게 되는 소비자소득의 일부를 소비자의 이름으로 사회에 돌려주는 '의무구매기부제', 즉 '창조적 기부문화'를 구축해 사회적 약자를 제도적으로 도울 수 있어야 하며 기부의 수혜자도 구매자이기에 또한 기부자가 될 수 있는 새로운 공생경제제도를 하루빨리 창출해야 한다. 국가의 예산에 의한 제한된 복지로는 역부족일 뿐만 아니라 무한 자유시장경제의 능력 중심주의로는 양극화 해결과 국민통합은 물론이요, 창조적 중립체제에 의한 남북통일, 나아가 글로벌경제의 위기에 대한 근원적 해결은 결코 불가능하게 될 것이다.

자유무역(FTA)의 파고가 갈수록 거세어지고 있는 작금의 현실에서 체질이 약한 우리 유통의 미래를 생각할 때 고민이 앞서지 않을 수 없다. 미래 경제의 관권은 생산을 넘어 마케팅에 달려있다고 해도 과언이 아니다. 유통은 경제의 키워드이며 경제정치의 핵심이다. 따라서 유통 개혁은 여타 창조경제의 그 어떤 내용과도 비교 우위에 있음을 직시해야 할 것이다.

유통의 50% 공영화를 위한 생필품유통공사의 창설로 창조경제의 큰 기둥을 반석위에 굳건히 세우지 않으면 안 된다. 경제체질에 대한 패러다임의 대전환에 우리 경제의 미래가 달려있음을 인식하고 그것을 알리는 범국민운동이 절실한 시점이다.

북한의 핵 위협은 위기이자 기회

전 세계의 우려에도 불구하고 2013년 2월 11일 북한은 3차 핵실험을 전격적으로 실시했다. 모든 TV채널에서 북한의 3차 핵실험이 실시되었다는 뉴스특보가 연이어 터져 나왔다. 예견 못한 바는 아니지만 참으로 놀라운 일이 아닐 수 없다. 로켓발사 성공에 뒤이은 후속 조치이니 만큼 한반도는 물론이요 국제사회의 간단치 않은 골칫거리임이 분명하다. 북한은 얼마 전 까지만 해도 우리식 사회주의체제의 근간을 흔드는 경제관리 방식을 단행해 우리를 놀라게 하더니, 이제는 핵이라는 최악의 조건으로 우리를 경악하게 하지 않는가? 이것은 분명 절체절명의 위기다. 그러나 깊이 생각해 보면 이것은 또한 우리에게 찾아온 천재일우의 기회일 수도 있다.

지금 3·8선 이남의 대한민국에서는 18대 대선을 치룬지 얼마 되지 않았다. 국민대통합이라는 역사적인 숙제를 해결하기 위해서 박근혜 당선인이 국민대통합위원회를 발족시켜 새로운 역사를 창조하려는 의지로 가득 차 있다. 그런데 로켓발사의 성공에 이어 함경북도 길주군 풍계리에서의 3차 핵실험으로 전 세계인의 시선을 '한반도 북쪽'으로 쏠리게 한다는 것은 분명 출범을 앞둔 '박근혜 정부'의 위기와 동시에 기회일 수 있다. 왜냐하면 통합 없는 통일도 통일 없는 통합도 불가능한 법이기 때문이다.

표피적으로 볼 때 이번 사태는 분명 우리에게 절대적인 위기임이 분명하다. 그러나 이번 북한의 핵실험이 가져온 한반도의 긴장을 4차원, 즉 본질의 차원에서 보면 얼마든지 다른 해석이 가능하다. 따라서 핵실험의 본질은 위기가 아닌 통일과 평화를 이룰 수 있는 호기일 수 있다는 것이다. 그러니까 3차 핵실험이 우리와 세계를 향한 위협이 아니라 대한민국의 국민대통합을 통해 남북통일과 세계평화를 구축할 수 있는 새 패러다임을 하루속히 창출하라는 하늘의 채찍일 수 있다는 것이다. 문제는 벼랑 끝에 놓인 이 위기를 어떻게 헤쳐 나가느냐이다.

1세기 동안 전개 된 한반도의 역사를 보라! 먼저 조선의 몰락을 가져온 일제식민시대(주권의 상실)와 8·15해방과 함께 동족상잔의 6·25 비극(주권의 분리)을 거쳐, 평화통일(새 주권의 회복)을 통한 세계평화의 모델을 21C 글로벌 경제위기로 신음하고 있는 세계 앞에 제시하라는 절대정신의 준엄한 요구가 아니겠는가?

그리고 2012년 G20정상회의를 개최하고 한류의 열풍이 전 세계를 휩쓰는 국운상승의 현실이 무엇을 의미하는가를 반추해 본다면 다시 한 번 북한의 3차 핵실험으로 긴장된 위기를 부정적으로만 볼 것이 아니라는 것이다. 씨알의 상징적 존재인 함석헌 옹은 일제식민시대 나라를 잃게 된 근본 원인을 "관료의 수탈과 함께 우리 백성이 생각을 하지 않았기 때문이다. 그런데 다시 힘을 모으고 기도를 하니까 나라를 되찾게 되었다."라고 했다.

필자는 국민통합과 통일문제를 연구하면서 크게 2가지를 알게 되었다. 그 첫째는 통합과 통일은 불가분의 관계이며, 세계평화 또한 남북분단과 동서갈등이 좌파와 우파·보수와 진보라는 설익은 이데올로기에 의해 입체적으로 겹쳐져 국론을 분열시키고 있다는 것이었다. 그리고 둘째는 국민의식이 3차원의 '기계론적 세계관'을 벗어나지 못한다는 것이었다. 이 뜻은 '우리라는 전체와 개체의 조화로움을 읽는 높은 안목이 부족한 결과이며, 나와 생각이 다른 상대를 적으로 간주하는 참으로 위험하고 저급한 의식수준에 머물러 있다.'라는 것이다. 다시 말해 가치관의 수준이 치기어린 어린아이와 같아서, 절대적 보호가 필요한 수준이기에 국민의식 개혁을 위한 새 가치관운동을 대대적으로 일으켜야 한다는 것이었다.

새로운 가치관에 대해서는 하아비 콕스 교수의 저서 『지성에서 영성으로』를 통해서 알 수 있듯이, 나와 생각이 다름을 아닌 것(非)으로 치부하는 양비론(兩非論)을 넘어, 생각이 다름을 서로 부족한 것, 미완성 된 것으로 바라보는 양미론(兩未論) 사상을 새로운 가치관으로 교육시켜야 한다. 양비론은 분명 이념의 바이러스다. 따라서 새로운 이념과 부족한 국가제도를 치료할 백신인 4차원적 영성(靈性)사상을 새롭게 창출해야 한다.

사회체제에 있어서도 전체와 개체의 조화로움을 적절하게 할 수 있어야 국유화(國有化) 중심의 사회주의와 사유화(私有化) 중심의 자본주의의 폐회로부터 탈피할 수 있다.

경제시스템 또한 마찬가지다. 정부와 시장의 조화론인 「자본주의 4.0」의 혼합경제론 조차도 뛰어 넘는 새로운 제4의 '창조적 경제론'을 창출하여 계획경제와 시장경제의 장·단점(長·短點)을 보완해 소유의 양극화를 해결해야 한다. "자유시장도 민주주의도 다 환상이었다. 경제·식량·생태위기가 겹친 지금이 변화의 호기이며 이미 거대한 '대항운동'의 물결은 시작됐다."라고 한 『경제학의 배신』의 저자 라즈 파텔(Raj Patel)의 외침을 깊이 되새겨야 할 때이다.

지금 우리의 현실은 남북은 서로 다른 이념에 의해 갈리고, 동서는 자유시장경제의 이윤추구의 무한 경쟁으로 인해 반(半) 이데올로기화 된 상태이다. —자유주의 시장경제로 인해 2008년 미국 발 금융 위기와 그로 인한 EU의 디폴트(국가부도)가 이를 증시한다.— 물론 우리의 정치적 민주화는 많은 진전을 보았지만 경제적 차이에서 오는 상대적 갈등은 "안전과 통합의 사회"를 위해 우리가 무엇을 어떻게 해야 할 것인가를 고민하게 하는 대목이다.

지난 18대 대선에서 여·야 모두 한목소리로 '경제의 민주화'를 외쳤다. 하지만 담론 수준을 넘어 구체적이면서 현실적인 양극화에 대한 해결책을 과연 제시할 수 있을까? 를 생각할 때 의문이 일어남은 무슨 연유일까? 따라서 이 책이 통합과 통일, 나아가 세계평화를 위해 우리에게 주어진 역사적 과제를 어떻게 해결할 것이며, 그 대안으로서 우리는 어떤 새로운 패러다임을 창출해야 하는가? 에 대한 해법 제시로 글로벌 경제 위기, 3차 핵실험, 양극화 갈등이라는 3중고를 해결하는데 작은 밀알이 되었으면 한다.

21C는 인류 문화의 완성기이기에 새로운 패러다임을 창출해야 하는 시대임은 두말할 나위가 없다. 전 지구적 경제위기와 한반도의 긴장, 그리고 우리가 겪고 있는 지역과 계층 및 양극화의 갈등을 해결하기 위해 오히려 북한의 핵실험을 기회로 삼아 이미 오래되어 낡아버린 기존의 방식을 축출하고 새로운 '제4의 방법론'을 창출해야 한다. 따라서 필자는 이 책에 부족하나마 새로운 패러다임의 교체에 필요한 본질적인 내용과 방법론이 논의되어졌다고 확신한다. 나머지는 독자제현의 몫이다. 정독 후 부족한 부분이 있다면 진심어린 지도 편달을 부탁드린다. 그리고 새로운 내용에 동의한다면 국민대통합의 성공을 위해 뜻을 같이해 줄 것을 바라마지 않는다. "하늘은 스스로 돕는 자를 돕는다."

2013년 2월 권 추 호

동서화합과 남북통일

건국 이래 사상 최대의 혼란기임을 반증이라도 하듯이 18대 박근혜 후보의 가장 큰 아젠다는 단연코 국민대통합이었다. 당선 후 인수위원회의 활동으로 최종 '5대 국정과제'가 발표됐다. 기존의 방식과는 차별성을 갖는 창조적인 아이디어임이 분명하다. 그런데 "새 술은 새 부대에 넣어야" 하듯이 그것을 현실화하기 위해서는 창조적인 새로운 패러다임이 있어야할 텐데, 과연 새 정부는 새 정책에 대한 새 방법론까지 준비해 두었을까? 하는 고민이 밀려왔다. 왜냐하면 아무리 좋은 씨(정책)가 있을 지라도 그것을 받아서 키워낼 밭(국민의식과 산업 환경)이 없으면 불가능하기 때문이다.

그러던 중 어느 날 권 소장으로부터 전화가 왔다. 그 내용은 "구슬이 서 말이라도 꿰어야 보배"라는 속담이 있듯이 박근혜 대통령 당선인의 의지로 보나 사회적 분위기로 보나 이제 국민대통합을 위한 5대 국정과제가 발표되었으며 또한 여러 정황을 볼 때 역사적인 시간이 도래한 것이 분명하다. 그동안 (사)국민통합이 국민대통합을 위해 그 누구도 가보지 않은 길을 답사했으며 그 대안을 준비하지 않았느냐며 이제 우리가 연구한 내용을 이 나라의 지도자와 국민들에게 알리고 교육하지 않으면 안 된다는 것이었다.

필자가 권추호 소장을 처음 만나게 된 것은 MB 정부의 출범을 1주일여 앞둔 2008년 2월 19일 〈국민통합행동화포럼〉 행사가 한참 진행 중이던 여의도 63빌딩 국제회의장 로비에서다. 그리고 두 번째의 만남에서 우리 행사장에 어떻게 오게 되었는가? 에 대한 물음에 속칭 꼬마 민주당의 전 총제를 지내신 이기택 총제님으로부터 국민통합과 관련 된 행사가 여의도에서 열리는데, 행사의 준비위원장이 이 땅의 민주화를 위해 창설된 연청(민주연합청년회)의 초대 공동의장을 맡았던 조동회 라는 말씀을 듣고 남몰래 잠입해 우리의 활동과 궁극 목적에 대해 깊이 연구했었다는 것이었다.

그리고 "모든 화해의 주도권자는 피해자이다."라는 엔드류 성박의 명언을 언급하면서 본 단체는 새로운 패러다임에 의한 미래 역사의 중심으로서의 사명이 있다. 역사철학에 의한 나라의 운명을 볼 때 영남출신의 지도자에 의해 발생 된 5·18사태를 겪은 당사자가 국민통합의 사랑의 주체다. 또한 북침에 의한 6·25 동란을 겪은 우리가 남북통일의 주체이다. 그리고 외세로부터 980여 번의 외침을 받았으며, 약 40년간의 식민통치를 받은 한반도야 말로 세계평화를 위한 진정한 용서와 사랑의 주체라는 것이었다. 따라서 역으로, 온 인류의 궁극 목적인 세계평화는 남북의 평화통일을 통해서 가능하다. 그리고 평화통일 역시 남남의 갈등을 대화합으로 이끌 국민통합을 통해서 비로소 그 진가를 발휘할 수 있다는 것이었다.

그리고 필자를 찾기 전 한화갑 전 대표를 찾아가 국민통합의 필요성을 수차례 강의했으며 민주화 세력과 여성성이 중심이 된 순수한 민간운동으로서 새 정신운동, 새가치관운동, 국민통합운동을 일으켜 줄 것을 호소했다는 것이었다. 물론 오래 전에 새마을운동처럼, 새정신운동이라는 여성성 운동이 필요함을 박근혜 당선자를 찾아 설파하기도 했음을 덧붙였다.

물론 필자가 주도해 과거 연청의 지도자 3만 여명이 MB정부를 도와 국민통합을 위한 정부로 만들고자 했던 근본 이유는 더 이상 망국적인 지역감정으로 인한 국가의 분열이 되풀이 되어서는 안 된다. 그 뿐만이 아니다. 사회적 갈등 때문에 GDP의 27%인 약 300조원의 소득이 감소하게 되어 경제적으로도 선진국진입을 가로막는 현실을 좌시해서는 안 된다는 단순한 현실 차원의 애국심 때문 이었다. 여기에는 이기택 전 총재와 이윤구 전 대한적십자사 총재께서도 큰 힘을 실어주셨지만, 올림픽 파크 텔에서 만나 국무총리급 이상의 권한을 갖는 국민통합의 공식기구를 만들 것을 약속한 MB 대통령 후보의 의지도 우리의 국민통합운동에 박차를 가할 수 있었던 내용이었음을 부정할 수는 없다.

어쨌든 "원인 없는 결과가 없듯이 준비 없는 시작이 없다."는 말처럼 그동안 MB정부 내내 통합에 필요한 콘텐츠와 근력을 착실히 길렀다. 통합과 관련 된 전국의 유능한 학자들에게 의뢰해 준비한 연구논문을 취합해 수 차례의 포럼을 가졌으며, 전국 각 지역을 돌았다. 바다 건너 제주도와 심지어 일본의 재일동포 세계에까지 (사)국민통합의 뜻을 알리고 조직 확충을 위한 행사도 어려운 가운데서도 회원들의 힘을 모아 무난히 치렀다. 그 뿐만이 아니라 전국의 회원들이 영호남의 경계선이 함께 걸쳐있는 삼도봉에도 올라 국민통합의 의지를 불태웠었다. "우연은 필연의 우연"이라 했던가? 이 일로 필자에게는 국민통합의 전도사라는 딱지가 붙게 되었다.

18대 대선 때는 새누리당의 박근혜 후보 지지를 위한 가두연설을 위해 호남의 곳곳을 누비며 국민대통합의 필요성을 호소했다. '더 이상 작은 3·8선 으로 불리는 지역갈등 때문에 아까운 국력을 소진해서는 안 된다.'를 목 놓아 외치며 다니던 중 직관적 깨달음이 느껴졌다. 혼자서는 애기를 낳을 수 없다는 만고의 진리…! 그렇다.

남북통일이 남남북녀의 결혼과도 같듯이 동서화합 또한 성숙한 선남선녀의 혼인과도 같은 것이 아니겠는가하고 생각하니 갑자기

호남인의 얼굴들이 어여쁜 내 딸들처럼 느껴졌다. 가련한 딸을 시집보내 놓고서 문고리를 안으로 걸고 눈물 흘린다고 했던가? 그러나 역사적인 결혼, 즉 국민대통합을 위한 일임에야 인당수에 몸을 던진 심청이 보다 못할 리 어디 있겠는가! 역사적인 과업을 위해서 말이다.

책 제목이 『패러다임의 대전환』인데, 문답식을 통해 그동안 책으로 표현할 수 없었던 국민통합의 방법론에 대한 다양한 내용과 깊은 담론을 일반인들이 알기 쉽게 실릴 수 있기 위해 좌장으로서 최선의 노력을 기울이지 않았나 생각한다. 그런데 국민통합을 위해서는 자본주의 시장경제에 물들어 있는 우리에게 경제적 방법에 대한 내용을 많이 다루려고 했지만 국민통합의 본질 문제를 찾기 위해 무엇보다 인문학적 가치의 비중을 우선시 할 수밖에 없었음을 이해하길 바란다. 그리고 국민통합의 성공을 위해 보다 더 흥미로운 방법이 있다면 가차 없는 지적과 함께 지도 편달해 줄 것을 진심으로 바란다.

2013년 2월 조 동 회

국민통합의 중심은 용서와 나눔 & 피해자와 여성성

(사)국민통합의 전국 회장단 회의를 마치고 회장실에 둘러앉아 앞으로의 계획을 몇 분이 주고받았다. 그러던 중 어떤 얘기가 이상하게 흘러갔다. 출판에 관한 문제였는데 국민대통합을 위한 연구논문집 형태가 너무 어렵고 딱딱해서 독자들이 읽기가 힘들 것 같아 대화집형식의 책을 출간하고자 하는데 조동회 회장님께서 적당한 분을 좀 소개해주시면 좋겠다는 권추호 소장님의 요청이었다. 그러자 회장님이 그럼 어떤 분이 어울릴지에 대해 되물었다.

일반대중이면 누구나 다 편하게 읽고 소화해야 하며 일상적인 생활과 관련된 내용을 다룰 예정이니 전문성과는 상관없이 일반인에 가까운 섬세한 여성이면 좋겠다고 했다. 얼마 간의 침묵이 흘렀을까? 주변의 모든 시선이 모두 내게로 쏠린다는 느낌을 받는 순간 이구동성과도 같이 "뭐! 그렇게 멀리서 찾을 필요가 있나요. 이 자리에 있는 김현서 시인이 하면 되지" 하는 메아리가 에코처럼 되어 동시다발적으로 들렸다.

그 소리를 듣는 순간 내면에서 아차! 이건 아니다. 생각지도 못한 일이 아닌가? 질문자라고 하지만 내가 어떻게 책을 간행하는 일을 맡을 수 있을지 덜컥 두려움이 앞섰다. 반사적으로 두 손이 올라갔다. 그리고 허공을 휘저었다. 통합에 관한 깊은 내용에 대해 아직 이렇다 할 스펙도 없는데 어떻게 내가 대담형식의 책을 출간하는 일에 동참한다는 것인지 도무지 이해가 되지 않았다.

그러자 권 소장님의 목소리가 연이어 들려왔다. 대뜸 나를 향해 대학 때 이수한 전공이 뭐였냐는 것이었다. 경영학이라고 대답을 했다. 그럼 잘 됐으니 차제에 질문자로 참여해 보라는 것이었다. 국민통합은 정치가 아니라 진정한 국민인 인간 휴머니즘의 경영이며, 실제로 계획하는 책은 새로운 문화와 유통이라는 경영부분이 중요하게 다뤄지게 된다. 그리고 가정주부로서의 생활과 관련된 내용은 물론이요. 평범한 여성의 사회문화적 역할이 중심이 될 예정이니 텍스트를 연구하고 난 후 가벼운 마음으로 인터뷰에 임해 보라는 것이었다.

참여 여부의 고민으로 몇 날이 지났다. 그런데 이번 책의 출간을 맡은 출판사의 대표이자 동료로부터 전화가 왔다. 대담집 이전에 출간 될 『패러다임의 대전환』이라는 원고 편집이 끝났는데 인터뷰에 도움이 될 테니까 가져가서 읽어보라는 것이었다. 일주일이 흘렀다. 참으로 오랜만에 대학시절 학위 논문을 준비하듯, 아니 숫제

고시 공부라도 하듯이 밑줄을 그어가며 가져온 원고를 연구했다. 타고난 목구성과 풍부한 감성의 소유자도 아닌데 어쩌다 시 낭송 작가(?) 로서, 그리고 간혹 어떤 행사의 사회를 보는 일로 이제 막 세상과 친목을 도모하기 시작한 3자녀의 어머니이자 평범한 가정 주부로서 읽어 내린 『패러다임의 대전환』은 전 날 회의실에서 오고간 얘기처럼 책장을 넘기기가 쉽지는 않았다. 그러나 어렴풋하게나마 느껴지는 책의 내용은 그동안 지극히 평범한 일상을 살아온 필자로서는 충격 그 자체였다.

필자의 잠자고 있던 영혼을 깨웠다고나 할까, 오직 남편 뒷바라지와 아직도 어린 3자녀의 양육으로 집안일에만 매진했었다. 그런데 이 일로 인해 국가라는 새로운 세계에 대한 눈을 뜨게 되었다. 하나의 초가집이 마을이라는 전체와 연결되어 있듯이 가정 없는 국가, 국가 없는 가정이 있을 수 없다는 평범한 사실에 대해서 말이다. 세삼 "인간은 사회적 동물이다."라는 말을 되뇌이게 했다.

두려움이 서서히 자신감, 아니 의무감으로 느껴져 왔다. 청춘을 오롯이 이 일에 바치지 않고는 이뤄낼 수 없는 참으로 방대하고 심오한 내용의 저작물이 아니고 무엇이겠는가! 필자가 전문가는 아니지만 『패러다임의 대전환』은 국민통합을 위한 진정한 방법론을 찾아내기 위해 모든 부서와 학문적 분과에 대한 연구를 통합(융합)해 하나의 새로운 패러다임을 구축한 불후의 역작이라고 할 것이다. 뿐만 아니라 가까운 지인으로부터 전해들은 얘기로는 "어려운 문제를 어쩜 그렇게 단순화시킬 수 있었는지 그저 놀라울 뿐이라는 것과, 그리고 그것은 마치 유치원생을 위한 철학 강의라고 해도 지나치지 않을 것"이라는 것이었다.

용기를 내어 이번에 『패러다임의 대전환』을 연이어 간행하게 되는 출판사《시와사람》의 대표이자 계간《시와사람》을 발행하고 주간을 맡고 계신 강경호 교수님께 전화를 걸었다. 보내주신 책을 정독은 했지만 교수님께서 도와주셔야 힘을 얻을 것 같으니, 교수님께서 보신『패러다임의 대전환』에 대한 전반적인 견해와 일반인으로서 대담집을 출간하기 위해 특별하게 준비해야 할 내용이 있다면 정리해서 조만간 시간을 내어 설명해주셨으면 좋을 것 같다고 했다. 강 교수님이 흔쾌히 응해주셨다. 그리고 잘 할 수 있을 것이라는 힘까지 듬뿍 보태주셨다.

강 교수님은 "책의 핵심인 통합의 중심은 나눔과 희생 그리고 용서의 정신이며, 통합을 위한 진정한 주체는 자신의 무지 때문에 국민통합을 무의식적으로 어지럽히고 방해하게 된, 이 사회의 주도세력이나 지역이 아니라, 피해자인 일반서민, 가난한 자, 못 배운 자, 힘없는 자, 그리고 여성이며, 그 피해를 받은 지역으로는 크게는 한반도가, 작게는 남한이, 더 작게는 호남이 그 중심이다. 따라서 통합운동의 중심은 정치보다는 경제요, 경제보다는 종교이기에 종교계는 통합운동을 위한 자발적 발판을 마련해야하는 역사적인 책임이 있다는 것이었다. 그러므로 통합운동은 행위주체가 중심이 된 운동이 아니라 행위대상자에 의한 피해자의 용서운동이 중심이 되어야하는 것이기에, 관주도인 정부가 아니라 일반의 민간이 주도하고 관이 뒷받침해야 하며, 중앙이 아니라 지방, 보수세력이 아니라 개혁세력, 남성이 아니라 여성, 무력이 아니라 사랑, 산업이 아니라 문화운동이 '수평적 관계의 주도세력'이 되어야 한다는 것이 대통합을 위한 본질적 방법론인 것 같다."라고 문학평론가다운 비평을 쉽고도 조리 있게 잘 설명해 주셨다.

책을 통해 알게 된 것 중에 하나는 존재하는 모든 것은 미완성에서부터 출발해 완성을 지향하며 자신의 부족을 채워가게 되는 것이 존재의 법칙이라는 깨달음이었다. 그 말은 처음부터 완전한 상태에서의 출발은 그 어디에도 존재하지 않는다는 의미일 것이다. 그렇다면 비록 떨리고 경험이 부족하지만 한 번 도전해 보리라는 각오가 어느덧 나도 모르게 샘솟았다. 인터뷰의 미숙한 준비로 인해 수많은 독자 여러분들께 앙증맞은 실수를 하지 않았는지 모르겠다. 첫 걸음마로 인한 익살스런 재롱으로 어여삐 보아 넘겨주기를 소원할 뿐이다.

2013년 2월 김 현 서

추천사

002 국민대통합의 길잡이 | 한광옥 (국민대통합 위원장)

005 '국민통합'과 '창조적 공존 국가'를 이루는 지침서
| 이윤구 (전, 대한적십자사 총재)

008 유통의 50% 공영화와 창조적 기부
| 김효연 ((사)국민통합 창조유통위원장)

프롤로그

011 북한의 핵 위협은 위기이자 기회 | 권추호

016 동서화합과 남북통일 | 조동회

021 국민통합의 중심은 용서와 나눔 & 피해자와 여성성 | 김현서

1 패러다임의 대전환

034 국민통합은 의식개혁과 제도의 혁신을 이뤄야!
인간의 이기심과 제도의 미비점을 벗어 던져야!

044 양극화 해결의 해법
창조적 경제론(역할분담경제론)

047 새 가치관 운동과 제4의 길

056 화해의 주도권자는 피해자

민주주의 4.0 공존주의 1.0 062
〈한국 민주주의 4.0의 전주곡〉

철학에 기반 한 정책정치 078

생활경제정치 082

민주주의 4.0은 멀티플레이 정치제도 087

민주주의 4.0의 지도자는 정책의 집행권자(agent) 090

해외동포들의 대탈출(Exodus) 093

안철수 현상은 국민대통합에 대한 국민적 갈망 099

2 소통

소통과 통섭 104
영성을 회복해야!

이기심은 소통의 적 111

융(Carl G. Jung)과 영성(靈性) 117

정치와 종교 124

양비론과 양미론 130

보수·진보·중도론 & 창조적 조화론 136

영(靈)철학(창조적 성장론) 138

기철학과 통일사상 창조적 비판 143

이기심은 영성에 대한 무지의 산물 151

156 변증법과 소통법

160 시스템 철학 정치

3 통합

168 국민대통합과 새 정신운동

175 사회통합과 전문인들의 어록 & 대통합의 변

182 역할분담 국회론과 삼원제(三院制)

184 새정신운동 특별법 제정과 3대 국민운동

191 국민통합은 인간통합

193 국민통합은 민관합동 병행운동

195 국민통합을 위한 행동화 포럼 창조적 비판

■ 참고자료

196 역사를 견인하는 에너지 | **황의철**(기획위원장)

207 왜 '국민통합'이 시대정신인가? | **최요한**(정책연구실장)

213 존중과 배려의 정치·사회·문화의 선진화
| **노동일** 교수(경북대학교 총장)

221 국민통합의 과제 | **이현청** 교수(상지대학교 총장)

228 사회통합정책의 실현을 위한 전략과 실천 방안
| **정재훈** 교수(전 인하대 경영대학원장)

창의사회를 여는 국민통합의 방향과 방안 234
| 전택수 교수(한국학중앙연구원)

4 통일

남북통일과 창조적 공생·공존주의 248
남북통일은 새 사상이 있어야! 253
제4의 길 259
남·북한 사회제도의 이율배반 265
창조적 중립정부·체제 구성 267
남북통일 어록 모음 271

참고자료 ■

기독교 입장에서 본 남북관계 290
| 이윤구 박사(전, 대한적십자사 총재)
통일, 하나님나라 운동 | 이범성 교수(실천신학대학원, 선교학) 300
'선진화와 통일' 위한 정치개혁운동 310
| 이영해(한양대 교수, (사)21세기분당포럼 이사장)

5 창조적 경제론 & 유통과 금융개혁

314 제4의 길(국가복지, 체제복지)
319 창조적 경제론(역할분담/비율배분 경제론)과 경제의 민주화
326 북한의 경제 관리방식 개혁
331 창조적 경제론은 역할분담경제론
337 사회주의의 장·단점과 자본주의의 장·단점
339 북한은 생산의 50% 사유화, 남한은 유통의 50% 공유화
346 전통시장 현대화를 위해 생필품 마트(Mart)공사 창설
348 유통산업발전법(유통법) 폐기
350 양극화 해결은 유통의 50% 공유화로 부터
356 창조적 복지정책
357 기업의 역할분담경영
359 유통개혁 그리고 소비자주권
361 생필품 유통공사 창설로 전통시장 현대화
365 대체 산업을 통한 신 성장 동력 발굴
368 글로벌협동조합과 창조적 기부 & 글로벌유통금융공사
373 자본주의 4.0에 딱 맞는 한국

편집후기

381 통행에서 동행으로 | 이국환 ((사)국민통합 광주광역시본부장)

1.
패러다임의 대전환

피가 거꾸로 치솟는 것 같은 엄청난 느낌을 받았어요! 아무튼 그 일을 겪고 난 후 나는 걷잡을 수 없는 가치관의 대 전환이 일어났어요. 현실과 이상의 조화가 아닌 모든 것은 편협성을 갖게 된다는 것을 깨닫게 된 셈이죠. 그 이후 어떻게 해야 인간으로 태어나 이 엄청난, 아니 언어표현을 넘어선 저 숭고한 신성(神性)을 체험하지 못하고 유물론(무신론)과 유일론에만 빠져 청춘을 허비하는 좌·우, 보·진의 모든 인사들을 집단으로 초월적 중도와도 같은 공생주의자(共生主義者)로 사상전환을 시킬 수 있을까에 대한 연구와 실천에 매진하다 보니 대학문을 나선 후에도 멈출 수가 없었으며 어지럼증이 지나치면 중심을 잃게 되듯이 억척스럽게 일상생활에서 탈피해 염체도 없이 지금까지 황당한 오지랖을 펼치고 있는 것이 아니겠어요?

국민통합은 의식개혁과 제도의 혁신을 이뤄야!

● ● ●

인간의 이기심과 제도의 미비점을 벗어 던져야!

좌장 조동회 | 반갑습니다. 참으로 우리 한반도의 역사는 다이나믹한 것 같아요. 21C 대한민국은 절체절명의 위기와 함께 국운상승의 천운을 동시에 맞이하여 안으로는 지속적인 경제성장과 국민대통합을 이뤄야 하며, 밖으로는 남북의 평화적 통일과 글로벌경제위기를 슬기롭게 극복해야 하는 역사적인 과제가 중첩되어 있다고 하겠습니다. 도올 김용옥 교수는 그의 저서 『삼국통일과 한국통일』에서 "한국사는 우리 인류사의 압축된 보편사(a compressed universal history)임을 파악할 줄 알아야 한다."라고 했듯이, 이는 짧은 기간 동안 한반도에서 빠르게 전개된 금세기의 큰 사건들이 수십 세기 동안 전개되어 온 전 세계사의 축약된 샘플 같다."는 뜻으로 보입니다. 다른 나라에 비해 뚜렷한 4계절의 영향 때문만은 아닌지? 봄인가 싶었는데 금세 여름이고, 또 연이어 가을, 겨울이

되는 변화무쌍한 절기를 갖는 나라이다 보니 말입니다.

15년 전 제2의 건국을 표방한 DJ 정부와 MB 정부를 거쳐 18대 박근혜 정부를 맞이하여서도 국정의 큰 의제를 국민대통합으로 정했는데 왜 국민통합을 종교권이나 경제권이 아닌 정치권에서 제1의 가치로 내어 걸게 된 것인지?에 대한 논의와 그리고 좀 철학적이지만 인생의 의의와 역사의 목적은 무엇이며 지금 우리는 어디에 서 있는가? 에 대해서도 논의해야 할 것 같아요. 왜냐하면 역사의 방향성과 그 의의를 알아야 올바른 진단과 처방을 내릴 수 있지 않겠는가? 그러면 먼저 왜 통합을 국정 제1의 아젠다로 삼을 수밖에 없었는가? 그리고 어떤 방향으로 우리 역사를 이끌어야 진정한 선도(先導)가 될 것인가? 에 대한 거대 담론이 먼저 있었으면 합니다. 어떤 일을 계획할 땐 나무나 장식보다 숲이라는 조감도를 먼저 그리는 법이니까! 말이에요.

김현서(이하 문* 김) | 먼저 가벼운 질문부터 해야겠습니다. 권 소장님은 25년을 넘게 오로지 동서화합과 남북통일, 그리고 세계평화에 대한 연구만을 집중적으로 해 온 것으로 알고 있습니다. 결코 쉽지 않았을 텐데 어떤 계기로 그 장황한 일을 계속하게 되었는지요?

권추호(이하 답* 권) | 저는 386 세대로서 학생운동이 한참인 시절에 대학을 다녔어요. 이념적으로 많은 방황을 했지요. 그 시절

대학생이라면 누구나 다 그랬을 일이지만 청년시절이라 자신의 가치관에 대한 정체성을 세워가고 있는 제2의 사춘기이기도 했는데, 그러던 어느 날 큰 사건이 우연히 발생했어요.

외부의 어떤 일반적인 사건이 아니라, 보편적 상식을 초월한 쇼킹한 나 자신 내부의 정신적 충격사건이었어요. 그 당시 뜨거운 가슴을 가진 친구들은 학생운동의 중심에서서 신(神)의 존재를 부정하는 마르크스의 유물변증법(唯物辨證法)에 기초한 유물사관(唯物史觀)을 어설프게 연구함으로써 대부분 진보성(좌익성)을 갖게 되었으며 화염병을 들고 미친 듯이 길거리로 뛰쳐나가는 일이 다반사였다. 그런데 내게 발생한 일명 '영혼의 빅뱅'이라는 기이한 체험(87. 8. 25)을 경험하게 되었는데 그 일은 칼 마르크스의 유물론을 일순간에 조롱하게 하는 정말 놀랍고도 경이로운 사건이었어요.

피가 거꾸로 치솟는 것 같은 엄청난 느낌을 받았어요! 아무튼 그 일을 겪고 난 후 나는 걷잡을 수 없는 가치관의 대 전환이 일어났어요. 현실과 이상의 조화가 아닌 모든 것은 편협성을 갖게 된다는 것을 깨닫게 된 셈이죠. 그 이후 어떻게 해야 인간으로 태어나 이 엄청난, 아니 언어표현을 넘어선 저 숭고한 신성(神性)을 체험하지 못하고 유물론(무신론)과 유일론에만 빠져 청춘을 허비하는 좌·우, 보·진의 모든 인사들을 집단으로 초월적 중도와도 같은 공생주의자(共生主義者)로 사상전환을 시킬 수 있을까에 대한 연구와 실천에 매진하다 보니 대학문을 나선 후에도 멈출 수가 없었으며 어지럼증이 지나치면 중심을 잃게 되듯이 억척스럽게 일상생활에서 탈피해 염체도 없이 지금까지 황당한 일을 펼치고 있는 것이 아니겠어요?

김 | 오늘 논의의 주제는 대선의 어젠다였던 국민대통합입니다. 그런데 솔직히 말해 배금주의와 개인주의의 본질이라고 할 수 있는 자본주의와 민주주의의 이기심에 물들어 있는 대부분의 일반국민들은 통합의 필요성도, 그 의미의 본질에 대해서도 무덤덤하고 무관심한 게 현실인데, 권 소장님은 대통합을 위한 특별한 방법론이 있는지요?

권 | 창조적 중립성을 갖는 사회체제로의 개혁 없이 개인주의와 이기심을 보다 더 많이 가져야 역사가 발전한다는 제도를 채택하고 있는 나라에서 국민통합을 외치는 것은 아이러니에요.! 따라서 국민통합을 위해서는 현실에 근거한 충분한 내용과 인센티브를 구체적으로 갖춰야 해요. 그렇지 않으면 관여해봐야 아무런 경제적 이득이 발생되지 않는 일반국민들은 국민통합이 왜 필요한지, 그리고 통합이 뭐하는 것인지에 대해 아예 관심도 없어요. 그리고 시대정신을 반영할 수 있는 절대가치의 결핍과 부재(不在), 그리고 어설프고 설익은 사회체제로 인해 좌파와 우파, 보수와 진보가 치열히 대치하고 있는 현 상황에서 국민통합은 불가항력과도 같아요.

따라서 먼저 국민통합을 위해서는 통합을 저해하는 개인과 단체 그리고 국가가 힘든 일이지만 이기심을 벗어던지는 일부터 해야 하는데, 국민통합은 인간통합이에요. 그러기 위해서는 이기심을 벗어던질 수 있는 새로운 패러다임을 창출한 후 충분한 예산확보를 위한 노력을 기울여야 함과 동시에 통합운동을 주도할 주도세력을 구성해야 해요. 통합운동은 새로운 사회변혁운동입니다. 인간과 제도를 변혁시키지 않으면 성공할 수 없어요. 따라서 국민통합을 위한 참여자들에게 경제적 인센티브가 주어져야 해요. 자본주의 체제에서 가진자들은 뒷 짐지고 있는데 안 그래도 힘들어 하는 일반 국민들이 통합운동이라는 헌신과 봉사의 일에 앞장설 수 있겠어요?

그러고 난 후 두 번째가 새 가치관(절대가치)에 의한 새정신교육과 새로운 국가체제(창조적 중립국)를 혁신할 수 있는 정책을 마련해, 모진 진통을 겪은 후 생명을 잉태하는 산모와도 같이 모든 분야에 걸쳐 직접적으로 실천해 새로운 문화를 만들어 내야 가능한 거예요. 그렇지 않으면 통합의 문제는 결코 불가능하며 연목구어에 거치고 만다고요.

김 | 그렇다면 구체적으로 왜 사회적 구성원들이 이기적이게 되었으며, 어떻게 해야 모든 국민이 이기심으로부터 탈피하여 타인을 배려할 수 있는 새로운 문화가 가능한 지에 대한 새로운 방법론이 있을 수 있는가요?

권 | 어떤 결과는 원인의 산물입니다. 먼저 사회의 구성원이 이기적이게 된 근본 원인은 절대가치의 부재와 완전하지 못한 사회제

도 때문이라고 생각해요. 사회주의가 지나치게 전체중심주의로 운영되는 제도라면 자본주의는 지나치게 개인중심주의로 운영되는 제도예요. 제가 세운 가설인 '성장의 역사'에 의하면 그동안의 인류 역사는 시행착오를 통한 예행연습의 역사(歷史)였어요. 부족에서 완성을 지향해 성장한다는 역사론이지요. 그동안 우리의 역사가 수많은 갈등과 전쟁을 겪게 된 것은 21C의 인류문화의 완성기를 맞이하기 위한 오랜 훈련이었던 셈이에요.

따라서 사회주의체제도 자본주의체제도 궁극의 목적을 이룬 완성된 제도가 아니라 과정주의, 즉 완성을 위해 나아가고 있는 중간에 머물러 있다는 거예요. 그래서 완전한 완성의 국가체제를 새롭게 창출해야 하는 역사적인 과제가 아직 남아있다고요.

그러나 불행이도 그 가치관에 대한 절대기준을 21세기를 맞이한 지금 까지도 국가적 차원에서 창출하지 못하고 대부분이 일반 단체와도 같은 종교에 의지하고 있는 실정이예요. 그러니 다양한 종교로 인해 국민의 가치관이 혼잡한 상태, 즉 불통합의 상태인 것이지요.

그런데 만약 모든 종교가 인정할 수밖에 없는 절대가치가 있다면 어떻게 되겠습니까? 그렇다면 종교가 아닌 국가의 교육기관이 교육의 전 과정을 통해 교육시킴과 동시에 일상생활 속에서도 다양한 방법으로 훈련시킬 수 있을 겁니다. 그런데 우리의 현실은 종교적 자유라는 제도 속에서 종교적 파벌이 난무하고 있으며 서로를 헐뜯는 지경에 까지 이르지 않았습니까? 따라서 국민통합을 저해하는 숨겨진 1차적인 문제는 각 종교의 파벌에 의한 갈등입니다.

김 | 국민통합을 저해하는 1차적인 문제가 종교적 파벌에 대한 갈등이라면 어떻게 그 힘든 과제를 해결할 수 있는가요?

권 | 결국 종교의 화합문제입니다. 그런데 종교는 지배하거나 굴복하지 않으면 안 되는 제로섬게임(zero some game)을 갖기 때문에 종교 상호 간의 수평적 화합은 불가능한 법입니다. 따라서 그 대안은 모든 종교를 포괄하는 새로운 패러다임을 창출하는 일입니다. 기존의 모든 종교보다 한 단계 높은 초월적 종교의 새 모델이 나와야 한다는 것이죠.

예를 든다면 모든 종교의 근본 목적은 이상사회·용화세계인데 지금의 종교가 일반 사단법인에 의한 단체성을 갖는다면 초월적 종교는 기독교 국가인 미국처럼 특정 종교가 큰 세력으로 작용하는 '종교국가'가 아니라 국가의 정책이나 체제가 종교적 이상을 완전하게 갖춘 '국가적 종교'가 되어야 하겠지요. 그렇게 되면 기존의 모든 종교는 국가 속에 포함될 수밖에 없기 때문에 더 이상 종교적 행위로 인한 갈등으로 국민통합을 방해하는 하나의 요인은 사라지고 국민대통합은 희망을 갖게 될 것입니다.

이것을 해결하기 위해서는 2가지의 큰 방법론이 나와야 합니다. 모든 경전의 본질을 대통합시킬 수 있는 21C형 최첨단의 방법론이 나와야 한다는 것이죠. '새로운 경전을 다시 만들자는 얘기가 아닙니다.' 역(逆)으로 경전을 해석하는 방법을 새롭게 찾자는 것입니다. 다시 말해 모든 경전의 근본은 이미 나름대로 진리의 근본에 도달해 있다고 해야 할 것입니다.

그런데 그 경전을 해석하는 우리 인간의 방법론에 문제가 있어서 씻을 수 없는 종교적 파벌이 발생한다는 것이죠. 그 경전 해석의 가장 잘 못된 방법론이 다름 아닌 양비론입니다. 물론 각 경전들의 인격과 비인격의 차이 문제를 간과해서는 안 되겠지요. 양비론(兩非論)은 '나의 수준에서의 해석'과 '나의 생각만을 인정할 뿐', '본질의 세계'와 '나와 생각이 다름을 부정'하는, '아닐 비(非)'의 방법인 것입니다.

그리고 두 번째로 잘못된 부분이 '경전해석이 너무 어렵다'는 것입니다. 따라서 쉬운 방법을 찾아야 하는 것입니다. 어렵겠지만 그 대안을 찾지 내지 않는다면 대통합의 길은 결코 불가능할 것입니다. 그러나 너무 걱정하지 않아도 될 일이 생겼습니다. 그 2가지 방법론에 대한 백신이 이미 창출 됐습니다. 첫째 경전해석의 새 방법론으로 양미론(兩未論)을 창출했으며, 둘째 쉬운 경전 연구의 새 방법론은 '영(靈)철학'인 '창조와 재창조에 의한 성장론'인 입니다. 양미론과 영철학은 소통 부분에서 보다 더 상세한 설명을 하기로 하겠습니다.

김 | 그 말씀은 종교의 결과적인 문제인 것 같은데, 그러면 종교의 본질적인 문제가 남아있지는 않은가요? 다시 말해 각 종파마다 종교적 경전의 차이성 같은 것 말입니다.

권 | 맞습니다. 물론 위에서 얘기한 것과 같이 종교적 초월성을 위

해서는 넘어야 할 큰 과제가 남아있어요. 원시종교시대를 지나 경전종교 시대를 살아가는 현실에서 그 경전의 본질은 같지만 표현방식이 각각 다른 수많은 경전들을 어떻게 하나로 통합시키느냐 하는 문제입니다. 정말 어려운 문제지요.

그러나 방법이 없는 것은 아니에요. 그것은 모든 경전의 본질적 진리와 배치되지 않으면서도 무리 없이 소통시킬 수 있는 새로운 패러다임을 창출하는 일이니까요. 그리고 누구나 쉽게 이해할 수 있는 새로운 방법론을 찾아내는 것이죠. 예를 들어 고인이 된 스티브 잡스처럼 복잡한 IT기술을 일반인이 누구나 사용하기 편리하게 단순화시켜낸 것이 그의 역사적 업적이었듯이 말입니다.

모든 경전은 신학처럼 심오한 상징이어서 일반인이 접근하기가 힘들어요. "보다 쉬운 민중의 언어로 경전을 다시 써야 한다."는 도올 선생의 혜안처럼 새로운 언어와 기호를 찾아내야 합니다. 그런데 그 방법론이 탄생 했어요. 그것이 일명 〈영철학〉인데 철학적, 즉 학문적 방법으로 신학적인 경전과 쉽게 소통할 수 있는 4차원적 영성의 비밀을 풀어낸 것이지요.~ 물질과 비물질이 동시에 작용하는 정보통신의 핵인 반도체처럼 말입니다. 그러고 보니 영(靈)철학은 반도체 철학이군요. 그렇다면 반도체는 영성의 물체구요.~!(얘기 도중 -끄떡 끄떡- 창조적 개념이 떠오른 듯)

김 | 두 번째로 국민적 갈등을 야기하는 대표적인 내용이 있다면 무

엇이라고 생각하십니까?

권 | 단연코 경제 분야입니다. 양극화를 양산할 수밖에 없는 경제 시스템이 아닐까요? 남북한 사이에 3·8선이 가로놓이게 된 것도 겉으로 보면 좌파와 우파의 이념인 것처럼 보이지만 깊이 파고 들어가 보면 결국 경제체제 때문이 아닙니까? 그러니까 경제제도의 소유권이 '국유화'가 옳다는 쪽은 사회주의를 택했고, '사유화'가 옳다는 쪽은 자본주의를 택한 것이지요. 그런데 사회주의는 이미 붕괴됐으며, 자본주의는 2008년 미국의 금융위기를 겪으면서 이 둘 다 옳지 않으니까 혼합해야 한다는 것으로 결론 나지 않았습니까?

사회주의는 정부인 국가가 모든 경제를 장악해야 한다는 것이었고, 자본주의는 시장에게 맡겨야 한다는 것이었잖아요. 그런데 사회주의는 모든 것을 국가중심으로 운영하다 보니까 인간의 창조적 능력이라 할 수 있는 소유욕을 차단함으로 인해 경제발전의 핵심인 생산이 원활하지 못했어요. 그런데 자본주의 자유시장경제는 어떻게 됐습니까? 개인 능력의 차이에서 오는 '빈익빈 부익부'가 양극화를 이루게 되어 상대적 빈곤으로 인한 갈등이 사회통합을 해치는 중요한 요인이 되어, 지금 우리의 정치적 상황을 극한 대립으로 몰아가고 있지 않습니까? 대기업과 중소기업 그리고 자영업의 문제, 정규직과 비정규직의 문제, 실업의 문제… 등등 말입니다.

양극화 해결의 해법

● ● ●

창조적 경제론(역할분담경제론)

김 | 경제민주화를 통한 양극화를 해결해야한다는 목소리가 정치권에서 여야를 가리지 않고 나오고 있는데 경제민주화에 대한 소장님의 견해를 알고 싶습니다.

권 | 정치권에서 경제의 민주화를 외치고 있고 그리고 노력한다고 하지만 정치인의 지식과 의식수준으로 과연 양극화 문제를 해결할 수 있을까? 를 생각한다면 저는 쉽지 않은 일이라고 생각합니다. 왜냐하면 제가 연구하고 그 해법을 찾기 위해 모든 방법을 다 동원해 보았지만 일반적인 방법으로는 풀리지 않았었어요. 역추적이라는 방법이랄까요. 소이 고전이라고 할 수 있는 본질의 세계로 다시 피드백 하는 과정을 통해 비로소 그 대안을 찾을 수 있었으니까요. 그래서 통합을 저해하는 1차적인 요인이 철학적 가치의 문제라고 했던 이유가 바로 그것이에요. 경제 질서의 문제는 2차적인 문제지요. 그래서 유능한 경제학자들은 "경제의 위기는 철학의 부재에서 기인한다."고 한 것이

고요.

김 | 양극화 문제를 해결할 수 있는 다른 방법이 있다는 뜻입니까? 그렇다면 그 것이 무엇인지요?

권 | '창조적 경제론'이에요. 창조적 경제론은 양극화 해결은 물론이며 평화적 남북통일과 글로벌 경제위기를 동시에 포괄적으로 해결할 수 있는 새로운 패러다임이지요. 18대 대선을 앞두고 여권에서 창조적 경제를 선언했는데, 그 보다 훨씬 전에 제가 간행한 저작물들에 창조적 경제론에 대한 용어가 수록되어 있었어요. 많이 읽히지는 않지만요.~^^!(웃음)

창조적 경제론이 어떤 것이냐 하면? 정치권에서는 IT기술과 정보통신을 산업과 연결해 신성장동력을 창출하는 것이라고 합니다만, 그 방법은 융합차원 이상으로 보기 힘들어요.

융합차원은 블루오션과 레드오션(Red Ocean)의 중간 정도인 것입니다. 제가 말하는 창조적 경제론은 '역할분담경제론'이라는 것인데, 이것은 단순한 융합과 같은 그런 차원이 아니에요. 진정한 블루오션전략(Blue Ocean Strategy) 입니다. 그럼 역할분담이란 무엇이냐? '비율배분론'이다. 라는 것이예요. 이 또한 깊은 이야기는 제4부에서 하기로 하겠습니다.

김 | 세 번째로는 어떤 분야가 통합을 크게 저해하는 요인일까요? 혹시 정치가 맞는지요?

권 | 맞습니다. 정치를 본질적인 측면에서 사회구조를 파악한다면 마지막이라 할 수 있을 것입니다. 그러나 결과, 즉 현실적인 영

향력의 입장에서 보게 된다면 잘못된 정치보다 더 큰 통합의 방해요소는 아마 없을 것입니다. 따라서 그 책임이 크기 때문에 통합을 위한 필요성을 가장 먼저 정치권에서 제기해야 하는 것입니다. 정치권력은 경제나 종교보다 더 많은 파워를 갖지 않습니까? 입법부와 사법부, 그리고 행정부는 모든 단체의 정점과도 같습니다. 종교가 나무의 뿌리이고, 경제가 기둥과 가지라면 정치는 열매와도 같은 것입니다.

한 해 동안 땀 흘리며 농사를 경작했던 농부의 희망이 열매가 아닙니까? 그 열매가 정치인 것입니다. 그리고 그 열매를 어떻게 거둬서 처리하느냐 하는 모든 선택권과 집행권, 심판권, 치리권을 입법, 사법, 행정의 삼권이 대행하게 되잖아요? 가장 중요한 업무가 아닙니까? 가을에 곡식을 거두어들이듯이 국민의 혈세를 거둬, 이듬해 가을이 되기까지 곡식의 씀씀이를 잘 조절해야 하는 농부처럼, 예산을 잘 집행해야 하는 절대적인 책임이 정치권에 있어요.

그런데 개인의 정치적 욕심이 정파를 양산하고 나아가 정당끼리 파벌 다툼으로 번지게 해 중요한 국정을 이렇게 만신창이로 만들어요. 알곡과 쭉정이를 잘 구분해서 처리해야 하는데 말입니다. 지금 우리의 현실은 여러 분야를 망라하여 총체적 부패상황이 심각하게 퍼져 있어요. 정치에 부정과 이기심이 끼면 나라가 혼란에 빠지게 되는 것입니다. 정치가 중요하기 때문에 정치의 부정부패는 국민통합을 저해하는 가장 큰 적인 것입니다.

새 가치관 운동과 제4의 길

● ● ●

김 | 새 가치관에 의한 공생의 정치와 역할 분담에 의한 삼원제라는 개념은 처음 듣습니다. 구체적으로 어떤 것인지 설명해 주실 수 있겠습니까?

권 | 정치의 주체는 인간인데 인간이라고 다 같은 인간이 아닙니다. 자기만 생각하는 이기적인 인간인 저급한 소인배가 있는가 하면 타인을 먼저 생각하는 헌신적인 소이 군자와 같은 인간이 있어요. 따라서 군자들에 의한 사랑의 정치인 '공생'을 위한 이타적인 새로운 가치관을 지도자와 국민들에게 가르쳐 의식을 개조시켜야 해요. 새마을운동처럼 길을 넓히고 지붕개량 하듯이 새 가치관운동을 통해 나 밖에 모르는 국민들의 이기적인 심리와 머리를 뜯어고치지 않으면 천 년, 만 년을 가도 국민대통합인 인간대통합은 어려워집니다.

그리고 인간 육체의 구조를 보면 머리와 몸통 그리고 다리가 있어서 각각 역할을 나누어 맡듯이 국회의원의 구조도 머리역할 하는 상원과 몸통역할 하는 중원과 다리역할 하는 하원으로 삼원제 형태를 만들어서 상원은 종교적 분야를 맡고, 중원은 정치적 분야를 담당하며, 하원은 경제적 분야를 책임지는 새로운 정치형태를 말하는 것입니다. 그래야 전문성을 갖게 되기 때문에 업무도 혼돈되지 않고 일관성을 갖게 되지 않겠어요?

김 | 정당과 선거를 통한 정치가 과거로부터 이어져 온 정치의 본질적인 형태였는지요? 그리고 어떻게 부정부패를 발본색원할 수 있을까요?

권 | 정치방식을 혁신해야 해요. 원래 민주주의의 본산인 그리스 아테네에서는 개인의 정치적 이기심과 파벌을 조성하는 '선거'라는 제도가 없었어요. '제비뽑기'만 있었을 뿐이었어요. 그러니 선거에서 부정이 낄 수 있겠습니까? 정당도 없었어요. 선거에 부정이 침투하지 못하니까 정치가 부패하지 않았어요. 우리의 선거에 의한 정치문화가 이렇게 국민통합을 방해하는 큰 요인이라면, 차제에 다수결에 의한 민주주의 선거제도의 혁기적인 새 방법론을 심각하게 다시 생각해봐야 합니다.

『경제학의 배신』의 저자 라즈 파텔의 경고를 예사롭게 여겨서는 안 될 것 같아요. "자유시장도 민주주의도 다 환상이었다."는 것이에요. 정치혁신은 총체적 혁신, 즉 모든 분야의 대전환을 의미해요. 왜냐하면 한 나라의 모든 조직의 최고봉이 정치이며, 직간접적 시스템으로 연결되어 있기 때문이죠. 따라서 진정한 국민통합을 위해서는 정치인과 정치형태의 패러다임을 대 전환시켜야 해요.

사회민주주의와 신자유주의를 넘어서기 위해 새롭게 태동한 서구유럽의 신중도좌파가 제시했다가 실패한 '제3의 길(The Third Way)'을 넘어 우리 대한민국이 야심차게 제시하게 될 창조적 공생주의라는 '제4의 길'을 가지 않으면 안 돼요. 그래야 국민통합도 남북통일도 그 가능권에 들어오게 되는 것이라고요. 그렇지 않으면 핵의 위협으로부터 자유로울 수가 결코 없을 거예요.

김 | 마지막으로 국민통합을 저해하는 요인이 또 남아있다면 어떤 것이라고 할 수 있겠는지요? 그리고 어떻게 해야 통합을 방해하는 일을 멈추게 하고 모든 구성원들이 새로운 대통합의 길로 유턴할 수 있겠습니까?

권 | 예, 앞서 드릴 말씀은 사과할 줄 모르는 것과 용서하지 못하는 마음이죠. 인간의 이기심으로 인해 발생한 갈등을 치유하기 위해서는 먼저 사과하려는 배려의 마음과 용서라는 희생적 이타심(사랑)을 발휘해야 해요. "화해의 주도권자는 피해자"라고 하지 않았습니까? 이 말은 용서하는 마음을 가져야하는 주체가 피해자라는 뜻이지요. 아무리 가해자가 사과를 해도 피해자가 받아주지 않는다면 화해할 길이 없는 법이니까요.

따라서 통합을 위해서는 먼저 누가 가해자이며, 또한 누가 피해자 인가에 대한 구분을 위한 절대가치, 즉 논리적인 법칙과도 같은 답안지가 있어야 해요. 그렇지 않으면 누가 가해자인지, 누가 피해자 인지를 가려낼 수가 없지 않겠어요? 그래서 서두에서 역사의 방향성과 인생의 의의에 대한 의제를 먼저 선정해서 논하지 않았나요? 지당하신 말씀입니다.

그 다음 가해자와 피해자의 구분을 가릴 수 있는 답안지가 나오고 나면 동시에 사과하려는 마음과 용서하려는 태도가 거의 동시에 일어나야 하는 것입니다. 그런데 문제는 가해와 피해의 진위여부를 분별할 수 있는 절대적 기준이 아직까지 세상에 던져지지 않았어요. 물론 그 역사적인 옳고 그름의 '판 가리'를 위한 절대가치를 세상에 제시하기 위해 이렇게 입체적인 방식의 인터뷰를 하고 있는 것이겠지만 말이에요.

김 | 얘기가 점점 깊어진다는 느낌이 듭니다만, 절대기준을 말씀하셨는데 이 문제가 중요한 문제인 것 같아서 뒤로 미룰 수 없을 것 같습니다. 절대가치라고도 하시고 답안지라고도 하셨는데 무엇을 뜻하는지 좀 애매모호합니다. 일반적인 상식의 입장에서 말씀해 주셨으면 합니다.

권 | 결론부터 말씀드리면 절대기준이란 창조의 궁극 목적인 사랑이에요. 자비·인·박애 같은 것이지요. 예를 들어 국가에는 법이라는 것이 있어요. 조감도와 같이 모든 법을 총괄하는 대표적인 법으로서 헌법이 있고, 그 외에 육법전서가 있어요. 하나의 규정인 것이죠. 이와 같이 역사에도 법과 같은 규정으로서의 목적(目的)이 있는 거예요. 법이 죄에 대한 규정이요. 잣대라면, 목적은 가치(사랑)에 대한 규정이며 그 잣대가 아닌가요? 일종의 설계도와도 같은 셈이지요. 그래서 종교는 예정론

이라는 것이 있어요.

따라서 우리의 정치에도 종교적 목적론인 사랑이라는 가치가 있어야 잘잘못을 판결할 수 있지 않을까요? 인류의 역사는 사랑을 찾아 나온 역사에요. 비록 그 출발은 갈등에서부터 일지라도 궁극목적은 사랑입니다. 우리 인간이 미완성으로 태어나 완성을 향해서 성장발전 하듯이 말이에요. 생각을 깊이 해야 해요. 생각을 하고 살지 않으면 무서운 결과를 가져오게 되요. 국민통합이 왜 국가적인 아젠다가 된 것입니까? 생각하지 않고, 남을 배려하지 않고, 나만 생각하는 이기심 때문이 아닙니까?

김 | 현대물리학은 이미 궁극의 본질 문제인 원인세계에 도달해 있다는 정보가 인터넷 공간을 떠돈지 오래 됐는데 정치 분야는 아직도 어두운 밤인가 봅니다.

권 | 21C를 살면서도 우리의 정치에는 아직까지 목적론이 전무했었습니다. 그러니 정치에서 답안지를 제시할 수 있겠어요? 정확한 정답이 없으니까 권력을 잡아 오직 힘으로 눌러 자신을 정당화시켜왔던 것이지요. 오랜 역사의 기간을 통해서 말이에요. 따라서 우리 정치에 종교적 목적론이 하루 빨리 도입 되어야 해요.

그런데 신기한 일은 2002년 미국의 대선을 앞두고 부시행정부의 선거 전략에서 정치에 목적론이 등장했어요. 목적론은 종교적 창조론을 그 기반으로 성립되는 개념인데 말이에요. 재미

있지 않아요? 물론 기독교 국가인 미국이니까 그럴 수도 있겠지 하겠지만, 미국은 의외로 종교법이 미연방법 위에 놓일 수 없게 되어 있어요.

부조지 W. 부시는 출마 선언에서 "역사는 우리가 선택하는 것이 아니라, 하나님의 뜻대로 움직이는 것이다."라고 했어요. "인생의 의미는 신(神)의 사명을 따름으로써 구현 된다."라는 『목적이 이끄는 삶』의 저자인 릭 워렌 목사까지 내세웠어요. 백악관의 정책 보좌관 마이클 거슨도 "정치에서 종교적 이상에 관한 부분이 빠진다면, 우리 역사에서 중요한 원천을 제거하는 것과도 같다."라고 하면서 정치에 종교적 이상을 접목시켰답니다.

부시 행정부와 개신교복음주의와의 결합에 대해, 미국의 칼럼니스트 윌리엄 파프는 "정치와 세속적 메시아 관념의 결합은 이례적인 일이다."라고 했어요. 그 결과 재선을 승리로 이끌었어요. 미국이 앞서간다는 생각이 들지 않아요? 그러나 오래가지 못해서 정권을 젊은 버락 오바마에게 내어주고 말았지만 말이에요. 왠지 아세요? 종교적 이상을 정치현실과 연결하는 방법론을 찾지 못했던 것이에요. 정권을 재창출하고 나서는 오히려 거꾸로 갔어요.

종교의 이상인 힘없는 자에 대한 배려는 줄어들고 약육강식과도 같은 정글의 법칙인 자유주의 시장경제정책을 더욱 더 늘렸어요. 1999년 상업은행에 투자은행 업무는 물론 보험업까지 허용해 주는 **그램 리치 블라일리법**으로 금융 규제법인 **글래스 스티걸법**을 폐지해 신용파생상품(MBS:주택저당증권, CDO:부채담보부증권)을 마구 뿌린 결과 금융버블이 생긴겁니다.

그 중에 특히 모기지(mortgage)론 아시죠? 주택을 저당잡고 대출(S&L)해 주었는데 원금과 이자를 거두어들이지 못해 발생하게 된 사건으로 인해 엄청난 금융위기 사태를 불러온 사실 말입니다. 누가 부채를 막았어요? 정부에서 땜질 했어요. 국민이 낸 세금으로요. 결국 믿는 도끼에 제 발등 찍힌 겁니다.

김 | 권 소장님께서는 2004년 급조한 '한국기독당'이 총선에서 실패하자, 당 대표를 직접 찾아가 노력한 결과 당을 재건시켰다고 들었습니다. 왜 실패한 종교적 정당을 다시 일으켜 세워야 했는지 그리고 타 종교를 선택할 수는 없었는지 그 이유에 대해서 말씀해 주셨으면 합니다.

권 | 먼저 종교의 선택에 대해 말씀드리기로 하겠습니다. 다른 여타 종교 중 유일하게 통일교가 만든 가정당이 있었지만 색깔이 너무 짙어서 저와는 맞지 않았어요. 파고들 틈도 없었고요. 그리고 불교나 유교에서는 정당을 전혀 만들지 않았어요. 물론 타 종단의 지도자들을 만나 권유해 보았지만 묵묵부답이었어요. 그리고 제가 기존의 여야정당을 찾아가지 않고 종교적 정당을 찾아간 것은 새로운 제3의 중도적 가치의 정당을 창출해 국민통합을 위한 진정한 정당을 만들고 싶었어요.

위에서 말씀드린 바와 같이 종교적 목적과 연결되지 않는 대결적 여·야 형태의 이념정당으로는 제대로 된 정치를 할 수 없다고 생각했기 때문이죠. 종교가 창조적 이상을 전파하기 위해 이 땅에 내려왔다면, 정치는 현실에서 창조적 목적을 찾아서 올라가는 과정인데, 21C는 문화의 성숙기인 결혼기가 아닌가요? 따라서 종교와 정치가 만나야 한다는 것이 근본 이유였어요. 그래야 오래 동안 지역을 기반으로 조직되어 당리당락을 위해 이전투구를 일삼고 있는 패권정치를 청산하고 종교와 정치가 조화롭게 어우러지는 새로운 정치가 바로 제가 준비해 둔 일명 '블루오션전략정책'에 의한 정치입니다. 새로운 제4의 패러다임이지요.

2007년 17대 대선을 앞둔 시점에 미국의 릭 워렌 목사가 노무현 대통령을 청와대로 직접 찾아가 만났어요. 왜 찾아갔겠습니까? 한국도 미국처럼 종교와 정치가 결합하는 새로운 모델을 시도보라는 의도가 아니었겠습니까? 그런데 노 대통령은 전혀 그것에 대한 인식을 하지 못했던 것입니다. 릭 워렌 목사는 여의도 순복음교회의 조용기 목사로부터 뉴욕에서 안수기도를 받고 목사가 된 분이에요. 기독당을 창당할 때 주도적으로 힘을 실었던 두 분 중 한 분이 조용기 목사였습니다. 다른 한 분은 지금은 고인이 되신 김준곤 목사님이신데 제가 몇 번이나 만나 목사님께 외쳤어요. 조 목사님께도 마찬가지였지만 말입니다.

따라서 릭 워렌 목사는 한국 기독교의 힘이 미국과 별 차이가 없다고 생각했었는지 미국처럼 참여정부와 개신교복음주의가 결탁하면 정권을 재창출할 수 있을 것이라는 희망을 갖고 노 대통령을 찾았었는데, 부시처럼 종교적 마인드가 없었던 거예요. 물론 종교적 환경이 미국과는 너무나 다르지만 말입니다. 어떻게 됐던 실망한 워렌 목사는 누구를 찾아갔겠습니까. 기독교적 배경을 갖고 있는 대권 후보를 만나지 않았겠습니까? 고소영과 강부자로 대표되는 후보자 말입니다. (웃음)하하~^^!!

저는 이것을 예견하고 있었어요. 사실은 제가 릭 워렌 목사보다 이 일을 먼저 추진했었어요. 대통령 후보 경선을 한참 앞두고 모 후보를 만나 2002년의 미국처럼 목적이 있는 정치를 하지 않으면 나라의 혼란을 바로잡을 수가 없다는 것을 수차례 강조했었어요. 그런데 아직 우리의 정치와 종교는 조금 전 질문하신 것처럼 한밤중이었어요. 실망할 수밖에 없었지요.

그러나 그로부터 5년이 지난 지금 이제 막 새벽이 동터오고 있네요. 국민대통합이 국정의 가장 큰 어젠다가 됐으니까요. 국민통합의 정치는 사랑의 정치가 아니면 안 된다고 했어요. 창조적 목적과 유리된 정치로는 국민통합의 정치를 열 수가 없을 테니까 말입니다.

화해의 주도권자는 피해자

● ● ●

김 | 권 소장님! 결국 절대가치는 역사의 목적인 사랑이기 때문에 가해자와 피해자를 나눌 수 있는 기준은 사랑이라는 뜻으로 들립니다만, 그렇다면 역사의 진행과정에서 구체적으로 어떤 지역이 가해자이고 피해자이며, 또한 그 행위의 주체인 인격적 실체는 어떻게 분류할 수 있을까요? 그러면 가해자는 자연스럽게 드러나게 되겠군요. 먼저 시간과 장소, 그리고 가해자와 피해자의 역할에 대해서 말씀해 주시겠습니까?

권 | 네! 그렇습니다. 먼저 우리 한반도의 역사를 보십시오. 약 980여 차례나 외침을 받았습니다. 그리고 남한은 북한으로부터 침략을 받았으며, 동서갈등의 상징인 호남은 영남으로부터 피해를 입었습니다. 피해를 입은 측이 피해자이지요.

한 인간의 성장과정을 통해 알 수 있듯이 미완성기는 힘의 시대입니다만 완성기는 사랑의 시대에요. 어린 시절 골목대장은 힘이 있어야하지만 결혼기에는 상대를 위하는 마음이 부족하면 인생의 동반자를 찾기 힘들어요. 역사도 마찬가지라고요.

더군다나 21C를 맞이한 역사의 성숙기를 맞이한 지금, 우리 역사는 헌신과 봉사의 시대에 이미 깊숙이 접어들었어요. 따라서 타인에 대한 배려는 필수과목인 셈이죠. 인류의 문화사가 대화해와 대통합을 위한 결혼기에 이르렀다 그 말입니다. 이전의 20C는 그 준비의 시기였어요.

따라서 20C는 21C 사랑의 시대, 평화의 시대, 인류행복의 시대를 맞아 그 옥석을 가리기 위해 1, 2차 세계대전과 식민시대, 6·25 동란, 5·18 사태가 일어났던 것이에요. 전쟁이라는 도구를 통해 전 세계를 갈라놓은 것이지요. 우연이 아닙니다. 우연은 필연의 우연이 아닙니까? 세계대전이 먼저 일어나고 난 후 남북전쟁이 발발했으며 그리고 마지막으로 동서(영남과 호남)간의 혈투가 벌어진 것입니다.

국가 간, 민족 간, 종족 간의 갈등을 일으켜서 가해자와 피해자를 가렸어요. 결국 이 전쟁은 피해자를 사랑에 의한 화해의 주체자로 삼기 위한 섭리적 다툼이었던 것이죠. 이것을 저는 고장 난 기계를 수리하기 위해 분해하듯이, 역사를 고치기 위한 분리의 역사라고 명명해요. 이해가 되시는지요? 따라서 세계평화를 위해 외형적으로는 한반도와 남한과 호남을 역사적인 그 화해의 중심에 세우기 위해 피해자가 될 수밖에 없게 몰아세웠어요. 그러므로 한반도가 세계평화를 위한 화해의 주체라면, 남한은 남북통일을 위한 화해의 주체이며, 호남은 동서통합을 위한 화해의 주체입니다. 화해의 유일한 도구는 '용서'

에요. 그런데 호남은 3번의 핍박을 받은 셈이에요.

그러니 모든 화해의 중심이에요. 용서 외에는 역사의 중심에 설 수가 없어요. 무력시대엔 강력한 무기를 마련해야하지만 21C 사랑의 시대엔 용서와 사랑만한 핵폭탄보다 더 좋은 무기는 없어요. 호남인의 책임이 막중해요. 그리고 남한, 나아가 한반도 순입니다. 왜냐하면 동서통합인 국민통합이 있어야 남북통일이 있고, 그리고 남북통일이 있어야 세계평화를 이루어 온 인류의 행복시대를 열 수 있는 이치 때문이니 말입니다.

김 | 다음은 가해자와 피해자에 대한 행위의 인격적 실체에 대한 차례인데, 어떤 부류를 뜻하는지요?

권 | 네, 지역 다음이 젠드(Gender), 즉 성(性)입니다. 20C는 그 어느 시대와도 비교할 수 없는 전쟁의 역사였어요. 그 이전에도 전쟁이 있어왔지만 부분 전(戰)이었지 21C처럼 그렇게 전면전은 없었어요. 전쟁의 주체는 남성이었잖아요? 여성은 포로로 잡아가지도 않아요. 총을 줘도 쏘지도 못하니까요. 생명을 낳은 여성이 어떻게 상대의 생명을 죽입니까? 그래서 문제를 일으킨 쪽은 남성입니다. 가해자인 셈이죠. 힘의 시대의 논리를 사랑의 교체기인 20C에 —혼돈기라서 간과했는지— 마구잡이로 휘둘렀어요. 전쟁을 통해서 말입니다.

따라서 여성은 본의 아니게 피해자의 입장에 서게 된 것이고요. 이 또한 화해의 주체자로 세우기 위한 역사의 계획이었던 것입니다. 잔인한 계획인가요. 아니면 아름다운 계획인가요. 때

때로 역사의 주체자는 인간적 사고로는 도달할 수 없는 아이러니한 프로그램을 짜기도 한다고 밖에 달리 다른 표현을 할 수가 없네요. 답이 나온 것 같아요. 여성은 21C의 사랑과 평화와 행복시대를 위한 전도사에요. 물론 여성이라고 다 사랑이 있고, 남성이라고 해서 여성들만 한 사랑이 없는 게 아니지만 말이에요.

그러나 십중팔구의 여성들은 남성들보다 분명 사랑이 많은 법이지 않아요? 그러니 여성이 모든 화해의 주체자가 되지 않으면 국민통합도, 남북통일도, 세계평화도, 그리고 대한민국 최초의 여성인 박근혜 대통령이 꿈꾸는 행복시대는 결코 불가능한 일일 겁니다. 따라서 여성들이 떨쳐 일어나지 않으면 안 된다고요.

김 | 그 다음은 지배자와 피지배자라고 할 수 있겠군요. 어떻게 간단하게 구분할 수 있을 까요?

권 | 네, 그렇습니다. 인간을 만물의영장이라고 하지 않았습니까? 이 말은 만물 중에서 인간이 최고 귀하다는 뜻이겠지요. 그런데 귀한 만큼 책임을 못하고 자기감정에 메몰되게 되면 큰일을 저지르게 되어 결국 가해자가 돼요. 예를 들어 종족주의에 빠진다든지, 아니면 이데올로기나 이기심에 빠지게 되면 아돌프 더 히틀러처럼 세계 제1차 대전을 일으키든지, 일본처럼 세계 제2차 대전을, 마르크스, 엥겔스, 레닌, 스탈린처럼 공산주의 혁명 등을 일으켜 온 세계를 전쟁과 투쟁의 세계로 몰아넣

어 가난하고 힘없는 자들의 생명과 인권을 유린하게 되어 피해자를 양산하지 않습니까? 물론 그 본질적인 근본 이유는 신성에 대한 무지에서 기인하는 것이기도 하지만 말입니다.

따라서 대부분의 가해자는 문제를 일으킨 국가와 지역의 가진 자였어요. 그것이 정치권력이든, 경제적 부(富)든, 영성의 종교든 말입니다. 그렇다고 모든 가진 자들이 자기만을 생각하지 않고 타인을 위해 헌신하고 베푸는 귀한 분들이 없다는 것은 아니에요. 문제 종교든 수가 너무 적어서 사회적 혼란을 막기에는 턱없이 부족하다는 것이죠. 헌신과 희생, 봉사의 대명사인 종교조차도 이미 종교의 사회적 기능을 잃어버렸다고 볼 수밖에 없습니다.

전체 종교인의 수가 절대다수를 차지하고 있으면서도 국민 대통합이 절실히 필요한 현실이 이것을 증시하는 것이 아닙니까? 수십 만의 종교 건축물을 보유하고 있는 이 나라가 왜 이리 각박하게 됐는지 그 이유를 알다가도 모르겠어요. 그리고 대기업의 내수시장 싹쓸이도 문제지요. 또한 정당의 당리당략은 어떻습니까? 실로 가관입니다.

지금 당장 전 국민 자아반성운동이 일어나야 합니다. 그렇지 않으면 우리의 미래는 결코 장담할 수 없어요. 한 치 앞을 내다볼 수가 없어요. '이타심인 사랑은 새로운 생명의 창조를 잉태하는 법이지만, 이기심은 무서운 파괴를 불러오는 법이에요.' 무력의 시대에는 1%의 가진 자에 의해 획일적인 세상을 이끌어 왔지만, 21C 사랑의 시대에는 가난하고, 힘없는 99%의 힘이 용서와 사랑으로 똘똘 뭉쳐 새로운 희망과 행복의 역사를 새롭게 견인해야 합니다.

민주주의 4.0 공존주의 1.0

• • •

한국 민주주의 4.0의 전주곡

김 | 다음은 역사의 방향성에 대한 내용을 다뤘으면 합니다. 먼저 역사인식에 대한 문제로서 민주주의 4.0과 최근 전 세계에 신드롬을 일으키고 있는 한류 열풍과 해외동포, 그리고 안철수 현상에 대해 질문했으면 합니다. 먼저 민주주의 4.0에 대해서 말씀해 주시면 좋겠습니다.

권 | '4.0'이라는 용어는 모스크바 태생으로 미국인이 된 아나톨 칼레츠키가 『자본주의 4.0』이라는 저서에서 처음으로 사용해 세계적으로 널리 알려졌어요. 한 마디로 자본주의가 변천해 온 과정을 알기 쉽게 단계별로 구분해 수치로 나타낸 거죠. 저도 거기서 아이디어를 얻어 우리 한반도 역사의 변천과정에 도입하게 됐는데 의외로 딱 들어맞는다는 느낌이 들었어요.

내용이 다소 길고 저의 다른 저작물들에서도 기록되어 있습니다만 중요한 내용이니까 다뤄보기로 하겠습니다. 그리고 씨를 뿌리기 전에 봄이라는 환경과 밭을 갈아 거름을 준비하듯이 민주주의 4.0을 논하기 전에 민주주의를 위한 그 밑바탕 이라할 수 있는 한국 민주주의의 전주곡에 대해 먼저 설명했으면 합니다.

■ 한국 민주주의 4.0의 전주곡

UN미래포럼의 회장 제롬 글렌은 "대망을 꿈꾸는 자가 미래, 즉 미래예측의 기술을 모른다면 큰 지도자가 될 수 없다."고 했어요. 따라서 우리 역사에 있어서 정치체계의 변화와 그 방향성을 올바르게 숙지하는 것은 인생의 의의를 찾는 일 못지않게 중요한 일이기에 무엇보다 우선 되어야 합니다. 왜냐하면 역사의 방향성을 정확하게 파악하지 못하고 한 나라의 국가와 세계의 미래를 이야기한다는 것은 나침반 없이 항해하는 배와도 같기 때문이죠.

식민시대, 남북분단, 평화통일

(전제군주제 해체, 사회주의/자본주의 대립체제, 통일 입헌군주제)

인간 관계성의 비밀

"사촌이 땅을 사면 배가 아프다." "처삼촌 벌초하듯이 한다." "열 손가락 깨물어 아프지 않은 손가락 없다" 등의 말들은 속담으로 구전되어 오는 인관관계의 심리를 해학적으로 빗된 말들이죠. 그래서 인간은 관계성의 존재입니다. 위로는 부모와의 관계에 놓여있고, 아래로는 자녀와, 그리고 옆으로는 부부관계에 있어요. 어디 그 뿐입니까? 삼촌, 사촌, 사돈, 8촌, 그리고 담장 넘어 이웃관계 등이 일반적인 인간관계성입니다.

그런데 그 관계성을 세밀히 분석해보면 재미있는 일이 일어나게 됨을 보게 돼요. 멀리 있는 친척보다 가까이 있는 이웃이 낫다는 얘기에서 보듯이, 같은 아들인데도 불구하고 장자(長子)와 차자(次子)가 달라요. 부부관계도 마찬가지입니다. 부부는 무촌(無村)이라고 했어요. 그런데 그 사이에 금이 가게 되면, 소위 0.5촌을 넘어서게 되는 날에는 통장을 따로 차게 된다는 것입니다. 이처럼 인간만이 아니라 세상에는 내용이 다를 뿐, 모든 것이 관계성을 갖게 돼요.

그래서 그런지 필자는 언제 부터인가 모든 일에 관계성(性)의 개념을 인격으로 도입하여 그 연관성을 분석하고 대입하는 일이 오랜 습관으로 굳어져 버렸어요. 그런데 흥미로운 것은 세상만사가 인격과 비인격의 관계로 얽혀 있어서, 그 어떤 일일지라도 정확한 인격적 관계의 비밀을 감지할수만 있다면, 풀리지 않는 문제가 없었어요. 물론 그 열쇠는 당연히 사랑이구요.

국가도 마찬가지입니다. 크게 보아 남·북 관계는 부부관계와도 같고, 한·일 관계는 형제관계와도 같으며, 한·미 관계는 부자관계와도 같아요. 또한 한·중 관계는 처갓집과의 관계와도 같고, 그리고 러시아와의 관계는 이웃이며, EU는 멀리 있는 친척과도 같다고 할 수 있어요. 그리고 또한 이렇게 볼 수도 있어요. 만약 남·북이 통일되어 하나의 국가를 이룬다면 한·미관계는 형제관계로 한·일 관계는 부부관계로 한·중은 사돈관계로 그리고 다른 나라는… 등등 말입니다.

인간의 성장과 국가의 성장

제가 새롭게 풀어낸 '창조적 성장론'이라는 가설의 비밀은 '한 인간의 성장'을 닮아 '인류의 성장'은 두말할 나위도 없이 '국가도 성장'한다는 것입니다. 계절의 절기처럼 말이예요.

독일의 철학자 헤겔은 역사를 "절대정신의 자기전개(창조적 프로그램)"라고 했어요. 전체성으로 볼 땐 그 말이 맞아요. 그런데 제가 더 깊이 연구해 본 결과 지구촌에 200여 개의 국가가 있는데 모두 다 똑 같은 법칙으로 전개되지 않더라는 것이었지요. 그러니까 역사의 중심과 주변으로 분리할 수가 있더라는 거죠. 마치 나무의 기둥과 가지가 역할이 다르듯이 말입니다.

그렇게 보면 어떤 국가는 친아들처럼 중심에 있게 되고 또 어떤 국가는 의붓아들처럼 주변에 있다는 것입니다. 그런데 중심의 사명을 받은 나라의 역사는 절대정신(주체자)의 인격적 적자(嫡子)이기 때문에, 다른 나라에 비해 인간적인 자유의지가 상대적으로 자유롭지 못해요. 다시 말해 역사전개의 절대적 책임인 장자권, 즉 상속권을 갖기 때문에 의무적으로 하늘의 뜻을 실행하지 않으면 안 되는 인격적 관계성의 법칙을 따르게 된다는 거예요.

따라서 역사의 중심 국가는 절대자의 뜻과도 같은 새로운 역사의 씨를 잘 전수받아, 마치 어머니처럼 태아를 재창조해야 하는 살신

성인의 과정을 통과하지 않으면 안 돼요. 만약 그 책임을 거부하면 무서운 징계로부터 자유로울 수 없어요. 그런데 이렇게 볼 때 우리 한반도의 역사가 왠지 예사롭지가 않아요. 지금부터 21C를 맞이하기 전 약 100여년의 한국역사를 되돌아보기로 하겠습니다.

마테오리치 신부와 언더우드, 알렌, 헐버트의 선교, 그리고 역사의 뜻

중국을 거쳐 한국으로 들어온 이탈리아의 신부 마테오리치(Matteo Ricci-중국명(名) 이마두(利瑪竇))는 한국의 천주교 성립에 결정적인 영향을 끼쳤습니다. 뒤이어 연세대학교의 전신 연희전문학교와 YMCA 및 서울 새문안교회를 설립한 미국의 언더우드(H. G. Underwood-한국명 원두우(元杜尤)), H. G. 아펜젤러, 세브란스병원의 시초 H. N. 앨런, 『한국평론』을 쓴 헐버트(H. B. Hulbert) 등의 선교사들을 파송하여, 한반도에 새로운 영성적 종교문화인 그리스도의 복음을 전파했어요.

그러니까 역사는 이들 선교사들을 이 땅에 보낼 때부터 이미 한반도를 하늘의 장자로 세우기 위한 작전을 꾸몄던 것이었어요. 마치 중학생이 고등학생으로 진학하게 되면 차원이 다른 스승에게 보내져 배우게 되듯이 하늘은 먼저 이마두라는 새로운 교사를 파송하여 역사의 상속권을 주기 위한 씨를 이 땅 조선에 뿌렸던 것입니다.

그런데 조선의 지도자들은 훗날에 오게 될 역사의 장자권을 포기라도 하듯이 이 땅의 권력으로 민주주의 4.0을 위해 하늘의 아들로 개종한 천주교도들을 그리스도와 같이 십자가에 메달아 처참하게 도륙했어요. 왜냐하면 하늘의 아들은 그렇지 않은 인간의 아들의 적(敵)이에요. 인간의 아들인 이 땅의 지도자들은 역사의 아들들이 요구하는 수평(민주화)성을 용인해 주기가 쉽지 않기 때문입니다. 그래서 역사의 아들은 성장섭리의 희생자요 제물(순교)이지요. 그 희생의 대가로 역사의 아들들은 하늘나라에서 중생을 얻게 되지만, 인간의 아들들은 오래도록 남아 그만한 고통을 다른 방법을 통해 치러야 하는 것이고요.

조선은 이 땅의 미래에 역사가 선택하게 될 장자로서의 상속권을 거부했습니다. 그러니까 이스라엘과 북아메리카 대륙에 내려주었던 장자권을 백의민족에게 장차 옮기려고 하는데 이를 감히 거부했어요. 선의 독재자이신 인격적 역사의 주체자의 어명(御命)을 감히 어긴 것입니다. 창조에 있어서 모든 창조적 주체는 그 대상과의 타협을 단호히 거부해요.

허락없이 자녀의 생명을 탄생시키는 우리의 부모처럼 말이에요. 그리고 절대로 물러서지 않아요. 왜냐하면 역사의 주체자는 선의 독재자여서 한 번 결정된 뜻을 그냥 대충 넘기지 않는 다구요. 그래서 역사의 주체자는 고집과 집념의 의 대명사라서 무서운 존재가 아닌가 생각합니다.

절대정신의 자기전개로서의 한·일의 역사

한반도의 역사에 있어서 1905년의 을사보호조약, 즉 을사늑약 이후부터 2000년 6·15공동선언과 5년 뒤 6·15 5주년 기념행사에서 2005년을 남북통일의 원년으로 삼자는 내용이 발표되기까지의 약 1C는 이씨 조선의 국체에 심각한 타격을 가져온 그야말로 전무후무한 해가 아닐 수 없습니다. 오랜 세월 약 1천(千)번에 걸친 외세의 침입을 막아내면서 질기게 이어왔었는데 이 나라를 통째로 바쳐버린 일제식민지라는 나라의 옥살이가 시작되었던 것 아닙니까?

한 개인이 처가살이나 종살이를 한다고 해도 자신의 정체성까지 허물어트리는 법은 없습니다. 그런데 그동안 수천 년 간 알뜰히 쌓아왔던 찬란했던 우리의 문화는 힘 한 번 쓰지도 못하고 맥없이 주저앉아 버렸어요. 주권상실이 무엇을 의미하는지 그 비참함을 여실히 보여준 겁니다. 마치 그것은 과거 천주쟁이들이 막강한 국가권력의 힘 앞에 맥없이 쓰러졌던 것과도 같고, 이스라엘 민족이 바로왕 밑에서 저항 한 번 못해 보고 고역살이를 했던 것과도 같아요. 창씨개명이 무엇을 뜻하는 것이었겠습니까?

그것은 감옥살이에서 '수인번호'가 자신의 이름을 대신하듯이 과거의 나의 이름과 살아왔던 모든 나의 가치, 즉 나의 정체성의 부정을 의미함입니다. 무슨 죄를 지었기에 남의 집 종살이도 아닌 국가적 '깜빵살이'라는 정체성의 부정을 이 나라 조선은 당해야만 했겠습니까? 미리 알고 역사의 준엄한 뜻을 받아들였더라면 이런 일은 없었을 텐데, 뒤 늦게 후회해도 소용이 없는 일이었어요.

그리고 1945년 8·15해방을 맞이하여 대탈출을 했지만 그로부터 5년이 지나 1960년 6·25라는 동족상잔의 비극으로 육지의 홍

해인 3·8선을 가르고 북쪽은 사회주의라는 돌판 하나를 섬기고, 남쪽은 자본주의라는 돌판 하나를 각각 섬기게 됐어요. 그런데 처음에 가지고 내려왔던 두 돌 판은 깨트리게 되어서 사회주의와 자본주의는 깨어지게 될 것이고, 다시 두 돌 판을 가지고 내려오는데 이는 민족의 영원한 두 법궤가 될 것인 바 그 하나는 완성의 절대가치인 맘(Mam)적인 진리일 것이며, 또 하나는 공존체제라는 몸(Mom)적인 새로운 정책패러다임이라는 두 돌 판, 즉 양미론 사상인 「영(靈)철학」과 「제4의 길(민주주의4.0)」일 것입니다.

역사철학 연구

저는 대학시절인 1987년 겨울방학을 맞이해 가깝고도 먼 나라로 불리어졌던 이웃 일본을 처음 방문했었습니다. 환태평양시대를 대비한 '한·일 대학생의 역할'이라는 주제로 열리는 세미나참석을 위해서였지요. 그 이후 자주 일본을 왕래하게 되면서 한국과 일본의 역사적인 관련성에 대해 깊은 연구를 하게 되었어요. 왠지 일본을 다녀올 때마다 찐하게 느끼는 일이었지만 나의 상식으로는 이해가 되지 않는 역사적인 사건들이 한두 가지가 아니었어요.

그러니까 나의 일본연구는 일본이라는 나라의 선진화되고 과학적으로 발전된 것에 대한 그런 외형적 성격이 아니라 역사철학에 관한 내적인 것이었어요. 외형적인 문명이나 문화에 대한 관심이었다면 단연코 아메리카나 구라파(EU)이었으리라고 단언합니다. 왜냐하면 대학에서 독어독문학을 전공했으며 1988년 가을 미국 연수를 통해 받았던 선진문명의 충격은 풋내기였던 나를 미국으로 다시 도미하게끔 찐한 유혹으로 까지 파고들어 마음을 흔들어 놓기도 했으니까요.

헤겔(G. W. F. Hegel)은 그의 〈역사철학강의〉에서 역사를 보는 방법론을 세 가지로 요약했습니다. 그 "첫째가 기록된 그대로 역사를 보는 것이다. 둘째가 반성의 눈으로 역사를 보는 것이다. 셋째가 철학적 역사로서 절대정신의 자기전개인 제3의 눈으로 역사를 보는 것이다."라고 하였습니다. 제가 관심을 가졌던 것은 철학적 역사에 대한 세 번째 부분이었어요. 좀 더 구체적으로 말하면 선진화 된 일본이라는 국가의 이면(裏面)에 대한 연구로서 한반도와 관련된 역사의 아이러니(irony)였어요.

인간의 원수와 역사의 보상

저 또한 청소년 시절 『왕비열전』을 읽고 끓어오르는 울분을 참지 못해, 왜놈이라는 단어를 심심치 않게 써야만 했던 기억이 분명합니다. 우리의 국토와 문화를 무지막지하게 유린했다고 생각했으니까요. 그리고 저 일본의 풍요를 도저히 용서할 수가 없었어요. 일본은 숫제 국제적 엽관제도라도 공인받은 듯이 우리의 국토를 유린해서 강탈한 전리품을 큰 배에 가득 싣고서, 어디 여기 보시오란 듯이 콧노래를 부르며 현해탄을 건너 섬나라로 가져간 것이리라! 그리고 전국토를 공원화시키는데 우리의 자원과 인력으로 자기의 치부를 위해 사용했으리라 하는 생각이 들었어요. 피상적으로 관찰할 때 느껴지는 일본에 대한 감정은 그 누구와도 다르지 않았어요.

그런데 일본을 종종 왕래하는 가운데 아무리 곱씹어 보아도 우리의 역사가 도저히 이해가 되지 않는 부분이 많았습니다. 일본뿐만이 아니라 남북문제까지 덮쳐있으니까요. 앞에서 말했듯이 인격적인 관계를 놓고 볼 때, 일본은 이웃과도 같지만 형제와도 같고, 남북은 형제와도 갖지만 부부와도 같은데, 형제나 부부싸움이라면 눈한 번 지그시 감고 적당히 봐줄 수도 있었을 텐데, 왜 동족상잔의 비극을 일으켜 전 국토를 잿더미로 만들고, 300만 명이라는 미증유의 사상자를 내게 했으며, 그 결과 지금은 가족이 불어나 천만 명이라는 이산가족을 발생하게끔 했느냐 하는 것입니다. 부부싸움을 했어도 너무 심했던 것은 아니었는지 모를 일이지요.

그러니까 남·북 간의 관계는 이데올로기의 문제이며 같은 나라와 같은 핏줄이라고 하지만 한·일 간의 관계는 무슨 안(un)이데올로기의 문제이기에 국체가 다른 그들이 이 땅 조선을 무지막지하게 내리 눌렀던 것일까? 이해가 되지 않았어요. 일반적 상식으로는 도저히 "식민지근대화론"이라고 하는 저 일본과의 관계에 대한 역사해석이 명확하게 되지 않았었다 그 말입니다.

그런데 바로 그 순간, 즉 한·일관계와 남·북관계를 인격적으로 비교하는 찰나 필자의 뇌리를 스치는 그 무엇이 있었어요. 그것은 다름 아닌 바로 이것이었습니다. "아! 우리 조선의 지도자들이 큰 '죄(罪)'를 지은 것이로구나! 땅에서의 '인간의 죄'도 가벼이 여길 수 없지만, 무엇보다 역사의 큰 뜻인 '섭리의 죄'를 짓고 말았어!" 라는 것이었어요.

포도청의 나라 일본

개인이나 단체가 국가를 전복시킨 예는 동서고금을 찾아봐도 찾기 힘들 듯이 농민항쟁을 통해 30만을 희생시키고도 관군에게 무릎을 꿇을 수밖에 없지 않았느냐는 것이죠. 따라서 "일본은 본의 아니게 역사의 주체자의 뜻에 의해 한반도에 '새로운 나라(민주주의 4.0·공존주의 1.0)'를 세우기 위해 옛 '조선의 전제군주제' 하에서 인권을 유린하고 백성들을 수탈하는 '인간의 아들들을 개조'시키기 위해 하늘에 볼모로 잡힌 포도청 같은 나라였구나!

그러니까 역사의 뜻을 대신하기 위해 체급이 같은 국가급의 일본을 도구로 세워 이 강토를 무참히 강탈하게 하였구나! 하는 깨달음이었습니다. 다시 말해 이것은 먼 미래에 조선의 땅에 '한국의 민주주의4.0'이라는 새로운 세계를 세우기 위한 전주곡이었다는 것이었지요.

아! 우리에게 있어 원수인 그들(일본)이 역사의 섭리를 위한 조력자이었다니! 따라서 일제의 한반도 강탈은 참으로 일반상식으로는 도저히 이해하기가 불가능한 거예요. 제4의 눈이 열리지 않으면 읽어낼 수 없는 그런 섭리사적 사건이었던 것이죠. 그렇지 않다면 역사는 왜 우리에게 고통을 안겨준 그들에게 저런 축복을 줄 수 있느냐는 것이죠. 불공평도 유만부덕이지 아무려면 그럴 수가 있느냐? 그 말입니다.

식민시대는 역사의 아이러니

'역사에는 아이러니도 우연도 없습니다. 모든 아이러니는 결국 무지의 산물일 뿐입니다. 우연이 필연의 우연이듯이, 원인 없는 결과는 없어요.' 따라서 '창조 없는 재창조는 없는 법이에요.' 그때서야 비로소 "식민지근대화론" 그리고 6·25동란 등의 모든 역사적 사건들이 제대로 해석되어지기 시작했어요. 왜 헤겔은 역사해석에 있어서 절대정신의 자기전개라는 철학적 가치를 그의 역사철학강의에서 논했는지 이제야 알겠어요.

죄는 미워도 인간은 미워하지 말라고 했던가요? 왜 일까요? 이는 필시 이런 것일 겁니다. 그 죄는 응당히 물어야 하고 당사자는 당연히 갚아야 한다. 그래야 질서가 서는 법이니까요. 그러나 인간은 뉘우침의 기능을 지니고 있는 가치적 존재잖아요? 그가 그 잘못을 회개하고 새롭게 중생하여 자신이 지은 죄보다도 더 큰 사랑을 행할 수가 있는 자유의지적인 존재이기 때문이 아닐까요?

그래서 일제의 강점은 임진왜란이라는 전쟁과는 달리 우리를 전적으로 죽이지는 않고 죄인 취급했던 것이었어요. 그래서 결국 우리를 놓아줄 수밖에 없었던 것이죠. 역사의 죄를 지은 조선의 형기(刑期)가 끝나기도 했지만 미국이 변호사로서의 역할을 잘 했었던 것이지요. 그런데 출감하자말자 조선의 "인간의 아들들"은 그래도 뉘우치지 못하고 그리운 과거로 되돌아가고 싶어서 제정신이 아니었어요.

조선의 전제군주제에 대한 확인사살

그래서 이번에는 역사가 오히려 이웃보다도 더 가까운 형제를 동원하여 전제군주제였던 조선 말기 폭정을 일삼았던 이 땅을 다시 유린하고 폐허가 되어 영원히 군주제가 발붙이지 못하게 그 뿌리조차 남기지 않고 무자비하게 초토화시켰던 것입니다. 집안사람이 원수라는 말도 있듯이 같은 핏줄이 싸우면 더 무서운 법이지 않습니까? 관심과 기대 때문이겠죠. 선지자가 고향에서 핍박받듯이 말이에요.

이것을 저는 '확인사살'이라는 자극적인 용어를 동원해서 까지 사용하였는데, 제발 좀 뉘우치길 바라는 심정에서 과격한 구어체(口語體 : Colloquialism)적 언어를 구사한 것이니 이해해 주십시오.(~ 꾸뻑!) 미안합니다. 그리고 민주화를 상징하는 문민정부를 맞이하여 한 때 또다시 과거 전제군주체제로의 왕정복고를 위한 움직임이 있었다는 정보를 접했었는데, 그 때 저는 인간의 아들들의 무지가 실로 무섭다는 생각을 했었습니다.

무지는 철학적 원죄

이 땅의 모든 양심인들에게 묻고 싶어요. 과거 우리의 인격적 아들들은 '역사의 장자권'을 이 땅에 받아 내리기 위해 모진 핍박과 순교까지 당하면서 저 세계로 승천했는데, 역사의 주체자는 과

연 지금의 '역사의 아들들'인 '인격적 양심인들'에게 진정 무엇을 요구하시는지를 알고 있는가? 하는 것을 말입니다.

그리고 역사가 원하는 궁극의 목적인 "공생의 성취"에는 아랑곳하지 않고, "전제군주제적인 왕권"을 자랑하는 성(城)같은 건축물을 지어서 갑옷삼아 거기에 안주하고 있으면 언제 또 역사가 '제4의 검찰국가'를 동원하여 "우리의 죄"를 물으러 오지 않으리라고 장담할 수 있겠는가? 하는 겁니다. 세계는 지금 경제라는 새로운 방법으로 우리를 식민지화 하고 있지나 않은지 모를 일이에요. 만약 그렇게 되면 그 나라를 또 이웃나라 일본을 향해 외쳤듯이 왜 우리를 유린했냐고 반항할 것인가 그 말입니다. 저 먼 돌아올 수 없는 나라까지 가서도 영원한 죄인으로 남고 싶어서 말이에요.

이제 역사가 이 땅에 그동안 계획하고 추진해 왔던 "역사의 장자권과 축복권"을 이 땅 코리아에게 상속하기 위해 긴 세월을 "인격의 아들들"을 산 제물로 수없이 바쳤다는 것을 빨리 인식함과 함께 깊이 각성하고 그 유종의 미를 거두어야 하는 것입니다. 그리하여 '양심의 아들들'이 공생의 사회, 즉 평화통일의 나라, 이상사회이자 용화세계인 '민주주의4.0·공존주의 1.0'의 나라를 만들어 거기서 역사의 형제국들(전 세계)과 함께 영원히 행복하게 살아야할 것입니다.

김 | 그럼 다음은 민주주의 4.0의 개념과 역사적 의미에 대해 말씀해 주십시오. 그리고 민주주의 4.0의 시대를 맞이한 현실정치와 18

대 정부의 역할에 대해서도 간단하게 언급해 주실 수 있겠습니까?

권 | 〈민주주의 4.0〉은 제3을 넘어선 새로운 '제3인, 즉 제4의 길'이라 할 수 있습니다. 민주주의의 완성이라는 의미도 내포되어 있고요. 공존주의 1.0이라고도 한 것은 완성은 새로운 출발을 의미하기 때문에 붙여진 이름이지요. 그리고 '제4의 길이라는 개념도 민주주의 4,0을 기반으로 하는 새로운 경제정치의 한 방법론이라 할 수 있어요.

'제3의 길(The Third Way)'이 영국의 토니 블레어에 의해 실시된 경제 정책적 경향을 뜻하지 않습니까? 정치는 경제의 영역까지 포괄하게 되니까 말이에요. 민주주의 4.0은 경제체제뿐만 아니라 절대가치를 설정해 종교적 목적은 물론이요, 정치형태의 유형까지도 시대정신에 맞게 포괄적으로 시스템화한 새로운 패러다임입니다.

「성장이론(영靈)철학)」에 의하면 '인류의 역사는 한 인간의 성장이라는 메커니즘을 그대로 닮아 있다.'라고 했어요. 이 말은 우리의 역사가 시계방향을 따라 1인 독점의 절대 권력, 즉 수직적 전제군주제에서 정책과 연계한 분권의 수평적 민주제도를 향해 단계별로 변화발전해 온 역사라는 뜻이 내포되어 있습니다. 성인이 되면 수직체계(l)인 부자·모녀 관계를 떠나 수평체계(-)인 부부관계를 이루게 되지 않습니까? 그러니까 정치도 국민과 이를 집행할 지도자가 수평적 소통을 해야 한다는 뜻과 통하겠지요.

18대 국정의 화두는 위기는 기회로, 혼란은 질서로, 갈등은 통합이 되어야 합니다. 국정철학에 있어서도 시대정신과 부합되는 새 방법론을 찾아내지 않는다면 기존의 낡은 사회체제로 인해 깊어진 총체적인 사회적 갈등은 해결하기 힘들어요. 그러기 위해서는 지도자의 노력도 중요하지만 국가의 난제를 해결할 수 있는 창조적 정책들이 창출되어야 한다고요. '민주주의 4.0'이야 말로 비로소 지도자와 국민 간의 수평적 교류를 가능하게 할 새 가치관 정치의 새 모델이 될 것입니다.

철학에 기반 한 정책정치

● ● ●

김 | 민주주의 4.0은 창조적 아이디어와 철학에 뿌리를 둔 정책정치를 뜻하는 것으로 보이는데 맞습니까?

권 | 예, 민주주의 4.0의 시대는 지도자와과 함께 철학에 기반을 둔 정책이 우선시 되어야 뒤탈이 없을 것입니다. 목수가 집을 짓기 전에 먼저 주인이 원하는 집의 설계도를 목수에게 넘겨주고서 계획된 바에 따라 지어달라고 요구하듯이 말이에요. 이제는 우리정치가 지도자를 뽑는 것도 중요하지만 '정책 청사진'을 갖춰야 해요. 그래야 지도자도 확실치 않은 일에 대한 지나친 부담으로부터 자유로울 수가 있어서 소신껏 자신의 역량을 펼칠 수가 있지 않겠어요. 다시 말해 지도자에게 모든 것을 다 맡기는 것이 아니라 '철학에 기반한 정책'을 마련해 국민들도 일정부분 책임을 지는 주인정치, 즉 수평성 정치가 되어야 진정한 〈민주주의 4.0〉의 정치가 되겠죠.

김 | 정책정치란 청사진이나 잘 짜여진 프로그램과 같은 정치를 뜻하는 것으로 이해하면 되겠습니까?

권 | 네~! 국민이 제시한 정책 로드맵을 대리인이 잘 집행하는가의 진위여부는 설계도를 통해 쉽게 파악할 수 있잖아요. 지도자 또한 설계도대로 시공하면 되기 때문에 근거가 불명확한 공약과 당리당략을 위한 기존의 정치적 관행에서 발생하는 엄청난 낭비(예산의 40%)를 줄일 수가 있고요. 그래야 국민도 스스로가 잘못 선택해 놓고, 마음에 들지 않으면 그 잘못에 대한 책임을 추궁하는 코미디정치로부터 이제는 졸업해야 해요.

답안지가 없는 시험은 무력과 권모술수가 정답인 법입니다. 따라서 답안지로서의 '철학에 기반 한 정책'을 집행해 줄 수 있는 자질을 충분히 갖춘 인물을 제대로 선택해야 해요. 사실 그동안의 정치적 관행은 민주주의의 진정한 주인인 국민이 주도한 후보의 추천과 선택이 아니었어요?

단지 국민은 일방적으로 선정된 몇 몇 후보 중 한 사람을 선택하는 거수기의 자유일 뿐이었어요. 일명 무력정치의 뒤를 이은 정당정치, 인물정치, 금권정치가 만들어 낸 민주주의 1.0, 2.0, 3.0이었다 그 말입니다. 이제 정책이 주체요 인물이 그 대상인 진정한 민주주의 4.0의 개화기가 도래하고 있어요.

김 | 조금 전에 소장님께서 경제도 정치의 한 분야라고 하셨는데 경제와 정치는 어떤 관계에 있는지 구체적으로 말씀해 주십시오.

권 | 종교가 창조적 형이상학의 세계에 있어서 모든 존재세계의 본질적 뿌리임은 그 누구도 부정하지 않을 것입니다. 정치 또한 종교와 정치를 잇는 매개체로서 그 역할의 중요성을 간과

해서도 안 됩니다. 왜냐하면 저 존경하는 버틀란트 럿셀 경이 "철학은 신학과 과학을 잇는 가교이다."라고 한 것을 사회과학적 현실에 대입하게 될 때 '정치는 종교와 경제를 잇는 가교이다.' 라는 등식이 성립하겠기 때문이죠.

그러나 형이하학, 즉 물질세계를 뜻하는 현실에 있어서의 경제는 모든 사회현상을 움직이는 조직의 근본 기초이자 혈액과 같기에 경제문제의 중요함은 재론의 여지가 없습니다. 유사 이래로 경제문제는 우리 인류의 오랜 역사와 함께 동고동락해온 1차적 생명의 뿌리입니다. 따라서 민주주의 4.0에서는 종교적 가치의 정치와 함께 경제정치가 될 가능성이 매우 높아요.

김 | 소장님은 경제분야의 전문가가 아니실 텐데도 경제에 대한 해박한 지식을 가지고 계시는 것 같습니다. 경제학자와의 교류나 경제에 대한 지식은 어떻게 습득하시는지요.

권 | 저는 얼마 전 경제민주화를 위한 창조적 경제포럼 개최문제를 의논하기 위해 'M(메커니즘)경영 이론'의 세계적인 대가이신 서울대학교 경제학과 조동성 교수를 그의 연구실에서 만나 '역할분담경제론'의 필요성을 제의했었어요. 물론 A. 칼레츠키의 저작 『자본주의 4.0』에서 제기하는 일반적인 개념의 정부와 시장의 역할이론이 아니라, 보다 철학적이고 고차원적인 정치와 경제, 정부와 시장, 대기업과 중소기업은 물론이요 생산과 유통, 그리고 소비에 대한 존재론적 가치의 역할분담론(창조적 경제론)을 말입니다.

본문에서 더 구체적인 내용이 밀도있게 다뤄지겠지만 간략하게 요약하면 이런 것들입니다. 경제에 있어서 〈정부와 시장〉, 그리고 〈생산과 유통〉분야를 나눌 수 있는데, 그 중 정부와 시장 문제는 '한 가정을 비유할 때 부모와 자녀의 관계'와도 같다. 정부는 국민의식이 '윤리경영'을 가능케 할 높은 의식이 보편화되기 전 까지는 어린 자녀를 부모가 보호하듯이 국가(정부)가 시장을 보호해야하며, 적절한 규제와 개입은 절대적이라는 것이었어요.

더불어 기업의 역할에 있어서도 미성년자(동생)는 가정 안에서의 생활이 주가 되고, 청·장년(형님)이 되면 바깥활동의 비중이 늘어나듯이, 대기업(형님)은 세계의 글로벌기업과의 경쟁이 주가 되고, 중소기업(동생)은 내수시장을 맡는 일에 그 역할을 각각 나누는 것이 이상적인 조직이 될 수 있어요.

생활경제정치

● ● ●

김 | 정부와 시장의 역할분담을 넘어 생산과 유통까지도 역할을 나눈다는 뜻으로 보이는데 생산과 유통을 어떻게 나눌 수 있는지요?

권 | 경제의 한 다른 분야인 〈생산과 유통 그리고 소비〉 문제는 부부관계와 같이 생산(生産)은 '선의 경쟁'이 효과적이기에 도전적인 남성성과 같은 사유화가 장점이며, 유통(流通)은 조절(전달)기능을 갖기에 경쟁보다 나눔을 통한 따뜻한 여성성과 같은 '공유화(국유화의 분배와 다름)'를 통한 '윤리경영(최소 이윤제)'이 장점입니다.

소비도 책임성 있는 소비를 위해 유통의 공유화로 인해 얻게 되는 구매소득의 1/10을 적립해 소비자의 이름으로 기부하는 '의무기부구매소비제도'를 새롭게 창출하게 되면, 복지 재원마련을 위해 애쓰지 않아도 되지요. 그리고 기존의 경제이론을 넘어선 창조적 경제방식을 통한 '생활경제정치', 즉 '제4의 길(공생주의 1.0)'이라는 종교·정치·경제가 시스템으로 연결된 새로운 '창조적 공생경제정치'를 화려하게 열 수 있을 겁니다.

1997년 치욕적인 IMF를 맞이한 우리나라는 IMF의 요구와 경제민주화를 외치는 좌파 신자유주의자(민주당)들에 의해 몇몇의 대기업(대우, 쌍용 등…)이 해체되어 티끌처럼 날아가 버렸어요. 그리고 대부분의 재벌 그룹들은 '단기이익'과 '캐시 플로(cash flow)'에 눈 먼 '주주자본주의'의 국내외 '투기자본'의 침투로 인해 대부분의 주식이 잠식당했어요. 따라서 대기업의 오너는 경영권방어에 급급한 나머지 중소기업을 욕 죄고 심지어 서민의 골목상권 까지 침범할 수밖에 없게 만들었다고요.

그리고 우파 신자유주(현 여당)의 시장경제를 주장하는 정치지도자 역시 아직도 정확한 경제정책에 대한 로드맵을 제대로 갖추지 못하고 있어요. 지금도 개념 없이 진행되고 있는 민영화의 위험성 때문에 기존의 우파 세력과 차별화를 선언한 '신(新) 우파(새누리당)'조차 경제민주화를 부르짖을 수밖에 없는 이상야릇한 상항인데도 불구하고 누구하나 이런 이변을 제대로 설명하지 못하는 웃지 못할 현실은 우리를 슬프게 합니다.

김 | 복지국가소사이어티는 주로 어떤 활동을 하는 단체인가요?

권 | 영국의 켐브리지 대학의 경제학 교수로 재직하고 있는 세계적인 학자 장하준 교수를 주축으로 정승일 정치경제학 박사, 이종태 저널리스트 등 젊은 학자들이 얼마 전부터 '복지국가소사이어티'라는 사회단체를 설립하여 나름대로 좌파 신자유주의와 우파 신자유주의를 넘어선 새로운 학풍을 자발적으로

일으키며 강좌를 열고 저술활동까지 열성적으로 벌이고 있어서 그나마 다행이에요.

그러나 이들과 함께 그 방법론이 대동소이 하다라고 할 수 있는 탁월한 『자본주의 4.0』의 저자이며, 미국의 타임스(The TImes)의 경제 분야 총괄 에디터 칼레츠키(Anatole Kaletsky) 또한 외람되지만 필자에 의해서 고안된 '종교적 정치경제', 즉 '제4의 길(공생주의1.0)'에 대한 고차원적 세계관과 새로운 방법론에 대한 깊은 연구가 있어야 하겠지만 말입니다.

김 | 민주주의 4.0과 공존주의 1.0을 같이 쓰고 계시는데 어떤 의미로 봐야하는지요.

권 | 여기서 사용되는 〈민주주의 4.0과 공존주의 1.0〉은 이름만 다를 뿐 같은 개념입니다. 완성은 새로운 시작을 의미한다는 뜻에서 그렇고요. 물론 세밀히 말하면 시작이 있고 완성이 있겠죠. 따라서 4.0도 시작이 있고 그리고 완성이 되면 새로운 개념, 즉 공존·공생이라는 새로운 개념으로 발전하겠죠.

존재하는 모든 것은 창조 후 재창조를 거쳐 단계별 성장이라는 메커니즘을 갖는다고 했잖아요. 권력의 체계 또한 수직체계에서 시계방향을 따라 수평체계를 향해 진행되는 법이고요. 그 누구도 이와 같은 창조적 질서의 비타협적이면서 초월적인 힘에 의해 이루어지는 일방적인 패턴을 거부할 수 없습니다. 다만 그 형태에 대한 모양을 조금 변모시킬 수만 있을 뿐이죠.

김 | 민주주의 4.0은 조감도와 같은 포괄적인 뜻을 가지는 새 정치학

의 용어인 것처럼 보이는데 혹시 잘 못 본 것은 아닌지요?

권 | 물론 '민주주의 4.0(공존주의 1.0)'은 큰 담론을 다룹니다. 따라서 민주주의 4.0은 정치만의 담론이 아니라 종교와 정치 그리고 경제와의 시스템적 관련성에 관한 유기체적 방법론을 기초로 성립되는 개념이죠. 위에서 창조와 재창조라는 개념을 사용했었는데 민주주의 4.0과 공존주의 1.0을 같이 사용한 이유가 바로 창조라는 종교성과 재창조라는 정치성과의 조우, 즉 그 둘의 만남을 뜻하는 것이지요. 따라서 민주주의 4.0은 물과 기름처럼 서로 다른 특성을 하나로 일치시키는 것을 전제로 성립되는 개념이기도 하구요.

'민주주의 4.0·공존주의 1.0'은 거대 담론이기 때문에 건축에 있어서 골조공사와 같은 거시적 국가의 종교·정치·경제체제를 다룹니다. 지면상의 제약도 있지만 '민주주의 4.0'에서 각론이나 임시방편에 가까운 사안들을 기대하는 일은 현명한 일이 아니지요. 예를 들어 '민주주의 4.0'은 건물에 있어서 건축의 양식과 기초가 되는 골격 등 총론 같은 큰 담론들, 즉 위기에 처한 민주주의 체제의 새로운 방법론인 남북통일을 위해서 어떤 체제를 선택해야 하며 경제제도는 어떤 방법을 수립해야 하는가?

종교 또한 원시공동체 종교에서 경전종교를 거쳐 인격종교라는 높은 차원으로 옮아가기 위해서는 어떻게 되어야 하는가? 와 같은 그야말로 철학적인 '거대 담론'이지요. 따라서 '민주주의 4.0(공존주의 1.0)'에서 인테리어 분야에 해당되는, 즉 선택적 사항에 속하는 기술적인 부분인 공천의 방식과 선거의 방식, 대기업 출자총액제한과 내부거래의 금지 또는 폐지와 복지의 방식 등 그런 악세사리 같은 것들을 선택하기 위한 미시적인 사안들은 '민주주의 4.0'에는 전혀 맞지 않습니다.

민주주의 4.0은 멀티플레이 정치제도

● ● ●

김 | 민주주의 4.0은 모든 분야를 전 방위적으로 연결한 일명 멀티플레이 정치제도라고 봐도 되겠습니까?

권 | 네. '민주주의 4.0(공존주의 1.0)'은 종교와 정치, 정치와 경제, 경제와 종교의 상관관계와 시스템적 교류와 같은 총론을 통해 지금 전 세계가 겪고 있는 위기의 근본 원인을 밝혀내어 그 해답을 구하기 위한 융합정치입니다. 선택적 사안에 해당하는 미미한 각론은 순간 반짝이는 아이디어일 뿐 지금 전 세계적으로 전개되고 있는 글로벌 위기와 3핵실험으로 초긴장상태에 놓인 한반도의 문제해결에 대한 대안이 될 수가 없어요.

앞서 말씀드린 바 대로 미국도 '민주주의 4.0(공존주의 1.0)'이라는 새로운 정치모델을 찾기 위한 노력을 이미 시작했습니다만 그들은 그 방법을 더 이상 찾지 못하고 누군가가 그 자리를 대신해주기를 바라는 애태우는 심정권에 놓여있지 않나하는 조심스러운 판단을 내게 됩니다. 이것이 우리도 바라고 세계가 꿈꾸는 '민주주의 4.0(공존주의 1.0)'입니다.

김 | 민주주의 4.0이 되기까지의 과정이 있다고 하셨는데 그 과정을 어떻게 단계별로 구분했는지 궁금하네요.

권 | 한국의 '민주주의4.0'은 인류 역사의 시작과 함께 그 준비과정을 거쳐 1945년 8·15 해방 이후 도둑처럼 찾아왔어요. 전제군주제였던 조선왕조의 종언(終焉)이 없었더라면 언감생심이었을 것입니다. 그 이후 비로소 민주주의의 '씨'가 이 땅에 뿌리를 내리고, 그리고 헌법을 제정하고 국민국가로서의 형태를 만들기 시작한 우리 정부는 '민주 공화국 1.0'을 시작으로 '6·29선언을 이어 민주화 정부 2.0' 그리고 '참여와 선진화 정부 3.0'를 거쳐 18대 '박근혜 정부4.0' 즉 국민이 주인이 되어 국가를 책임지며 국민대통합을 이끌게 될 '완성된 민주국가'를 목전에 두고 있어요.

여기서 민주주의의 완성은 평화통일의 기초가 될 새 국가체제의 모델이라는 것을 간과해서는 안 돼요. 공존주의 1.0이라는 개념은 통일 된 한국을 뜻하니까요. 새로운 국가체제가 되는 셈이죠. 뒤에 통일 부분에서 깊이 다루겠지만 어느 한 쪽에 의한 일방적인 흡수통일이 아니라는 것을 깨달아야 한다고요.

그동안 우리 국민들은 '머슴정치 1.0', '아들정치 2.0', '반 주인정치 3.0'를 지나 진정한 '주인정치 4.0' 시대를 이제 얼마두지 않고 있습니다. 또한 민주정치의 과정을 인격적 메커니즘에 비유하면 부모의 절대적 권위를 필요로 하는 '유아정치 1.0', '소년정치 2.0', '청년정치 3.0' 그리고 성년이 되어 부부가 되는 수평적 협력의 '장년정치 4.0'이라고 표현할 수도 있겠죠?

김 | 민주주의 4.0은 국민이 주인 되는 정치제도라고 하셨는데 그럼 그 동안의 정치는 어떤 정치였나요.

권 | 잘 아시겠지만 먼저 자본주의의 상대적 개념을 사회주의로 볼 때, 민주주의의 상대적 개념은 공산주의입니다. 공산주의의 다른 이름은 '국주주의(國主主義)' 즉 국가가 주인이라는 뜻과도 통해요. 따라서 공산주의 체제하에서의 국민은 국가를 위한 보조자일 뿐이에요. 본래의 취지는 그런 것이 아니었습니다만, 그러면 민주주의는 무엇일까요? 민주주의는 국민이 주인이며 국가는 국민의 보조자예요.

그런데 이 또한 취지에 불과할 뿐 '4.0' 이전의 민주정치체제는 민주가 아닌 '대리민주'였어요. 대리민주는 '과정적 민주'이고요. 이제 모든 과정적 대리민주의 시대는 지났어요. 민주를 민주이게 하는 핵심 의제는 민주에 의해 만들어진 법입니다. 그런데 정책은 민주의 참주인인 대중의 무지로 인하여 대리인 중심의 정책 창출과 결정에 의지하는 정치였어요.

민주주의 4.0 시대의 지도자는 정책의 집행권자(agent)

• • •

김 | 그렇다면 완성된 참 민주의 정치인 '민주주의 4.0' 시대의 정치는 지도자(act) 중심에 의한 통치가 아니라 국민의 요구에 의해 준비 된 정책의 집행권자(agent)를 뜻합니까?

권 | 맞습니다. 또다시 정책이 아닌 지도자(act) 중심의 통치인 인치, 즉 인물중심의 지도자이기를 고대하는 누(漏)를 범해서는 안 돼요. 물론 인치가 되지 않게 국민 스스로의 정치의식과 국가에 대한 책임의식을 충분히 갖춰야 함은 당연지사구요.

'민주주의 4.0'의 시대를 맞이해 우리 국민의 각오 또한 이제는 달라져야 해요. '민주주의 4.0'은 국민도 철학에 기반한 창조적 정책을 창출해 민주의 대리인으로서의 지도자(agent)를 올바른 길로 인도해야 해요. 왜냐하면 '민주주의 4.0'은 순수한 우리국민의 힘과 노력에 의해 잘 발전시켜야 할 그 무엇이기 때문이죠. 그러니까 '민주주의 4.0'은 모든 일을 지도자의 일방적인 능력에 의지해 지켜만 보는 정치가 아니에요. 유권자의 힘과 지도자(agent)의 능력이 수평적 협력에 의해 잘 조화되도록 해야 하는 오히려 국민책임이 더 큰 정치예요.

김 | 민주주의 4.0과 18대 박근혜 정부와는 어떤 관계성이 있는가와 그 중요성이 궁금해지는군요.

권 | 언제나 국정이 중요하지 않은 때가 어디 있겠습니까? 하지만 18대 박근혜 정부의 중요성은 그 동안 지나온 숱한 정부를 총합한 가치보다도 더 큰 역사적인 사건으로 기록되리라는 것을 누구보다 우리 국민들이 충분히 인식해야 해요. 위에서 누누이 언급했듯이 이번 정부는 과거와는 전혀 정치적 상황이 다른 정부에요. 공간적으로는 대한민국 자체의 국운을 넘어 한반도의 운명과 동북아는 물론이요, 우리가 몸담고 있는 이 지구촌의 운명이 걸려있기도 하구요. 시간적으로는 역사의 방향성을 결정하고 가름하는 실로 엄청난 시대에 진입했어요.

지구촌의 운명과 역사의 방향성을 올바르게 이끌기 위해 두 눈을 크게 뜨고 미래를 똑바로 응시해야 해요. 그렇지 못하면 모두가 공멸의 길을 피할 수 없어요. 좌파 신자유주의나 우파 신자유주의를 선택해 역사를 거꾸로 돌려 퇴락의 길을 갈 것이냐! 아니면 제4의 길, 즉 '창조적 공생주의'를 향해 꿈과 희망이 넘치는 역사를 새롭게 견인할 수 있을 것이냐! 를 두고 매우 중차대한 시간대에 서 있어요.

다시 말해 인물중심의 '지도자 중심정치'로 국민을 또다시 추종하는 응석받이로 계속 머물러 있게 할 것이냐! 아니면 세계사적 중차대한 시기를 맞이하여 책임 있는 국민이 될 새로운 철학에 기반한 정책패러다임인 '제4의 길(민주주의4.0)'을 잘 진행시켜 역사적인 국민통합과 평화적 남북통일을 성공 달성할 것이냐! 하는 기로에 한국정치가 놓여있어요.

따라서 철학에 기반한 정책을 완벽하게 다듬어서 지도자와 국민이 힘을 합해 18대 정부를 잘 이끌어야 해요. 그러기 위해서는 박근혜 정부는 자신의 정치적 지도력의 방향성을 바로잡아야 하며, 국민 또한 국가를 위한 책임완수에 온 정성을 다 모아야 해요. 더불어 재차 강조해도 지나치지 않을 일은 이번 정부는 국민들 스스로가 주인이 되는 '민주주의 4.0'이라는 '새로운 정책 모델(제4의 길)'을 선택하는 비중이 어느 때 보다 더 중요한 시대에 접어들었다는 것을 결코 잊지 말아야 합니다.

해외동포들의 대탈출(Exodus)

김 | 『대탈출 KOREA』라는 권 소장님의 저서에서 해외동포의 대탈출(Exodus)에 대한 내용을 접했습니다. 동포들에 대한 남다른 견해를 갖고 계신 것으로 보였는데 지금 우리에게 있어서 해외동포의 의미는 무엇인지요.

권 | 한민족의 이민의 시작은 러시아의 연해주로 부터였어요. 그 이후 1902년부터 정부의 수민원(이민국)을 통해 희망자의 모집이 있었어요. 미국 이민은 1903년 100명의 한인이 제물포항을 떠나 하와이 사탕수수 농장으로 가면서 이루어졌고 유학생과 1965년 10월 3일 존슨 대통령에 의한 하트-셀러법(Hart-Celler Act)이라는 새 이민개정법 이후 본격적으로 시작되어 현재는 250만에 육박합니다,

멕시코의 에네껜 등 1985년 중남미의 약 10만의 이민, 유럽은 1962년 독일의 광부와 간호사 등을 중심으로 약 10만, 캐나다 약 10만, 일본이주는 1907년 유학생이 5백 명이었는데 중일전쟁 발발 이후 일제의 징용정책에 의해 약 100만 명이 강

제 연행되었으며 현재는 약 200만 정도에요. 총 재외동포가 세계 170개국에 현재 750만이 흩어져 살고 있어요.

민단과 조총련의 역사와 만남 그리고 사명

먼저 1905년 을사보호조약의 체결로 한반도의 조선은 식민지배라는 이웃 섬나라 일본의 강권에 의해 역사적 산 제물로 바쳐졌었어요. 1945년 8·15광복을 맞이하였지만 강제적 징병 등으로 인하여 현해탄을 건넜던 200여만 명 중 60만은 고향을 찾지 못했어요. 그런데 하늘도 무심했어요. 해방된 지 얼마 되지도 않아서 냉전 이데올로기의 피비린내 나는 동족상잔의 비극이 남북을 여지없이 갈라놓는 터에 타국 땅에 머무른 동포들 끼리 갈라져, 또 다른 나라 일본의 남북이 될 수밖에 없었던 것이 재일동포, 일명 민단과 조총련이 아닙니까?

본국을 떠나온 외로움과 함께 분단된 국가라는 조국의 아픔을 한 몸에 부여안고 한민족을 대신한 체, 척박한 이국 땅 에서의 삶이라는 것이 그야말로 성서에 나오는 이스라엘 민족이 애굽에서 430년 동안 노예생활을 한 것과 닮지 않았습니까?

그런 재일동포인 일명 거류민단과 조총련의 지도자들의 집단적인 만남이 있었다는 뉴스가 6년 전 겨울을 맞이하여, 이 나라와 일본의 언론을 통하여 대대적으로 보도된 적이 있었습니다. 실로 역사적인 일이었지요.

그리고 고향을 떠나본 자만이 고향의 소중함을 더욱 더 크게 인식할 수 있는 것일까? 몇 해 전 일본의 제2의 도시 오사까(大坂)의 대운동장에서 수십만 명이 모여 평화적인 남북통일을 촉구하는 재일교포의 뜨거운 함성이 있었어요. 저는 그 때 많은 것을 생각했었어요. 또한 역사의 아이러니를 깊이 느꼈었답니다.

한민족에게 있어서 해외동포의 의미…!

재일동포뿐만 아니라 한민족이 전 세계로 흩어져 살게 된 배경은 과연 무엇일까에 대해 깊이 생각했습니다. 그러던 중 훗날 이 민족의 하나 됨을 위한 제3의 놀라운 계획이 있음을 깨달았어요.

다시 말해 역사는 이들을 동족상잔의 전쟁터로 내몰아 희생시키지 않고 보호하면서 후일 조국의 대 통일을 위한 대탈출을 도모키 위해 이국땅에 머물게 하면서 때가 되기 전에는 본국으로 돌아오지 못하게 했던 3가지 큰 이유가 있었다는 것을 깨닫게 되었던 거예요(물론 몇몇의 동포들은 의용군을 조직하여 참전하였으며 훗날 모두의 귀감이 되었다).

그러니까 그것은 한민족의 미래에 닥쳐올 통일의 한때를 앞두고 타국에서부터 동포의 하나 됨을 이끌어 내는 사건을 일으켜 그것을 하나의 귀감으로 삼기 위함이 그 첫째요, 아울러 세계의 모든 해외동포에 의한 제3의 힘이 있어야 만이 본국의 민족통합과 남북통일을 이룰 수 있는 새로운 외적 에너지를 증폭시킬 수가 있음이 그 둘째이며, 또한 이데올로기에 의한 각기 다른 체제가 분단의 근본 원인이었기 때문에 앞으로 한반도의 통일을 대비해 양

체제가 서로 공존하는 '제4의 국가체제'(창조적 중립국 : 세계 최강국의 위치에 있는 재미동포의 큰 사명도 있지만, 특히 일본은 중립국)를 경험시켜 서로 간의 화해와 만남, 그리고 결국 통일도 이렇게 해야 된다는 것을 알게 함이 그 셋째였던 것이지요.

왜냐하면 본국에 있는 당사자들은 전쟁의 직접적인 피해자로서 그 감정의 골이 너무 깊어 직접 그 응어리를 풀기가 힘들어요. 그런데 해외동포들은 감정대립에 있어서 그 강도가 상대적으로 약합니다.

따라서 거류민단과 조총련은 남북통일에 대한 하늘의 깊은 뜻이 있음을 알아야 해요. 누구보다도 먼저 서로가 하나 되어야하는 의무가 있음도 간과해서는 안 돼요.

통일의 방법론을 창출해야

그런데 문제는 전 세계 해외동포와 하나 됨, 특히 민단과 조총련의 통합과 민족의 통합, 나아가 평화적인 남북통일을 위한 방법론을 어떻게 새롭게 창출해 내는가 하는 것이 아닌가요? 그리고 한반도에 있어서의 역사의 방향성과 모든 해외동포에게 부여된 조국통일의 역사적 사명에 대한 이해가 무엇보다도 우선되어야 한다는 것이 과제로 남게 된다는 거예요.

저는 이 대담을 통해 한반도 통일에 대한 역사적인 천운의 도래를 논리적으로 설명하고 '블루오션(Blue Ocean)철학정책'으로 '공존(창조적 중립국)의 국가체제'를 '제4의 정치모델'로 제시할 겁니다.

그리고 저의 졸저 『영(靈)철학』인 〈양미론 사상인 제4의 이념〉을 통하여 양비론에 의한 좌·우 이데올로기가 아니라, 양미론인 좌·우를 초월한 절대가치로서의 '공생주의(共生主義)'를 제시할 것입니다. 재일동포 학자 이용우 교수도 "서로가 하나 되기 위해서는 민단과 조총련이 해방 이전으로 돌아가 한민족의 장래에 대한 철학과 비전을 새롭게 제시하지 않으면 안 된다."고 역설했었어요.

따라서 동포들은 남북통일을 위해서는 먼저 〈공존의 이념〉에 의하여 서로 하나가 되어야 하며, 하나 된 그 힘을 본국의 '국민대통합'과 '창조적 중립정부의 구성'을 위해 물심양면으로 도와야 합니다.

해외동포들이여, 일어나 빛을 발하라!!

저는 창조적 성장의 역사에 있어서 역사는 한민족 중심의 시대를 열기 위한 계획을 오늘도 쉬지 않고 전개하고 있다고 강변하고 있어요. 무지(無知)는 모든 갈등의 근본 원인입니다. 무지에서 벗어나 우리의 온 겨레가 통일의 의미를 깊이 새롭게 인식하여야 한다고요.

온 인류에게 있어서 한반도의 통일이 몰고 올 가공할 파장은 역사상 전무후무할, 감히 상상을 초월한 사건이 될 것입니다. 그런 통일에 대한 책임이 지금 바로 여기에서 모든 해외동포의 양 어깨

위에 무겁게 내려져 있음을 하루 빨리 깨달아야 합니다.

비단 남북통일은 우리 민족만의 작은 통일이 아니라고요. 유사 이래 인류 역사의 모든 것을 총괄하는 우주적인 통일이에요. 미래의 역사를 새롭게 창도해 나갈 실로 천주사적인 세계대통일입니다. 종교와 정치와 경제제도에 있어서의 '평화의 모델'로서의 '대통일'인 것입니다.

해외동포들이 힘을 모을 수 있는 현실적이면서도 구체적인 방법론에 대해서는 마지막 부분인 창조적 경제론에서 다루기로 하겠습니다. 역사의 시간은 '연장'이라는 방편을 사용하지 않습니다. 조국의 미래가 동포들의 의지에 맡겨져 있으니 모든 재외동포는 일어나 빛을 발해야 합니다.

안철수 현상은 국민대통합에 대한 국민적 갈망

● ● ●

김 | 다음은 우리 정치권에 신드롬을 일으켰던 안철수 현상이라는 실체에 대해 소장님의 남다른 견해를 갖고 계신다는 말씀을 들었습니다. 책도 내셨다니 더욱 궁금해집니다. 간단하게 들려주실 수 있겠습니까?

권 | 결론부터 말하면 현상은 새로운 일에 대한 조짐이며 때가 됐으니 이제 준비하라는 신호입니다. 현상과 실제는 다르지만 현상은 실제를 위한 미리 보여줌이에요. 꽃이 피고 난 후 열매가 열리듯이 말이에요. 설계도 없이 집을 지을 수 없는 것과도 같은 겁니다.

안철수 현상이라는 불꽃이 정치권으로 옮겨 붙은 이유는 현실을 통해 성급히 승부수를 띄우려는 국민의 눈높이가 만들어낸 것이죠. 따라서 안철수 현상은 분명한 시대적 요구요 역사의 준엄한 부름이 맞아요. 그런데 바쁠수록 돌아가라는 속담처럼 골리앗과도 같은 기득권을 상대로 한 싸움에 적절한 콘텐츠와 전략전술을 철저히 준비해 저 정글과도 같은 우리의 정치권에 도전을 했어야 했어요.

제가 쓴 책 중에 『안철수의 생각 더하기 국민생각+』에 서도 이미 서술되어 있지만 안 교수는 의사이자 컴퓨터의 바이러스를 퇴치하는 백신을 만드는 전문가입니다. 정치는 사회과학인 인문학의 세계에 대한 깊은 연구가 있어야 하는데 이를 어쩌나 해서 제가 그동안 연구한 블루오션정책전략 프로그램을 그 대안으로 삼을 수 있게 하기 위해 책으로 엮었어요. 국민대통합을 위한 새로운 패러다임이지요.

서강대학교 손호철 정치학 교수는 안철수 현상에 대한 3가지 특징으로 첫째가 한국정치에 대한 절망과 공익에 대한 갈구와 공공선의 부재에 대한 실망으로 공익적 리더십의 모델이 필요하다고 했어요. 둘째가 DJ, 노무현, MB 정부도 모두 신자유주의 정책으로 민생문제해결을 실패함으로 인해 국민들이 제3의 대안을 찾고 있기 때문이다. 그리고 셋째가 공감의 정치, 즉 따뜻한 정치에 대한 갈구 때문이라고 논평 했어요. 물론 학자로서 나름대로 그 핵심을 정확하게 간파한 사실적인 분석이라 여겨 높은 점수를 매기고 싶답니다.

다만 아쉬운 부분이 있다면, 그 3가지 특징의 당위론적 해석을 넘어, 안 교수가 국민들의 바램을 충족시킬 비결이나 그 대안적 방법까지도 고민해서 제시할 수 있었더라면 좋았을 텐데 하는 것이었어요. 왜냐하면 안 교수의 저작물들을 연구해 봤지만 정치의 정책에 대해서 만큼은 국민의 '특별한 요구'를 채워

줄 담론수준 이상의 획기적인 정책대안이 보이지 않았기 때문이에요.

왜냐하면 필자의 눈으로 냉정하게 바라볼 때, 그 3가지 특징은 그렇게 단순한 문제가 아니에요. 그야말로 일반적 경지를 초월하지 않고서는 도저히 그 해법을 제시하기 힘들 텐데 과연 안철수 교수가 그 해법을 충분히 풀어낼 수 있을지 의문이었어요. 더군다나 안 교수는 사회나 역사·철학·경제·행정·정책 등… 의 인문학 분야는 전공이 아니어서 만약 그 기대를 충족시켜줄 대안을 마련하지 못한다면 국민들의 원망 또한 더 클 수 있지 않겠어요. 물론 아직도 늦지 않았어요.

지금이라도 국민의 바램의 궁극의 원인을 빨리 파악해 국민을 위한 희생과 봉사를 다시 시작해야 해요. 역사의 준엄한 부름을 나의 의지에만 국한시켜서는 안 돼요. 싫어도 해야 합니다. 부모의 심정으로 형님 누나의 심정으로 내 부모와 자식과 동생들을 위해서라면 시궁창 밑까지 들어가 흙탕물을 뒤집어 쓰더라도 뒤로 물러나거나 양보해서는 안 돼요. 지금 나라가 유사이래 절체절명의 위기에요.

나를 위한 정치, 내 세력을 키우기 위한 정치가 아니라 너를 위하고 너의 정당을 도와주는 새로운 문화의 정치를 통해 국민대통합을 이루는데 일조를 해야 합니다. 머뭇거릴 시간이 없어요. 하루 빨리 조화로운 조정의 정치를 펴야 해요. "知爲之與致 政之要也(지위지여치 정지요야)"라 했어요. 베푸는 것이

취하는 것임을 아는 것이 정치라는 뜻이잖아요? 컴퓨터 백신 개발을 위해서 쏟은 정성만큼 정책 백신 창출을 위해 노력하고, 기존의 정치를 위해 희생하고 봉사하는 시간을 가져야 합니다. 준비하지 않고 이뤄지는 일은 허구 외엔 없잖아요?

2. 소통

소통(疏通)의 사전적 의미는 영어로는 이해하다(understanding) 입니다. 그리고 소통은 상대적 관계의 산물이죠. 상대를 전제로 성립된다는 뜻 아닌가요. 전화를 혼자 할 수 없듯이 말이에요. 소통의 유형도 다양합니다. 먼저 크게 나누면 유형세계와 무형세계와의 소통이 있어요. 인간과 사회, 인간과 영성(靈性)이 그것이죠. 작게는 언어의 소통, 이념의 소통, 개인과 단체의 소통, 단체와 단체의 소통, 그리고 정치와 경제의 소통, 정치와 종교의 소통, 정치도 다른 정당끼리, 종교도 다른 종교끼리, 경제도 다른 기업끼리 말이에요.

소통과 통섭

● ● ●

영성을 회복해야!

좌장 조동회 | 수고했습니다. 매우 진지한 질문과 답변에 시간가는 줄 모르겠네요. 이제부터는 본격적으로 본론에 들어가야 할 것 같네요. 언제부터인가 우리 사회에 소통이라는 화두가 시대의 중심에 자리하게 되었는데 소통의 근본 개념과 왜 소통이 필요하게 되었으며, 그리고 무엇을 어떻게 해야 진정한 소통이 이루어질 수 있을 것인가에 대해 허심탄회한 질의와 응답이 있었으면 합니다. 다소 학문적인 분야일 것 같아 딱딱할 수도 있겠지만 이론적인 부분을 빼버리면 통합을 위한 새로운 방법론 창출의 본질이 흐려질 수도 있겠기에 될 수 있으면 조금 쉽고 흥미롭게 할 수 있었으면 좋겠습니다. 수고해 주세요.

김현서 | 먼저 소통의 의미와 개념, 그리고 유형에 대한 질문이 어울

릴 것 같습니다. 소통이란 무슨 뜻이며 어떤 종류가 있는지요?

권추호 | 소통(疏通)의 사전적 의미는 영어로는 이해하다(understanding) 입니다. 그리고 소통은 상대적 관계의 산물이죠. 상대를 전제로 성립된다는 뜻 아닌가요. 전화를 혼자 할 수 없듯이 말이에요. 소통의 유형도 다양합니다. 먼저 크게 나누면 유형세계와 무형세계와의 소통이 있어요. 인간과 사회, 인간과 영성(靈性)이 그것이죠. 작게는 언어의 소통, 이념의 소통, 개인과 단체의 소통, 단체와 단체의 소통, 그리고 정치와 경제의 소통, 정치와 종교의 소통, 정치도 다른 정당끼리, 종교도 다른 종교끼리, 경제도 다른 기업끼리 말이에요.

소통의 반대말은 불통입니다. 불통이 되는 이유도 여러 가지겠지만 그 본질은 결국 이기심이 아닌가요? 이기심은 본질세계에 대한 무지가 근본 원인이구요. 앞에서 통합과 통일은 불가분의 관계라고 했듯이 소통과 통합 또한 불가분의 관계입니다. 그리고 통합은 인간의 문제라고 했듯이 소통 또한 인간의 문제이고요.

김 | 무형세계와 유형세계의 소통에 대해 알고 싶습니다. 먼저 무형세계에 대해서 말씀해 주십시오.

권 | 소통에는 무형(無形)세계인 의식계와의 소통과 유형(有形)세계인 현상계와의 소통이 그것입니다. 의식계도 지식계와 지성(지혜)계로 구분할 수가 있고요. 그리고 현상계도 인문 사회과학과 물리과학으로 나눌 수가 있어요.

먼저 무형세계인 의식계의 '통섭'에 대해서는 성신여대의 최민자 교수의 통섭론을 간단하게나마 들여다보기로 하겠습니다. 최 교수는 그의 훌륭한 저서 『통섭(通涉)의 기술』에서 윌슨(Edward Wilson)의 「컨실리언스(Consilience)」가 통섭(統攝)으로 번역이 되면서 '큰 줄기를 잡다'라는 의미로 사용된다고 해요. 그런데 최 교수의 통섭은 "없는 곳이 없이 실재하는 원융무애한 생명의 역동적 본질을 보다 생생하게 느낄 수 있도록 통섭(通涉)이란 한자를 사용하였다."라고 해요.

그리고 "사실 그대로의 온전한 '봄(seeing)'이 일어나기만 하면 통섭은 저절로 이루어진다. 온전한 봄이 일어나지 못하는 것은 온전한 앎이 일어나지 못했기 때문이다. 지식은 관념이고, 파편이며, 과거와 연결되어 있으므로 온전한 '앎(knowing)'은 지식에서 일어날 수 없다. 지식은 진리를 가리키는 손가락일 뿐, 진리 그 자체가 아니다. 반면 지성(intelligence)은 실재이고 전체이며, '지금 여기'와 연결되어 있으므로 온전한 앎은 지성에서 일어난다. 따라서 통섭은 지식 차원에서가 아닌 지성차원에서 일어난다."라고 하면서 윌슨의 지식적인 차원의 통섭(統攝)을 점잖게 비판합니다.

왜냐하면 "지식은 에고(ego)의 영역이고, 지성은 참자아의 영역"이기 때문이라는 것이에요.

그리고 "생명은 '전일적인 흐름(holomovement)' 그 자체인 까닭에 에고의 가장 큰 위협이며 적(敵)이다. 그래서 에고는 '죽음'이라는 발명품을 만들어 냈다! 그로부터 이원론의 표징이라 할 수 있는 '삶과 죽음의 투쟁(life-and-death-struggle)'의 역사가 시작되었다.

지식과 삶이 화해할 수 없는 것은 이 때문이다. 하여 삶과 소통하지 못하는 지식을 넘어서기 위해 '통섭'이라는 용어가 등장한 것이다. 학문 분과 간의 소통이 이루어지지 못하는 것은 말할 것도 없고 학문과 종교, 학문과 삶 간의 소통이 이루어지지 못함으로 해서 총체적인 인간 실존의 위기에 지면하게 된 데 대한 성찰적 의미와 더불어 전일적 패러다임(holistic paradigm)으로의 전환을 추동하는 의미가 내포 된 것이다.

그럼에도 여전히 이원적인 지식으로 통섭을 운위한다면 그것은 '지적 사기(intellectual fraud)'다. 삶과 유리된 단순한 지식의 통섭은 이념의 지도를 실제 영토라고 믿는 것과도 같이 공허한 것이다. 지식을 넘어선 참지식이 필요한 것은 이 때문이다. 이분법은 앎의 원을 삶의 원을 완성시키기 위한 방편일 뿐, 진정한 앎은 이원성을 넘어서 있다. 이러한 사실은 알지 못한 채 선과 악의 진실 게임에 빠져들게 되면 '삼사라(samsara 生死輪廻)'가 일어난다. 무엇을 위하여? 영적 진화를 위하여 우주의 실체는 육체와 같은 물질적 껍질이 아니라 의식이다. 이 우주에서 사라지는 것은 아무것도 없다. 생명계는 이른바 '부메랑효과(boomerang effect)'로 설명되는 에너지 시스템이다."라고 말입니다.

김 | 다음은 유형세계인 현상계의 소통에 대해 말씀해 주시겠습니까?

권 | 유형세계의 현상계인 물질계의 한 분과로서 물리과학의 연구는 이미 '양자역학'을 통해 자연계의 근본문제에 까지 접근했어요. 힉스라는 신(神)의 입자의 발견이 2012년에 밝혀짐으로 인하여 물리세계인 우주탄생의 비밀을 풀어헤칠 날도 얼마 남지 않았어요. 생명공학이 인간게놈지도를 완성했듯이 물리학이 물리법칙의 근원을 밝히겠죠. 실로 놀라운 발전이요 인간에게 주어진 물리학의 책임완성이 눈앞에 왔어요. 그렇다면 이제 남은 과제는 사회과학이라 할 수 있는 인문사회과학의 소통의 비밀을 밝혀내는 일이 예요.

사회과학이란 물리과학과 무형의 정신세계를 잇는 가교의 역할이라고 할 수 있어요. 예를 들면 종교·정치·경제·문화·예술 등 사회활동과 관련된 학문과 법칙 및 사회제도의 유기적 체계를 일컫는다고 할 수 있어요. 제대로 된 사회과학의 소통을 위해서는 절대가치와 사회제도의 새로운 방법론이 창출돼야 해요. 기존의 낡은 패러다임으로는 비능률과 불통에서 벗어나기가 힘들 겁니다. 따라서 그 대안은 '철학에 기반 한 제4의 길', 즉 다양하고 복잡한 사회현상을 전체적이면서도 부분성을 동시에 갖춘 일명 '복잡계 시스템 제도(정책)론'이 될 것이라 확신해요.

김 | 그럼 최 교수가 윌슨의 통섭에 대해서는 어떻게 비판했나요?

권 | 네, 최 교수는 "저자인 윌슨이 말하는 지식의 통일은 의식계[본체계]와 물질계[현상계]의 상관성을 인식하지 못함으로 해서 직관적인 앎을 배제하는 결과를 낳았다. 온전한 앎은 단순한 이론적 지식의 통합에서가 아니라, 그러한 통합의 궁극적 기반을 올바르게 이해할 때 일어난다. 양자물리학자 데이비드 봄(David abohm)의 '숨은 변수이론(hidden variable tleory)'이 말하여 주듯, 다양하게 분리된 것처럼 보이는 '드러난(explicate)' 물리적 세계는 일체의 이원성을 넘어선 '숨겨진(implicate)' 전일성의 세계가 물질화되어 나타난 것이다.

윌슨은 사물의 근본 이치와 관련된 초논리·초이성·직관의 영역은 배제한 채 사물의 현상적 측면과 관련된 감각적·지각적·경험적 판단의 영역만을 중시한 나머지, 통섭에 관한 논의가 실험과학을 통해서만 가능하다고 봄으로써 결과적으로 자연과학 중심의 학문적 제국주의 —더 정확하게는 생물학적 제국주의— 를 초래했다. 이러한 반(反) 통섭적 사고는 인류 의식의 현주소를 말하여 주는 것이다. 그는 서양의 분석적 사고가 동양의 종합적 사고와 융합할 때 비로소 완전한 통섭이 일어날 수 있다. 라는 사실을 간과하고 있다.

근대 분과학문의 경계를 허물고 지식의 융합을 통해 복합적이며 다차원적인 세계적 변화의 역동성에 대처하려는 움직임이 전 세계적으로 일고 있다. 20세기가 과학의 시대였다면, 21세기는 과학과 영성의 접합시대라는 점에서 예술과 과학의 통섭은 시대적 필연이다."라고 했어요.

이기심은 소통의 적

김 | 네, 다소 어려워 보이지만 공감합니다. 그럼 다음은 소통을 방해하는 이기심에는 어떤 종류가 있을까요?

권 | 첫째 미성숙기의 이기심이 있어요. 원초적 본능의 이기심이죠. 보호가 필요한 어린아이나 장애자의 이기심 같은 것 말입니다. 아름다운 이기심이죠. 그런데 이 이기심은 없으면 안 돼요. 혼자서는 생명을 유지할 수가 없으니까요. 요즘 복지논쟁이 뜨거운데 보호가 필요한 사람에 대한 복지는 시혜가 아니라 부족한 자의 권리이자 능력자의 의무에요.

둘째는 무능력자의 이기심입니다. 장애는 없지만 성년이면서도 미숙한 자의 이기심입니다. 안타까운 이기심이라 할 수 있어요. 보호자가 없을 땐 국가가 이들을 안아줘야 한다고요. 셋째가 지적 부족에 의한 이기심입니다. 영성의 가치에 대한 무지 때문에 생기는 이기심이죠. 대부분의 일반 성년들에게서 나타나는 현상이에요. 이념과 지나친 욕심에 눈이 멀어 자기밖에 모르는 후안무치(厚顔無恥)한 이기심 말이에요.

완성된 존재, 어른, 능력자는 사랑을 베풀어야 하는데 헌신과 봉사에 대한 높은 가치에 눈을 뜨지 못하고, 오히려 과식으로 스스로의 몸을 헤치는 금수와도 같은 비판받아야 할 이기심이죠.

김 | 사회의 중추세력이라고 할 수 있는 대부분의 일반 성년들의 이기심이 영성(靈性)의 무지에서 일어난다고 하셨는데 그럼 어떻게 해야 고칠 수가 있겠는지요. 좀 어려울 것 같아 보입니다만 혹 그 해법을 알고 계신다면 말씀해 주십시오.

권 | 바라보는 관점에 따라 해석이 다르듯이, 알고 있는 능력만큼 세상을 보게 된다는 말이 있어요. "온전한 '봄'은 온전한 '앎'이 있어야 한다."라고 최 민자 교수께서 그의 저서 『통섭의 기술』에서 말했듯이 말이에요. 제가 경험한 바에 따르면 그 말은 부정할 수 없는 보편적 진리라고 생각해요. 어느 날 갑자기 저에게 이상한 현상이 일어났어요.

대부분의 종교철학자들로 부터 한결 같이 전해지는 말이 저에게 벌어진 거예요. 이를테면 일반적 상식을 초월한 다른 세계에 대한 영적체험이 말이에요. 한마디로 말해 4차원의 세계가 펼쳐진 것이죠. 그것도 오랜 기간 동안 그 내용도 다양하고 보다 더 깊이 있게 말입니다. 그럴 때마다 이게 꿈인가 생시인가를 확인하기 위해 손톱으로 제 살을 꼬집었어요.

영성(靈性, 神性 : 一心, 참본성, 참자아)에 대한 눈을 뜬 거죠. 그때 깨달은 것이 육체의 눈으로 보고 만지는 것이 다가 아니로구나 하는 것이었어요. 영성에 눈을 떠야 미래의 가치를 알게 되는 거더라고요. 그리고 생각이 변하고 행동이 달라지는 것이었어요. 내일이 있는 사람과 없는 사람의 차이는 별 것 아닌 것 같지만 엄청 커요. 그러던 중 존재의 본질을 스스로 응시할 수 있는 눈이 뜨였어요. 서론에서 잠시 언급했듯이 새로운 진리가 아니라 일반인도 누구나 쉽게 오래 전부터 우리 곁에 늘 있어온 모든 경전의 근본에 도달할 수 있는 새 방법론을 찾게 된 거죠.

김 | 영성(靈性)의 본질을 쉽게 도달할 수 있는 새 방법론이라고 했는데 어떤 내용인지요, 그것이 어떻게 이기심을 버릴 수 있는지 구체적으로 말씀해 주시겠습니까?

권 | 경전을 해석하는 새 방법론과 진리의 본질에 쉽게 접근할 수 있는 간단한 법칙이에요. 먼저 경전을 보는 일반적 방법론이 양비론입니다. 이것은 진리의 본질과 같은 수준이 아니라 진리를 찾아가는 과정에 모든 것을 판단하는 것으로서, 아직은 부족한 상태에서 경전을 잘 못 해석하는 오류를 범하게 돼요. 나와 생각이 다른 상대를 적으로 규정해 타도하는 방법론이에요. 따라서 나와 다른 종교와 이념을 가진 사람은 쳐서 부셔야 하는 원수가 되지요. 아주 위험한 방법이에요.

다음은 진리의 궁극에 이르는 길이 일반인이 도달하기에는 너무 어려워요. 각론만 있고 총론이 없으며 중구난방이에요. 그래서 도올 선생은 "경전해석을 위한 쉬운 민중의 언어가 있어야한다"고 했잖아요.

그런데 양미론이라는 새 해석법을 찾게 됐어요. 나와 생각이

다른 상대를 아니라고 하는 아닐 비(非)의 양비론을 넘어, 부족하다, 미숙할 미(未)의 양미론을 말이에요. 서로가 같이 미숙하다는 뜻도 있어요. 그리고 진리의 본질에 도달하는 아주 간단한 법칙도 찾았어요.

한 인간이 부모에 의해 창조되어 세상에 태어난 후 성장하는 법칙처럼, 인류의 역사도, 우주도, 천주도 '창조 후 재창조'라는 법칙을 갖더라는 것이에요. 간단해요. 별게 아니더라고요. 따라서 미완성기는 보호받아야 하고, 완성기는 책임 해야 한다는 단순도식입니다. 부자 관계처럼, 역사의 주체자(절대자)와 인간의 관계도 마찬가지에요. '인류의 의식도 한 인간처럼 성장한다' 그 말이죠. (도표 2-1 참조)

인간과 인류 역사의 동시성 법칙

	△	□	○
	유·소년기	청년기	장·노년기
인 간			
인 류			
	• 원시문화시대 • 외적 종교시대 • 보호기 • 가정교육기 • 부모기(I)	• 말씀 문화시대 • 4대 경전종교시대 • 교육기 • 학교교육기 • 형제기(/)	• 인격문화시대 • 국가(법)종교시대 • 책임기 • 사회교육기 • 부부기(-)

도표 2-1

김 | 권 소장님의 다른 책에 소통을 통섭과 비교하시면서 '영성(靈性)'을 중시한 최민자 교수의 통섭과 에드워드 윌슨의 통섭을 창조적으로 비판한 내용이 나오는데 소장님께서 말씀하시는 영성과는 어떤 차이점이 있는지요?

권 | 에드워드 윌슨이 말하는 통섭(統攝)은 성신여대의 최민자 교수가 했고, 최 교수는 윌슨의 통섭을 지식차원의 이분법적인 기계론적 세계관으로 결론을 내렸다면, 저는 최 교수의 통섭(通涉)과 뜻을 같이 하지만, 어떻게 해야 통섭의 본질인 영성의 세계에 쉽게 도달할 수 있는가에 대한 구체적인 방법론이 전혀 없다는 것이었어요.

최 교수는 윌슨의 통섭을 지식차원으로 비판하면서 "지식(knowledge)은 관념이 아니고 파편이며, 과거와 연결되어 있으므로 온전한 앎은 지식에서 일어날 수 없다. 지식은 진리를 가리키는 손가락일 뿐, 진리 그 자체가 아니다. 반면 지성(intelligence)은 실재이고, 전체이며, '지금 여기'와 연결되어 있으므로 온전한 앎은 지성에서 일어난다. 따라서 통섭은 지식차원에서가 아닌, 지성 차원에서 일어난다."라고 했어요. 옳은 말입니다.

그런데 최 교수가 간과하고 있는 게 있어요. 목적을 인식하고 있는 사람과 그렇지 않은 사람 사이에는 천양지차가 생겨요. 사람이 다 같지 않아요. 최 교수처럼 평생을 연구한 사람은 영성을 접할 조건을 갖고 있다고 할 수 있지만, 일반인들은 그럴 수 있는 여유가 없어요. 시쳇말로 입에 풀칠하기도 바쁜데 무슨 배부른 영성입니까? 그래서 제가 연구하게 된 것이 영성을 쉽게 접할 수 있는 지름길이라는 것이었어요.

전문가의 1/100 시간만 들여도 아니 일상생활 속에서도 접근할 수 있고, 학교의 교육기관을 통해서도 배울 수 있는 쉽고 간단하면서도 그러나 수준은 높은 그런 방법을 말입니다. 스티브 잡스 얘길 했었나요? 발상을 전환하면 높은 품질의 제품이 창조 돼요. 과학 분야뿐만 아니라 인문학 분야도 단순화시켜야 해요.

융(Carl G. Jung)과 영성(靈性)

●●●

김 | 영성(靈性)은 인간을 인간답게 할 수 있는 중요한 매개체가 되겠군요. 그런데 처음 접하는 개념이라 분명한 이해가 되지 않습니다. 혹 영성의 이해를 도울 수 있는 다른 예는 없는지요?

권 | 네, 제가 낸 졸저 『대탈출 KOREA』의 서문에 실린 세계적인 정신분석학자 C. G. 융이 체험한 영성의 실체를 실례로 들겠습니다. 다소 쉽지가 않은 내용이니 주의해서 경청해야 할 것입니다.

꿈과 종교의 상징을 통해 신의 뜻을 포착하는 〈카를 구스타프 융〉

"융(Carl Gustav Jung, 1875~1961)은 세상을 떠나기 얼마 전 BBC와 인터뷰를 한 적이 있었어요. 기자는 융에게 신(神)을 믿느냐고 물었어요. 영국의 수많은 시청자가 융이 어떤 대답을 할지 귀를 기울이며 긴장했어요. 융은 천천히 대답했어요. '나는 신을 믿는 것이 아니라 압니다.'라고 말이에요. 학문적인 저작에서 융은 '인간 마음 속에 있는 신의 형상'에 대해 말할 뿐이었지만 개인적·주관적 체험으로는 '신이라는 존재야말로 가장 확실한 직접적인 체험의 하나임이 분명하다'고 말했다."라고 조성기 교수가 말했어요.

숭실대 조성기 교수는 융의 자서전을 번역하면서 "융의 일생을 관통하는 주제는 종교다. 세계적인 심리학자이자 정신의학자인 카를 구스타프 융은 그의 자서전 『카를 융, 기억의 꿈 사상』에서 '나의 생애는 무의식의 자기실현의 역사이다.' 자기실현은 '자아(Ego : 나를 나로서 자각하게 하는 것)'가 무의식 밑바닥 중심 부분에 있는 '자기(Self : 의식과 무의식을 통틀어 인격이 전체적인 통일을 이루도록 하는 가장 깊은 구심점)'를 진지하게 들여다보고 그 소리를 들으며, 그 지시를 받아 나가는 과정을 가리킨다.

그러나 무의식 밑바닥의 '자기'에 이르기 까지 갖가지 무수한 층이 겹겹이 가로막고 있어 '자기' 의 소리가 '자아'에 잘 전달되지 않는다. 융은 '자아'가 '자기'의 소리를 듣는데 꿈과 종교의 상징을 매개로 이용했다. 따라서 융의 생애는 꿈과 종교의 상징을 통해 '자기'가 '자아'에게 보내주는 신호를 포착하는 과정이었다고 할 수 있다."

> "융은 하나님을 직접 체험(증명)하지 못하는 가장 큰 이유를 이렇게 말하였다. '상징과 신화의 언어를 상실한 채 교회와 신학적 사고에 붙들려 하나님에게 도달할 수 있는 길이 막혀 있기 때문이다.' 이성과 합리성이야 말로 신과의 교류를 차단하는 가장 위험한 접근 방법론으로 간주한 융은 여기에서 탈피하여 꿈(인류의 먼 과거에 대한 집단 기억)과 신화와 종교의 상징 등을 매개로, 원형 깊숙한 곳에서 들려오는 '자기'의 소리에 진지하게 기를 기울였다. 그리고 융은 자신이 많은 신을 경험했음을 말하고 있다."

그는 존재의 최고 의미는 오직 그것이 존재한다는 데 있으며, '진정한 해방은 내가 할 수 있는 것을 행했을 때, 내가 온전히 나 자신을 헌신해 철저히 참여했을 때 비로소 가능한 법'이라고 말하기도 했다.

> "융은 분명히 기독교를 신봉했지만, 교의적인 관점에서 보면 국외자다. 개인이 자기실현을 위해서는 개인마다 고유의 숙명적인 길을 가야하는데, 예수를(맹목적으로) 모방하거나 이성에 기대는 신학으로 가는 바람에 그리스도교의 진정한 발전을 가로막았다는 것이다. 융에 따르면 그리스도는 유대인들에게 '당신들은 신이다'(요한복음 10장 34절)라고 외쳤건만, 사람들은 그 뜻을 이해하지 못했다. 또 악의 문제에 대해 그는, 신이 선하기만 하거나 사랑하기만 하는 존재는 아니라고 봤다. 이 때문에 융은 중세였더라면 화형됐을 것이라고 했다. 하지만 죽은 뒤에 융은 교회사에서 결코 빼놓을 수 없는 인물이라는 신학자들의 인식이 커져가고 있다."라고 했어요.

김 | 권 소장님께서도 신성이나 영성에 대한 깊은 인식을 하고 있는 것으로 알고 있습니다. 이 시간을 빌어 간단하게나마 말씀해주실 수는 없겠는지요?

권 | 시간 관계상 깊은 이야기를 하기는 그렇고요. 오히려 4대 경전을 연구하는 중에 깨달은 것입니다만 영성과 관련된 경전은 성서라는 생각이 들었어요. 경전종교의 초월자로서 어떤 한편

의 종교적 편견도 전파목적도 아니니까 오해는 마십시오.

성서는 신성과 영성의 글(書)

앞에서 제가 융의 글을 이렇게 장황하게 옮긴 데에는 그만한 이유가 있습니다. 융만큼 필자가 말하고자 하는 종교적 상징의 큰 산맥이라고 할 수 있는, 성서 속에 숨겨진 은밀한 내용에 대해 부족하나마 깊이 있는 영성을 갖고 있는 심리학자를 아직까지 보지 못했기 때문이에요. 성서는 초월에 의한 본질적 세계인 고차원적인 섭리 법칙을 인간의 심리적 사건으로 상징화하여 매우 체계적으로 기록한 "영적 역사의 기록"이요, 신성(神性)의 "인격 소설"입니다.

다시 말해 성서는 신성(神性)의 세계를 인간의 인격적 심리에 비추어 비유적으로 표현한 글, 즉 인격적 신화이며 성화(聖話)이지요. 따라서 성서는 이성적 사유와 자연철학을 바탕으로 이루어진 여타 종교의 경전(經典)들처럼, 귀납적인 방법에 의한 인간의 사유를 매개로 하여 신에게 도달하는 접근방법과는 달리, 영성이라는 매개를 통하여 진리를 대언하게 하는 심오한 "정신의 영성심리학"입니다.

그래서 성서는 신성과 소통할 수 있는 4차원의 지성적 영성(靈性)인간의 벗이에요. 또한 성서는 인간 세상의 높은 도덕률을 위해 신의 존재의 필요성을 이성(理性)적으로 요청하는 그런 차원 높은 인간이기를 위해 존재하는 것입니다.

그것이 바로 성서의 로고스(Logos)적 인간인 "아담"이에요. 따라서 아담은 신화적 존재의 주인공이요, 영(靈)철학적 인간의 상징이며, 비로소 신성과 영성의 인격적 사랑의 첫 아들인 것이죠.

성장이론에서 볼 때 성장의 완성기는 사랑의 인격기입니다. 그래서 성서의 아담은 차원이 다른 인간의 상징이에요. 사랑이라는 가치를 회복하여 신에게로 나아갈 수 있는 인간, 즉 인격을 갖춘 아담이다 그 말입니다. 따라서 성서는 영성과 소통할 수 있는 인간이기를 원해요. 그래서 진리의 법칙이 아니라 신과 교류하는 중심인물이 성경(聖經)의 거의 전부를 차지하게 되는 것이지요.

> "신성은 완성된 인간의 거울이다. 따라서 완성된 인간은 신성의 거울이다." "성년이 되어야 음양을 이룰 수 있듯이 신성은 오직 완성된 인간과 소통한다. 왜냐하면 완성된 인간에게만 자유의지인 재(再) 창조력이 무궁무궁 샘솟기 때문이다."

그래서 완성된 인간은 재창조를 위하여 영성과 교류할 수 있고, 영성을 체험할 수 있는 '의식 초월의 주관성'인 '영성'과 '신성'이 발동하게 되는 겁니다. 그러니까 신성은 자연의 법칙과는 인격적인 대화상대로 설정하지 않지요. 그래도 억지로 대화를 시도하게 된다면 그것은 독백일 뿐입니다. 따라서 자연법칙을 바탕으로 하는 경전종교는 소극적 종교입니다. 따라서 그 종교의 신성은 결국 양자의 신(神:신성, 영성) 내지는 의붓아버지의 신(神)이요, 철학적 이성의 신(神)인 상대적 절대자일 수밖에 없어요.

완성된 인간은 신(神)의 짝입니다. 그래서 '나를 본 자는 아버지를 보았거늘 어찌하여 아버지를 보이라 하느냐'(요한복음 14장 9절)라고 말한 그리스도의 언명을 새겨볼 일입니다. 앞에서 인간은 신(神)의 정자(精子), 또는 신의 손자(孫子)라고 했어요. 신은 인간의 영혼을 통하여 자신을 계시해요.

따라서 성서에 나오는 모든 인물은 달란트가 다르듯이 사명 또한 각각 다른 신의 메신저예요. 아담도 노아도 아브라함도, 바로왕도 모세도 여호수아와 갈렙도, 이삭도 야곱도 요셉도, 사울도 다윗도 솔로몬도, 알고 보면 신의 섭리의 법칙(3단 법칙)을 인격적 인간을 통하여 사명을 계시한 하나님의 메신저, 즉 체계적 패턴(봄·여름·가을/씨·꽃·열매/희생·봉사·축복)을 갖는 메신저로서의 인격적 계시의 상징이에요.

따라서 성서에 등장하는 인격적 신(神)들인 성서의 중심인물들은 자신이 부여받은 신성의 뜻인 창조적 프로그램을 역사적 현실과 결합하여 끝끝내 이 땅에서 재창조를 성취하게 되는 것입니다. 그래서 저는 '성서의 창세기는 창조적 계시다.'라고 해요.

그리고 우리 한반도의 역사를 한번 유심히 관찰하여 보라고요! 그 누구도 부정할 수 없는 성서의 창세기와 동일한 사건들이 지금 여기에서 일어나고 있어요. 유독 한반도의 역사 안에서 수도 없이 나타나는 놀라운 사건의 성서의 동시성과 동일성이 과거와 현재, 미래에도 그 신성의 뜻이 완성될 때까지 끊임없이 나타나게 될 것이라는 것입니다. 이 얼마나 경이로운 일인가요?

크로체는 “역사는 현대사”라고 했습니다. 저도 말하고 싶어요. ‘역사는 바로 지금 여기, 즉 창조적 신(神)의 살아 움직이는 생생한 재창조이다.’라고 말이에요. 그리고 저는 확신합니다. ‘성서의 창세기가 지금 한반도에서 일어나고 있다는 것을…!’ 그래서 성서의 창세기는 이 나라의 미래를 젖과 꿀이 흐르는 국민대통합과 평화통일로 인도해 줄 신성의 글이라는 것을 말입니다.

이 나라의 모든 구성원들이 모두 ‘자아’의 본질을 발견해야 합니다. 목적 없는 삶이 완성된 인간에게 있어서는 감출 수 없는 치욕이요, 결코 가벼울 수 없는 죄입니다. 제4의 눈을 떠야 해요! 그리하여 우리 모두가 미래를 응시할 수 있는 영원의 신성한 눈을 가져야 합니다.

정치와 종교

● ● ●

김 | 그럼 내친 김에 우리나라 종교의 양대 산맥인 기독교와 불교에 대해 비교종교학을 공부하신 분으로서 간단하게 말씀해 주실 수 있겠습니까?

권 | 종교성에 관한 내용이 길어지면 답답하지 않겠어요? 저는 괜찮지만 말입니다. ~^^!(웃음)

융의 종교관

"융은 부처와 예수의 삶을 개인의 인생전체를 통해 스스로를 주장한 '자기'의 실현으로 이해한다. 하지만 융은 부처와 예수 모두 자기실현으로 세상을 극복한 것은 같지만 , 부처는 이성적 통찰로써, 그리스도는 숙명적 희생으로써 그 일을 이루었다는 점에서 전혀 다르다고 했다. 부처는 역사적 인격체이므로 이해되기 쉬운 반면, 그리스도는 역사적 인간이면서 동시에 하나님이므로 파악하기가 훨씬 더 어렵다고도 했다."

기독교와 불교는 아들과 딸

신앙에 있어서 기독교와 불교는 종교와 정치로 그리고 아들과 딸로 비유할 수 있어요. 기독교는 연역적(演繹的)방법론을 통하여 종교적 목적을 먼저 세워놓고 믿음에 의하여 이를 실천하는 종교라면, 불교는 귀납적(歸納的)방법론을 통하여 고행의 과정을 거쳐 종교적 목적을 찾아가는 종교이지요. 이것은 종교와 정치의 관계와도 같다고 앞에서 말했지요?

기독교와 불교가 아니라 종교와 정치라는 상대적 관계를 놓고 볼 때 종교는 기독교적 믿음으로 부터의 출발과 같고, 정치는 불교적 구도를 향한 고행과도 같아요. 이것을 다시 인간의 인격적 관계와 비교해 보면 더욱더 여실히 드러나요. 기독교는 아버지를 마냥 믿고 따라가는 어린 자식과도 같으며, 또한 상속을 받을 수 있는 선불제(先拂制)와도 같습니다. 그리고 불교는 시집살이라는 고행을 통하여 비로소 인정받는 며느리와도 같으며 먼저 열심히 일하고 난 뒤에 녹을 받는 후불제(後拂制)와도 같아요.

> "책임의식은 주인정신의 산물이다. 상속은 책임이라는 의무를 요구하는 법이다. 이것이 기독교와 불교와의 차이다."

기독교는 먼저 믿고 희생을 통한 실천(박애)을 행하면서 사랑을 깨닫자는 정적관계 우선의 종교와도 같고, 불교는 깨달음을 성취한 후 사랑(자비)이라는 자기희생을 행하자는 계약관계의 종교와도 같아요. 따라서 그리스도교가 희생을 통한 사랑의 실천과 성령(聖靈) 체험을 통한 타력적 구원의 종교라면, 불교(佛敎)는 고행을 통한 지혜의 추구와 깨달음을 통한 자력구원(自力救援)의 종교입니다. 마틴 루터는 "십자가에 메달린 예수(Jesus Christ) 만이 진정한 신학이며 인간의 하나님 인식(認識)이다."고 말했어요.

그러므로 불교는 3차원에서 출발해 4차원으로 옮아가는 종교요, 인간적인 즉자적(卽自的 : An Sich) 종교이며, 기독교는 4차원에서 출발함으로 인해 3차원을 건너뛴 종교요, 신(神)적인 대자적(對自的 : Fur Sich) 종교입니다. 이것이 기독교에 있어서 인격적 신(神)인 예수 그리스도와의 대자적 구원과 불교의 인격적 신(神)인 석가여래와의 즉자적 깨달음과의 차이성이지요.

따라서 비교하지면 기독교는 유일신의 바탕 위에서 그 뜻을 위해 자신을 희생시키자는 신중심의 종교입니다. 그런데 불교는 고행을 통하여 신(佛 : 唯一)의 뜻을 지향하는 인간중심의 종교이지요. 그리고 기독교는 신학적·인격성의 비율이 큰 비중을 차지하며, 불교는 철학적, 자연성의 비율이 큰 비중을 차지합니다. 그래서 기독교는 종교의 궁극적 본질이라고 할 수 있는 하나님의 인격신인 그리스도의 영적 부활이 지금 여기에서 직접적으로 현현되는 타력적 종교에요. 불교는 부처의 인격신인 석가세존의 현현이 아니라 스스로의 노력에 의해 초월세계에 도달하는 자력적 종교구요.

종교와 정치, 그리고 기독교와 불교의 혼인

21C는 모든 수평적인 완성의 시대입니다. 따라서 수평적인 만남을 통한 혼인, 즉 결혼의 시대입니다. 2002년 미국에서는 이미 종교와 정치의 만남이 있었다고 말했잖아요? 그것을 두고 그들은 "역사상 유래가 없었던 일"이라고 논평을 했었어요. 종교는 이상을 먼저 하늘에 세우고 현실을 추구하며 땅으로 내려왔고, 우리의 정치는 현실을 우선하면서 이상을 추구하여 하늘로 거꾸로 올라왔어요.

이처럼 21C는 문화의 완성기를 맞이하여 21세의 성년(成年)으로 성숙한 아들(善男)과 딸(善女)과 같은 종교와 정치는 물론이요, 기독교와 불교는 이제 새로운 시대정신과 사회적 환경의 완성기를 맞이하여 국가제도에 있어서 서로 체제가 다른 남과 북이 새로운 공존체제를 찾아서 결합하지 않으면 안 되듯이, 정치와 종교, 기독교와 불교가 새로운 패러다임에 의해서 엄숙한 화촉(華燭)을 밝히는 거룩하고 성스러운 예식을 성대하게 거행하게 될 것이다. 그 말입니다.

결혼이 부모 곁을 떠나 새로운 가정이라는 삶의 보금자리를 꾸미듯이, 정치와 종교도 공존체제라는 새로운 제도적 정책의 이름 하에서 새 역사를 일구어야 해요. 기독교와 불교도 '용화세계', '이상사회'라는 제4의 '통일왕국, 즉 4차원의 국가의 제도에 의한 종교'를 창도해야 한다고요. 문화의 합일은 오직 사랑의 합일(合一) 뿐입니다.

왜냐하면 H. 뮐러의 말처럼 '문화는 제로섬게임(Zero Some Game)'이기 때문에 결국 추종하거나 지배하지 않으면 안 되는 특성을 갖기 때문이죠. 사랑의 지배와 추종 그것은 인격적인 사랑의 관계일 때만 성립됩니다. 따라서 사랑으로 풀면 풀리지 않는 문제가 없는 법입니다.

투쟁은 화쟁(和諍)이 되게 해야

그런데 문제는 종교적 가치를 궁극적 본질에서 보지 못하고 결과론적 현상세계인 인간중심의 현실에서 보게 되면서 각자 자기중심의 이기심이 발동하게 된다는 것이죠. 작금에 전개되고 있는 종교적 편향에 대한 집단 반발이 바로 그것입니다. 물론 일부 정치 지도자의 종교적 독단이 이와 같은 문제를 촉발시켰지만 어찌했던 현상세계에서 자기 것만이 최고라는 종교적 절대성과 이기심이 그 원흉으로 내부에 단단히 도사리고 있는 것이겠죠.

"창조적 성장의 법칙에 있어서 인류의 모든 문화사는 정·교·합에 의한 사랑의 교류법에 의해 미완성에서 완성을 향하여 부단히 상호작용을 하면서 발전한다."고 저의 책 『영(靈)철학』에서 밝혔습니다. 따라서 적당한 교류는 투쟁이 아니라 화쟁(和諍)일 수 있지만 그 정도가 지나쳐 종단의 품위를 상실하고 소중한 인명의 손실을 가져오게 된다면 교류가 아니라 투쟁이 되는 것이에요. 적절하게 문제를 잘 해결하고 서로의 특성을 잘 알게 되는 교류의 계기가 되었다면 역사는 그것을 화쟁(和諍)으로 기록했을 텐데 말입니다.

완성기는 물리적인 감성의 시대가 아니라 합리적인 이성으로 판단하고 행동하며 고급한 가치를 발휘해야 하는 성숙의 시대입니다. 나보다 남을 먼저 배려하는 마음으로 상호 간의 교류에 있어서 투쟁이 아닌 사랑의 화쟁(和諍)이 되게 자기감정을 주관해야 할 중요한 때임을 서로가 하루빨리 깨달아야 해요.

양비론과 양미론

● ● ●

김 | 양비론(兩非論)과 양미론(兩未論)에 대해서 알고 싶네요. 두 이론에는 어떤 차이가 있습니까?

권 | 먼저 '양비론(兩非論)'은 나와 생각이 다른 상대를 적(敵)으로 규정하게 되는 사유의 방식입니다. 나와 생각이 같지 않은, 즉 아닐 비(非)의 사상이기 때문에, 생각이 다른 상대는 타도의 대상이 되고, 경멸의 대상으로 되게 돼요.

따라서 양비론은 모든 투쟁의 근본 원인을 양산해 내는 몹쓸 이론이에요. 결국 이것은 부족한 인간이 만들어 낸 이념의 흉기로서 타인뿐만 아니라 자기 자신까지도 난도질할 수 있는 흉측한 자해사상이에요. 좌파와 우파의 개념이 이 양비론에서 파생돼요. 따라서 양비론은 사고의 파편쪼가리입니다. 일명 아날로그 방식에 기초한 사유체계인 셈입니다.

예를 들어 지리산을 산의 가치(목적)로 보지 않고 어디에 있느냐의 위치를 두고서 서로 우기는 것과도 같이 말입니다. ―동, 서, 남, 북 / 어떤 형태 등(소동파의 여산 예찬처럼)―

종교학박사이자 캐나다 리자이나대학교 오강남 명예교수는 "우리말에 한 가지 놀라운 사실은 "다르다(different)"와 "틀리다(wrong)"가 동의어로 쓰인다."는 것이에요. "사과가 오렌지와 "다르다"고 해도 되고 "틀리다"고 해도 된다. 다시 말하면 "너는 뭔가 다르다"고 하는 것은 곧 "너는 뭔가 틀리다"가 되는 셈인데, 이것이 나아가 "너는 뭔가 글러먹었다"와 통한다는 것이다.

이런 식으로 생각하면 나하고 다른 것은 모두 다 틀린 것, 글러 먹은 것이라는 독선에 이르기가 십상이다. "서양말에도 사정은 비슷하다. 이단(異端)을 나타내는 영어단어 "heresy"나 "heterodox"는 어원적으로 그냥 "다르다"거나 "다른 생각"이라는 뜻인데, 결국 그것을 사상적으로나 교리적으로 어떤 생각이 다수의 생각과 다르면, 그 다름으로 인해 "옳지 못한 생각"이 된다는 뜻을 내포하고 있다."고 했어요.

중도론(中途論)

'중도론(中途論)'도 궁극에 있어서 극좌(極左)와 극우(極右)를 배척하게 되는 모순을 갖게 돼요. 중도는 중간지대, 즉 나무의 기둥과 같은 전체의 중원일 뿐, 전체를 통틀어 하나로 묶은 '공생'과는 달라요. 따라서 중도론은 양비론적 중도일 뿐, 양미론에 기초를 둔 공생사상과는 너무나 멀리 떨어져 있어요.

양미론(兩未論)

'양미론(兩未論)'은, '양부족론(兩否足論)'이라고도 할 수 있어요. 상대가 나보다 생각이 부족하고, 무식하고, 어린상대(존재)를 대할 때, 그 상대를 보호하고픈 포용성을 갖게 돼요. 따라서 생각이 깊고 높은 사람(어른, 완성자, 가진자, 강자)은 베풀 수 있는 존재요, 지식이 낮으며 모든 면에서 부족한 존재(어린이, 미완성자, 가난한 자, 없는 자, 약자)는 도움을 받아야 하는 존재라는 것이죠. —(존 힉스와 존 롤스의 "최약자 보호의 원칙, 보상의 원칙"을 강조했어요)—

공생주의(共生主義)

새로운 사유의 방식인 양미론에 의한 공생의 개념은 질적이고 가치적인 사유의 산물이에요. 상대에 대해 상·중·하의 가치를 매겨 그 가치만큼의 '역할분담'을 나누기 때문에, 내편이 아니면 배척하는 '차별성'을 갖지 않죠. 단지 그것의 가치를 구분할 뿐, 우리라는 어우러짐을 생각할 뿐이에요.

이것을 오강남 교수는 "'뭉치는 것'과 '한 가지가 되는 것'의 차이를 예로 들어, 전자는 양미론적 사유로서 "이것'도' 살리고, 저것'도' 살린다는 뜻에서, 일명 '도도주의'라 할 수 있다." 그리고 후자는 양비론적 사유로서 "이것이 '냐', 저것이 '냐' 둘 중 하나로 하나가 된다는 이항대립(移項對立)이나 양자택일(兩者擇一)의 의미에서 "냐냐주의"라 할 수 있을 것이다."라고 했어요.

따라서 양미론은 '정(情)의 관계'의 산물입니다. 왜냐하면 존재들 사이의 관계를 계약관계로 보지 않아요. 형제관계와 같은 대가족주의, 사해동포주의, 대동주의에 의한 사유체계이기 때문에 상대의 사소한 잘못 정도는 큰마음으로 덮어주는 넓은 아량과 관용을 갖게 된다구요. 그러므로 양미론의 세계를 알게 되면 더 이상 저급한 속물사상이 발붙일 수가 없게 돼요.

성선설(맹자)과 성악설(순자)은 사이비

양미론을 종교의 가치에 대해 적용하게 되면 불교의 무명론과 기독교의 '선·악론', '원죄론'은 〈양비론〉이 만들어냈다는 것을 알 수 있게 돼요. 이것을 '미완성'과 '부족(어림)'에 의한 〈양미론〉적 '가치론'으로 새롭게 바로 잡아야 합니다. 그렇지 않으면 '원수'와 '악마' 그리고 '투쟁'과 '전쟁'의 역사를 끊을 수가 없게 돼요. 왜냐하면 선과 악은 결과적 산물일 뿐 궁극의 본질이 아니기 때문이죠.

다시 말해 선과 악은 행위의 결과에 대한 법적 평가의 산물이에요. 법을 지키면 선으로, 법을 어기면 악으로 변하는 것이지요. 그리고 그 선과 악을 결정하는 잣대는 법적 기준입니다. 그러므로 존재의 본질은 선도 악도 아니라 헌신이고, 희생이며, 베품이며, 나눔이며, 사랑이라고요. 다만 사랑의 많고 적음만 있을 뿐이에요. 따라서 선과 악은 2차적 결과물일 뿐 1차적 원인적 실체가 아니기 때문에 성선설(맹자)과 성악설(순자)은 사이비에요.

원죄론(原罪論)

그리고 원죄론(原罪論)은 미완성된 존재의 본질에 대한 상징적인 '법적 평가론'의 산물이다. 사실 미완성되고, 부족하고, 어린 존재는 가치적으로 법적 기준에 미달되기 때문에 법(法) 적용으로부터 자유롭지만, 언제든지 죄에 노출되어 있는, 즉 이기심만 가득한 존재와도 같기 때문에, 베풀 수 있는 능력이 갖춰져 있지 않다.

따라서 궁극에 있어서 미완성된 인간과 인류는 스스로 부족함으로 인해, 타인을 위해 사랑을 베풀 수 있는 존재가 아니라, 남에게 도움을 받을 수밖에 없는, 즉 남을 해칠 수밖에 없는 죄에 빠져있는 형국이죠. 그래서 어린 자녀에게 부모의 존재는 절대성이 듯이 어리고, 부족하며, 미완성 된 인류에겐 부모와 같은 성인의 필요성이 절대적으로 요청되는 법이에요.

실존철학과 불교철학 & 영철학

다음은 불교의 12연기설의 근본인 무명(無明), 즉 밝음이 없다와 양미론 에서 말하는 미(未), 즉 밝음이 부족하다의 개념과는 어떤 차이가 있을까요? 실로 언어표현의 한계를 느끼지 않을 수 없어요. 참으로 미묘한 차이에요. 무(無), 즉 없음은 소생의 가능성이 차단 된 죽음이라는 절망적인 부정의 과거언어입니다.

그러나 미(未), 즉 부족함은 가능성과 희망을 기대할 수 있는 긍정의 미래언어에요. 물론 무명이 어리석음이라는 뜻을 내포하고 지혜, 즉 존재의 본질에 대한 무지임에는 이론(異論)의 여지가 없습니다.

그런데 무명의 개념이 신성의 절대성을 해체하려고 했던 독일 실존철학의 본질적 개념들인 상실(고통), 한계상항(절망), 무(불안), 모순과 닮아있어요. 이것이 양비론적 개념을 바탕으로 사유체계가 굳어진 양(兩)철학의 한계에요. 보다 더 깊은 내용은 제가 쓴 졸저 영철학을 참고하시면 좋을듯하니 여기서는 이것으로 줄여야 될 것 같아요.

보수·진보·중도론 & 창조적 조화론

● ● ●

김 | 보수와 진보 & 중도론에 대해 말씀해 주시겠습니다.

권 | 존재하는 모든 것은 창조목적을 갖는 법이에요. 그런데 21C를 맞이한 지금까지도 우리 인류는 '창조적 프로그램'인 궁극의 '창조의 목적'과 '인류의 시대정신'을 규정하는 잣대, 즉 시간성에 대한 이론(理論)을 창출하지 못하고 있어요. 왜냐하면 완전한 철학의 부재로 누구나 인정하는 절대가치와 그 목적을 창출해 내지 못했기 때문이죠.

따라서 우리 사회의 보수와 진보 논쟁도 알고 보면 목적 없는 진보, 목적 없는 보수일 뿐이에요. 무엇을 위한 진보이며, 무엇을 지향한 보수인가에 대한 창조목적을 갖고 있지 않아요. 이런 사유의 혼돈을 근본적으로 치유하지 못하면 국민통합도, 남북통일도, 그리고 세계평화도 결코 불가능해요.

창조적 조화(調和 : 목적적 진보, 목적적 보수)론

보수와 진보라는 개념은 창조목적의 프로그램을 성취해 가는 과정 중에서 ‘인생의 의의’와 우주의 ‘창조목적’과 그리고 ‘역사의 방향성’에 의한 ‘시대정신’이라는 세 가지 바로 미터를 규정하고 난 이후에 올바로 평가할 수 있는 개념입니다. 예를 들어 첫째 ‘인간의 존재 의의’는 무엇이며, 둘째 ‘역사와 국가체제는 무엇을 향하여 어떻게 진행하는가?’가 그것이며, 셋째 우리는 시간적으로 ‘역사의 어디쯤에 서 있는가?’에 대한 정확한 진단을 요한다는 것이고요.

다시 말해 첫째 종교적 가치인 ‘사랑, 자비, 박애는 무엇’이며, 둘째 정치적 가치인 ‘민주주의는 왜 성취해야 하는 것’이며, 셋째 시간적, 시대적 가치인 그것은 ‘언제’ 어떻게 이뤄야 하는 것인가? 에 대한 철학적 절대가치가 있어야 완전한 판결과 함께 그 대안을 찾을 수가 있다는 것이에요. 종교는 ‘창조의 이상’을 정치적으로 실천하기 위해 이 땅에 전파 하려 내려오고(연역법)있는 중이며, 정치는 ‘민주주의의 완성’을 향해서 종교의 이상을 향해 하늘로 올라가고(귀납법)있는 과정 중에 있다고 앞에서 얘기하지 않았습니까?

영철학인 “창조적 성장론”은 창조목적과 역사의 방향성, 그리고 시대정신의 때를 응시할 수 있는 새로운 방법론입니다. 창조의 근본은 사랑이구요. 역사의 방향성은 시계방향과도 같이 ‘부자관계’, ‘형제관계’, ‘부부관계’를 이루며, 즉 ‘수직’에서 ‘사선’을 거쳐 ‘수평’으로 가게 되며, 21C 인류의 나이는 21살과도 같기에, 그 ‘영성(靈性)’에 있어서 ‘결혼기’요, ‘상속기’라 할 수 있을 것입니다. 따라서 목적성을 갖는 진보와 보수를 우리는 ‘창조적 조화론자’라 명명해야 해요.

영(靈)철학(창조적 성장론)

● ● ●

김 | 위에서 말씀하신 '창조 후 재창조'라는 '창조적 성장론'은 어떤 새로운 가설입니까?

권 | 쉽게 말하면 요즘 널리 알려져 있는 융합이라는 개념과 같습니다. 그러니까 융합이론, 융합사상, 융합철학이라 할 수 있죠. 서로 이질적인 세계가 만나서 어우러지는 것이기도 하구요, 속칭 접착제 이론인 셈이죠. 물과 기름이 섞일 수 있는 비법을 고안해 냈다고 하면 겸손치 못하다고 할까봐 두렵네요.

창조론과 진화론이 아직까지도 싸우고 있지 않습니까? '창조적 진화론'이라고 해서 베르그송이 천명을 했지만 완전하지 못했는지 말입니다. 그런 것 같아요. 제가 연구한 결과로는 창조론도 진화론도, 그리고 창조적 진화론도 결국 부분적인 것이었어요. 왜냐하면 창조와 재창조에 의한 성장(진화?)론이 정답이었어요.

인간에 비유하면 아버지 몸에서 정자(精子)가 1차적 창조과정을 거쳐, 어머니 몸에서 난자(卵子)와 결합해 2차로 재창조 된

후, 밖으로 나와 3차로 미완성에서 출발하여 완성을 향해 성장하게 된다는 3단 이론이 그것입니다. 진리는 간단해야 합니다. 괜히 어려운 용어 써가며 빙빙 돌려서 말할 필요가 없지 않나요?

그리고 '창조와 재창조'와도 같은 부자관계의 법칙을 알아야 '보호와 책임'의 성장단계별 심리의 변화법칙을 밝혀낼 수 있지 않아요? 심리철학이죠. 이것이 지식의 완성입니다. 인류역사상 전무후무할 사건이 될지 아닐지는 차치하고서도 말이에요. —〈직접보호, 간접보호, 무보호 / 무책임, 간접책임, 직접책임이라는 성장단계별 인간 심리의 변화법칙〉—

따라서 지식의 완성은 지성의 시작과 통하는 법입니다. 영성의 지성이라고 완전한 영성이 아니에요. 완전하지 못한 영성은 잘 못된 영성이 될 가능성이 농후해 차라리 지식의 세계에 머물러있는 것보다 더 못한 큰 죄를 저지를 수가 있다고요.

영성의 세계에 도달할수록 자신을 더욱더 낮춰야 해요. 그렇지 않으면 진정한 지도자가 나타나기 전에 세상의 혼란을 틈타 자신이 주인인 양 착각에 빠져 유사종교를 만들어 세상을 어지럽히고 혹세무민하는 지도자가 될 수 있다 그 말입니다. 그런데 그 사실을 자신은 몰라요. 대부분요.

김 | 그럼 '영(靈)철학'에 대해서도 간단하게 말씀해주시면 좋겠습니다.

권 | 그 동안 우리 인류에 의해 축적하게 된 모든 철학은 대부분 인

간적 지식과 3차원 이상을 뛰어넘지 못한 평범한 사유철학이었어요. 그러나 영(靈)철학은 인간의 몸(MOM)과 같은 지식의 철학이 아니라 맘(MAM)과 같은 영성(spirit)철학입니다.

사지백체와 오장육부를 이루고 있는 생물학적 생명인 나(我)를 총체적으로 "권추호"라 이름 지어 부르듯이 4차원의 새로운 철학적 방법론을 학문적으로 체계화한 새 철학을 영(靈)철학이라 이름 지어 부르는 것이에요. 이름에도 존재의 수만큼 그 종류가 많기도 하잖아요. 개똥이, 마당쇠, 늑대와 춤을, 주먹 쥐고 일어나 등… 말입니다.

기철학이나 통일사상도 마찬가지인거예요. 그러니까 나의 생물학적인 몸(Mom)과 맘(Mam)을 합(合)한, 즉 나를 대신하는 나의 얼, 나의 심벌이지요. 프랑스의 신부 떼야르 드 샤르뎅이 인류라는 개념을 역사적으로 끊임없이 이어져 온 '인간의 총화' 또는 '얼'이라 칭하였듯이 말이에요.

영(靈)철학의 몸(Mom)은 그 이론체계인 '창조적 성장이론'으로서, 미완성으로 창조되어 완성을 향하여 성장 발전한다(수직에서 수평으로)는 것과 맘(Mam)은 영성의 변화 법칙으로서, 외적 보호(힘, 지식)에서 내적 책임(지성, 영성)으로 변한다는 이론이 큰 골격을 이룹니다. 더 깊은 내용은 다음 기회로 미뤄야 할 것 같네요. 사실 기(氣)철학과 통일사상은 제가 쓴 『영(靈)철학』에 이미 '기철학과 통일사상 비판'이라는 제목으로 방대하게 기술 되어져 있어요. 그래서 여기서는 가급적 깊은 언급은 피해야겠네요.

김 | 영(靈)철학과 종교와의 관계에 대한 질문을 다시 했으면 합니다. 소장님의 책에서 종교 사회학자인 게오르그 짐멜(G. Simmel)은 "기독교, 불교, 남태평양 군도, 멕시코의 토속종교에까지 공통적으로 적용되는 종교의 정의가 없다. 즉 전체적이면서 부분적이며 개체적이면서 포괄성을 갖는 종교정의가 나오지 않았다."고 했습니다. 이 말은 아직까지 그 어떤 종교학자도 종교에 대한 절대적 정의를 내리지 못하고 있다는 뜻으로 보입니다. 그런데 영(靈)철학이 어떤 방법으로 영성의 비밀에까지 접근이 가능한지요?

권 | 앞에서 동양에서는 인간을 소우주라고 했다고 하지 않았습니까? '영철학'인 창조적 성장론은 한마디로 인간학, 또는 인격철학입니다. 인간의 탄생과 성장과정을 학문적으로 정립한 새로운 이론이지요. 한 인간의 탄생이 3단계인 창조(부)와 재창조(모) 그리고 성장(진화)하는 메커니즘을 갖게 되듯이 인류(人類)는 한 인간(人間)의 성장을 그대로 닮아서 지금도 진행중 이라는 것이에요.

우리 인류도 성장단계의 초기는 유아기와 같아서 원시적인 행동기(원시종교)이며, 중간기는 학교에서 교과서(경전을 연구하는 종교/현재종교)를 통한 학문적 배움의 과정기를 거쳐, 3단계인 완성기는 사랑과 인격(이상사회 국법 종교/미래 영성종교)을 중심한 결혼기로 발전하는 법칙적 존재임을 밝힌 새

사상이죠.

따라서 '영철학'은 입체적으로 동시에 혼재하는 지구촌의 종교현상으로 인해 많은 종교학자들이 세울 수 없었던 절대적, 즉 종합적 종교 정의에 대한 개념을 세웠어요. 따라서 과학 분야의 스티브 잡스처럼, 그리고 컴퓨터 프로그램의 바이러스 퇴치를 위한 백신을 찾아낸 안철수 교수처럼 인문학 분야에서도 이념과 경전의 바이러스인 양비론(兩非論)에 대한 백신인 양미론(兩未論)을 찾아내 누구나 쉽게 존재의 근본에 까지 도달할 수 있는 시절이 와야 한다고요.

기철학과 통일사상 창조적 비판

김 | 도올 김용옥 교수의 기(氣)철학과 통일사상에 대한 창조적 비판이 소장님의 저서 『공존의 이념』에 저술 되어있는 것으로 알고 있습니다. 영철학과는 어떤 차이점이 있나요?

권 | 먼저 저는 '완성무흠(完成無欠), 즉 완성은 흠이 없다'는 뜻의 사자성어를 만들어 사용하고 있어요. 그러다 보니 어느새 저의 "트레이드마크"가 되었어요. 이 말은 '완성이 아닌 것은 자체 내에 결점을 갖게 된다.'는 뜻도 동시에 내포하고 있어요. 모든 비판은 "비방"이 되어서는 안 됩니다.

비방은 천박한 의식의 양비론적 배척일 뿐이에요. "상생"을 위한 인격적 "비판", 즉 일반적인 상식이나 회의적인 접근이 아니라 논리성을 갖고 심오하면서도 냉철한 양미론적 분석에 의해 '창조적으로 비판'되어야 한다고요.

왜냐하면 칸트의 "순수이성비판"이 이성에 대한 비방이 아니듯이 철학은 '인격의 도구'일 뿐이에요. 즉 철학은 그 당사자의 부분적 기능일 뿐이지만, 인격은 전체요, 생명이며, 사랑이요, 신(神)을 담는 그릇이기 때문이죠.

그래서 죄는 미워도 인간은 미워해서는 안돼요. 물론 부족한 것도 죄이긴 합니다. 그러나 철학은 미워도 그 철학자는 미워하지 말자! 죄(罪)나 부족한 학문은 비인격적이라서 뉘우치지 못하는 법이지만 인간은 "인격"이 있기 때문에 회심하게 되면 더 큰 나눔의 사랑을 행할 수 있는 법이니까요.

도올 김용옥 그는 광자인가? 세례요한인가?

도올 김용옥 그는 광자인가? 세례요한인가? 라는 타이틀을 붙인 책이 몇 년 전에 시중에 출간 되었어요. 인류문화학자 박정진 교수가 집필한 책이지요. 광자면 광자이고 세례 요한이면 '요한' 일 텐데 어정쩡한 태도가 좀 그렇긴 해요. 하기야 절대가치를 아직도 찾고 있을 저자인들 무슨 재주로 천하의 보물인 도올 선생을 마음대로 재단하고 평가할 수가 있겠습니까? 그러나 감히 발심을 할 수 있었던 강심장에 경의를 표하고 싶어요. 결코 쉽지 않은 일이었을 텐데 말입니다.

비평이라는 것은 그 무엇이든지 절대적인 답안지를 필요로 하는 법입니다. 뚜렷한 답안지도 갖추지 않고 어떤 것을 점수 매긴다는 것이 얼마나 위험한 일이겠습니까? 그래서 저는 판단이야말로 궁극의 자리에서 절대가치를 세우고 난 후 비로소 행해야 하는 마지막 채점과도 같다고 생각해요.

따라서 박 교수께서 도올 선생을 진단함에 있어서 그가 창조한

BSTD(상생의 이원적 대립항(Binary opposition)인 공간(Space)과 시간(Time)에 의한 상호호혜성(Dialectical reciprocity)라는 단순한 논리학의 일면만으로 '기(氣)철학'을 가름한다는 것은 아무리 생각해도 역부족이라 여겨요. 그래서 이러지도 저러지도 못하고 그 제목을 붙였으리라 생각하지만 말이에요.

그런데 박 교수가 도올에 대해 먼저 알아야 할 것이 한 가지 있을 듯싶어요. 뭐냐 하면 도올에게 있어서 철학적 관심은 기(氣 : Philosophy of Ch'i)라고 하는 '영성 인식론'이라는 사실에 대해서 말입니다. 박 교수의 BSTD는 헤겔 논리학의 〈정·반(反)·합〉의 변증법보다는 진일보한 것이 사실입니다. 실로 놀라운 발견이죠. 변증법이 논쟁적인 성격을 갖는다면 박 교수의 그것은 상생인 이원적 대립항(Binary opposition)의 공간(Space)과 시간(Time)에 의한 상호호혜성(Dialectical reciprocity)을 갖고 발전한다고 보았기 때문이죠.

그런데 박 교수의 BSTD는 제가 창도한 영(靈)철학의 한 부분에 불과한 재창조론의 논리학인 〈정·교(交)·합〉의 이론체계를 벗어나지 못하고 있으며, 또한 아이러니컬하게도 표현상의 용어만 다를 뿐이지 통일사상의 〈정·분(分)·합(통일사상)〉의 이론체계와 표절시비를 붙여도 할 말이 없을 정도로 짝퉁이에요.

그리고 학문적 체계인 숲(조감도)을 준비하지 못해서 그랬는지는 알 수 없으나 한그루의 제법 그럴듯한 나무에 불과한 밑도 끝도 없는 철학의 한 분과에 불과한 논리학이에요. 그것도 지극히 부분적인 일면의 통찰이상을 벗어나지 못하고 있어요. 그러나 꾀 고민한 흔적으로 보아 어여삐 넘길 수도 있어야 하는 것이 학자된 미덕이 아닌가 싶기도 해요. 왜냐하면 이 자리가 박 교수를 비하하기 위한 자리는 아니니까 말이에요.

"기(氣)철학과 통일사상"이 그 어떤 철학사상입니까? 수십만 권의 책을 읽고 우주적인 보물이라고 자칭할 수 있는 도올이 "기(氣)철학"에 대한 이론체계의 가닥을 잡기 위해 아직도 연구 중인 철학이 아닙니까? 그리고 "통일사상"은 그 본질을 찾아 세우기 위해 세계적인 대학자들(PWPA : 세계평화교수협의회)에게 수십 년간 막대한 연구비를 지원해서 까지 이론체계를 구축해 보려는 거야말로 대단한 철학 사상이 아닌가? 그 말입니다.

기철학을 넘어서

도올은 전천후입니다. 그래서 '기(氣)철학'에 대한 비평은 철학자만 아니라 신학자도 넘봐요. 기철학이라는 재료에 구미가 당기기 때문이지요. 신학자 박삼영 교수의 도올 비평서인 『기(氣)철학을 넘어서』라는 그의 저서에서 보듯이 기철학은 신학자의 입에도 어김없이 식탁의 간장처럼 오르내리잖아요. 기철학이 철학과 신학을 잇는 가교적 기능의 철학이기 때문임을 제가 쓴 『기(氣)철학 비판』에 오래 전에 실어 놓았어요.

그런데 박삼영 교수의 도올 비평은 저를 조금 어리둥절하게 했어요. 왜냐하면 물론 기철학이 철학과 신학을 연결하는 가교적인 성격도 있지만 궁극적으로 기(氣)철학은 새로운 고차원적 철학이 창출되어야 하는 당위론적 철학입니다. 다시 말해 생명이 태어나기도 전에 미리 지어 놓은 희망의 이름일 뿐으로 몸체도 없는 이름뿐인 기철학의 무엇을 비평하고자 하는지 의아했기 때문이죠.

그래서 기(氣)철학은 이름은 있으되 이론체계로서의 몸체는 없어요. 그러나 보편적인 상식을 초월한 다른 세계에 대한 그런 제4의 철학입니다. 불교적 깨달음이라고 하기도 하며, 기독교적 영성에 의한 거듭남의 초월적 중생이라고도 할 수 있는 그런 '철학화'의 시도라고요.

그래서 기(氣)철학은 일명 각(覺), 즉 깨달음의 학(學), 또는 성영(聖靈)의 학이에요. 그래서 그의 새로운 철학에 대한 바램은 어설프지만 뭔가를 본 그런 사명감에 불타고 있는 선각자적 부르짖음으로 이해해야 해요.

도올의 기(氣)철학은 저급한 양비론의 이데올로기에 빠져 허우적거리며 헤쳐 나오지 못하는 21C의 불쌍한 영혼들을 사유의 감옥에서 건져 내고자 하는 지극히 인간적인 애착의 산물입니다. 그런 그의 의지를 높이 평가해야 해요.

따라서 기철학은 기둥 하나에 의지해 지탱하고 있는 천막과 같으며, 언어의 마술철학수준에 머물러있는 인식론의 한 부분이죠. 이것은 N. 하르트만이 『존재론의 새로운 길』에서 설파한 칸트의 '선험적 인식론'을 뛰어넘은 '제4의 새로운 인식론'을 새롭게 구축해 보고자하는 새로운 시도 같은 것이죠.

따라서 도올이 희망하는 가상의 아들 기(氣)철학은 아직 몸과 같은 학문체계도 만들어내지 못하고, 지금도 찾고 있는 중이라고 도올 스스로 해명 했는데에도 불구하고, 굳이 비평할 꺼리도 없는 기철학일 텐데 왜 굳이 비평했는지 이해가 가지 않아요.

기(氣)철학은 통일사상(統一思想)의 통일사상은 영(靈)철학의 세례 요한 철학

기(氣)철학의 기(氣)는 일반적인 물리법칙, 즉 천도선법에서 불리어지는 개념이 아니네요. 4차원적 초월성을 갖는 그런 일반적인 상식을 벗어난 '영성의 기(氣)'를 뜻해요. 그래서 기철학은 역사상 일반철학의 모든 저 서구 유럽의 사유의 천재들이라 할지라도 감히 흉내낼 수 없는 그 차원이 다른 철학이에요. 그것은 궁극에 대한 본질적 세계에 대한 철학이기 때문에 언어로서는 결코 전수가 불가능한 초월철학이지요.

분명 필자가 볼 때 도올은 역사상 어떤 철학자들보다도 가장 뛰어난 철학자에요. 기(氣)철학의 기(氣)라는 개념을 세울 수 있었다는 것만으로도 그 능력은 인정해야 해요. 통일사상은 완전하지는 않지만 절반 정도는 체계를 갖춘 불완전 철학이구요. 물론 '영(靈)철학'은 이미 전체적인 학문체계를 구축했어요.

기(氣)철학은 씨의 영(靈)철학입니다. 통일사상은 태아의 영(靈)철학이구요. 따라서 영(靈)철학은 태어난 자식과도 같아요.

기(氣)철학이 철학으로 기능하기 위해서는 3차원과 4차원을 연결하는 반도체적 중성과 같은 학문체계는 갖추어야 해요. 그래야 어떤 생명이 생물학적 육체를 갖출 때 생기를 호흡할 수가 듯이 비로소 철학으로서의 지위를 인정받게 된다고요. 숨 쉬지 못하고 세상과 소통할 수 없는 철학은 절름발이 철학이에요. 창조 후 재창조의 과정을 통과하지 않으면 안 된다는 것이지요.

그래서 지금의 기(氣)철학은 가능성의 철학이요, 예비철학이며, 준비철학인 창조과정의 철학일 뿐입니다. 따라서 기철학은 이미 완성되고 재창조된 영(靈)철학의 심오한 철학을 위해 환경을 준비하는 철학, 즉 세례요한 철학인 것이죠.

통일사상도 또한 마찬가지에요. 그러나 통일사상은 기철학과는 달리 그 학문적 기반을 제법 갖추고 있어요. 기(氣)철학과 통일사상은 같으면서도 달라요. 기철학이 비록 가능성의 학문이지만, 통일사상과 함께 철학적 신학의 성격을 갖는다는 면에서는 같다고 할 수 있어요.

그러나 통일사상이 완전한 체계를 이루지는 못했지만 제법 철학으로서의 이론체계를 갖춰가고 있으며, 신학적 분의인 신성(神性)에 대해 존재론에서 본성론을 다루고 있는 것에서 "기철학"과는 사뭇 다릅니다.

"통일사상"은 복중의 태아사상이라서 반(半) 생명을 갖게 되지만, 기(氣)철학은 정충만 갖고 있기 때문에 '철학적 숫총각'이에요. 그래서 기(氣)철학은 도올 혼자만의 철학이며 '가능성의 철학'이자 '미완성철학'이며, 통일사상은 종교철학으로서 꽃은 피웠지만 열매를 맺지 못한 '잉태철학'이라고요.

만약 영(靈)철학이 없었더라면 그 두 사상은 독보적인 위치를 계속해서 누리게 됐을 거예요. 그런데 영철학이 나타났어요. 비록 갓난 애기지만 말입니다. 그래서 영(靈)철학은 이들로부터 단지 과정적인 핍박을 받게 되는 거고요. 비유컨대 같은 레벨이라 할지라도 뒤처진 것은 앞선 것의 과정적 존재지요.

따라서 모든 과정적 존재는 세례 요한과 같은 사명이고요. 그러므로 기(氣)철학은 통일사상의 세례 요한 철학이요, 통일사상은 영(靈)철학의 세례 요한 철학인 셈이죠. 그래서 문 목사의 수제자인 곽정환 협회장은 그의 저서 『레벨4』에서 문 목사는 새 세례요한 (p323)이라고 천명했던 이유이기도 하고요.

종교의 완성이 기독교적 개념으로 표현하게 되면 '이상사회'인 '하나님나라의 성취'에 있어요. 이는 신성(神性)의 사랑으로 다스리는 국가인 신정국가, 국가종교, 제도적 종교, 천주주의라고 할 수 있어요. 21C의 종교는 제도와 법에 의한 국가종교의 시대이기 때문에 사랑을 실천하는 인격종교, 희생과 헌신의 생활화인 성인종교, 경전을 초월한 영성종교의 때입니다.

그러나 오늘날 대부분의 종교가 '국가종교'가 도래할 천시에 대한 무지로 인해 무사안일에 빠져 자폐증을 앓고 있을 때, 새로운 종교의 시대가 오게 될 것을 미리 내다보고 그 환경을 준비하고 있는 영(靈)철학의 예시적 '제4의 눈'으로 볼 때 통일사상은 철학적인 면에서나 신학적인 면에서 "새 세례요한사상"이 분명해요.

이기심은 영성에 대한 무지의 산물

● ● ●

김 | 인간의 이기심이 일어나는 이유가 '영성의 무지' 외에 다른 요인은 없는가요?

권 | 몸에 장애가 있으면 성년이 되어도 능력이 부족하기 때문에 생명 보전을 위한 본능적 이기심이 어린아이와 같이 일어나게 되잖아요. 정신적 장애도 또한 마찬가지고 말이에요. 이처럼 국가의 국민이 영성에 대해 무지해도 이기심이 일어나지만 국가를 구성하는 제도가 미숙해도 이기심을 유발하게 된다고요. 여기서 욕구와 이기심은 다르지만 욕구가 지나치면 이기심화하게 됨을 주의해야 해요.

예를 들어 사회주의는 전체주의입니다. 정치와 경제제도가 지나치게 국유화 중심으로 운영되기에 국가를 운영하는 지도자가 주인이기 때문에 그 욕구가 넘쳐 독재로 흐르게 마련이에요. 정치가 세습주의에 의해 힘이 한 곳으로 집중되니까 말이에요. 왜 세습하느냐고 의의를 걸 필요도 없어요. 민주주의처럼 선거를 하지 않는 구조라고요. 그런데 지도자의 굳은 의

지가 떨어지게 되면 그 결과는 무서운 집단적 파멸을 부르게 되잖아요?

그러나 국민 개개인의 책임과 욕구는 약해질 수밖에 없어요. 약해진 욕구로 인해 개개인의 이기심도 줄어들게 되는 것이지요. 정치는 모여야 큰 힘을 발휘할 수 있지만, 경제는 흩어져야 발전하는 법입니다. 따라서 사회주의는 정치적 단결은 잘 될지 모르지만 경제적 발전은 상대적으로 퇴락할 수밖에 없는 구조라고요. 그러므로 사회주의체제의 지도자는 지독한 법이지만 일반 국민들은 그렇게 이기적이지 않게 돼요.

그런데 자본주의는 어떻습니까? 개체주의예요. 사회주의와는 정반대현상이 일어나게 돼요. 모든 것이 사유화 중심이기 때문에 국민의 욕구가 넘쳐 개인이 독선적으로 변하게 마련이에요. 정치도 선거를 통해서 지도자가 자꾸 바뀌어요. 책임이 떨어질 수밖에요. 그런데 경제는 사유화를 통한 욕구 충족을 자극시켜 밤낮을 가리지 않고 노력하게 되니까 발전하게 되지만 지나친 욕구로 인한 이기심화로 인간성이 황폐화되는 복마전의 세상이 될 수밖에 없다고요.

그러니 사회제도가 갖는 국민들의 이기심이 심각한 상태인 것입니다. 이것을 두고 하버드대 하아비콕스 교수는 그의 저서 『세속의 도시』에서 "기독교의 적은 자본주의다."라고 국가제도의 문제점을 리얼하게 지적했던 것입니다.

김 | 이기심이 원활한 소통에 큰 방해가 된다는 것은 분명한 사실입

니다. 그러면 미숙한 국가제도를 성숙시켜 이기심을 바로잡을 수 있는 다른 방법은 없습니까?

권 | 고(故)김대중 전 대통령은 그의 저서 『인동초』에서 어느 한쪽의 일방적 흡수가 아니라 “사회주의의 장점과 자본주의의 장점을 결합한 통일”을 강조했어요. 전 소련의 서기장 미하일 고르바초프도 같은 주장을 했고요. 훌륭한 분들이라 생각합니다. 한쪽으로 치우치면 문제가 생겨요. 지도자가 이기적이 되던가, 국민개개인이 이기적이 되던가 말이에요.

그런데 그 분들의 저작물들을 아무리 훑어봐도 장단점에 대한 구체적인 내용이 전혀 없어요. 정치인답게 모든 구성원들이 전부 동의해야 가능한 큰 틀에서만 보았을 뿐 한 인간의 의지로 시작할 수 있는 작은 실마리를 찾지 못했나 봐요. 분명히 있는데 말입니다. 큰 틀도 필요해요. 그러나 구상이 아무리 커도 무지개와 같아요. 실체가 없어요. 실천하지 않으면 사라져 버려요.

따라서 그것을 현실에서 영원히 같이 살게 하려면 구체적이고 실천 가능한 방법을 찾아내야 해요. 쉽지 않은 일이지만 그렇다고 방법이 없는 게 아니에요. 더 깊이 연구하지 못했던 것이죠. 그 해법에 대한 구체적인 내용은 4부 창조적 경제론 부분에서 다루기로 하겠습니다. 그렇게 해서 두 체제가 성숙돼야 국민도 지도자도 이기적이지 않고 비로소 원활한 소통을 이룰 수 있게 돼요.

임마누엘 왈러스타인(Immanuel Wallerstein)은 —근대세계체제에 대한 연구에서 사회주의를 자본주의체제 내에서 작동한 자본주의 체제의 한 부분으로 파악했기에— 사회주의 체제의 붕괴로 인하여 역동성을 상실한 자본주의 체제 또한 그 대안을 찾지 못하면 50년 내에 붕괴하게 될 것을 예견했어요.

영(靈)철학의 창조적 성장론도 "역사의 방향성은 미완성에서 완성을 향한 성장 과정 중에 있기에 세계체제로서의 사회주의와 자본주의는 과정주의(중간주의)이다."라고 했습니다. 따라서 자본주의가 곳곳에서 이상 징후를 표출하기 시작한 이상, 이제 완성을 위한 새로운 세계체제로서의 '창조적 공존체제'의 창출은 우리가 해결하고 가야 할 역사적 과제이겠죠?

김 | 다음은 마르크스의 '유물변증법'에 대해 알고 싶습니다. 유물변증법은 신의 존재를 부정하는 K. 맑스의 유물론과 헤겔의 논리학인 '정·반·합의 변증법'이 혼합된 개념이 아닙니까? 그런데 유물론과 유일론, 또는 유신론에 어떤 차이가 있어서 가치관의 대 전환이 일어나게 되는지요?

권 | 네, 맞습니다. 정확하게 보셨어요. 인문학적 바탕이 깊지 않으면 이해하기 어려운 개념인데 말이에요. 유물론은 오직 물질(物質)을 존재의 근본으로 보기 때문에 절대자로서의 종교적 신(神)을 인정하지 않는다는 뜻이죠. 변증이라는 원래의 뜻은 변론, 쟁론을 뜻하는데, 칼 맑스는 이것을 투쟁으로 해석하는 큰 실수를 범했어요.

따라서 신(神:하나님)의 부정과 함께 좌파들의 의식을 폭력적으로 물들게 했던 것이구요. 그러니까 한 인간의 가치관을 형성하는데 있어서 '신(神)'의 '있고', '없음'의 문제는 너무나 큰 차이를 갖게 된답니다.

내일이 있는 사람과 없는 사람의 오늘 행동이 판이하게 다르듯이 말이에요. 그리고 우선 유신론자의 인간에 대한 가치평가는 창조적인 신성을 갖기에 인격적 존엄성을 갖지만 유물론자, 즉 무신론자의 인간에 대한 가치는 그 출발이 진화론에 근거하기 때문에 인간의 조상이 유인원(類人猿)이 되지요. 따라서 영성의 가치는 무시되어 노동력이 떨어지면 결국 무자비하게 버려지는 결과를 가져오지요.

그러므로 신성(神性)에 대한 무지와 불신은 궁극에 있어서 자기 자신에게도 자애로운 인격적 인간이기를 거부하는 것과도 같아요. 무신론을 기치로 내어걸고 통치해 온 약 75년이라는 짧은 사회주의체제 기간 중 1억 5천만여 명의 공산당원들이 숙청되어 살해됐다는 것에서 알 수 있듯이 사상이 갖는 힘이 얼마나 무서운가 하는 것을 증명하는 일례가 아닐까요?

변증법과 소통법

김 | 소장님께서 말씀하시는 창조적 소통법은 변증법과 어떤 차이가 있습니까?

권 | 변증법[dialectics, 辨證法]은 헤겔이 주창한 논리학이에요. 세계는 모순에 차 있고 모순은 더욱 높은 처지에서 통일됨으로써 해결되는데, 이런 모순과 통일(정·반·합)을 되풀이하면서 세계는 발전해 나간다고 보는 사고방식이지요. —마르크스·엥겔스는 다시 이에서 유물 변증법을 끌어내어, 자신들의 방법론을 삼았음.—

소통법[communication, consilience 疏通法]은 제가 주창한 논리학의 새 방법론이죠. 세계는 부족(미완성)에서 출발하여 완성을 향해 성장(재창조)하게 되는 것으로, 부족한 존재들끼리 유기적인 소통과 교류(정·교·합)를 되풀이하면서, 세계는 성장해 나간다고 보는 사고방식이에요. —미완성기는 완성자(부모, 신)의 보호를 요청하게 됨을 증명함.—

이분론과 이원성

이분론(二分論)은 이원론(二元論)과는 다른 개념입니다. 이원론은 존재의 본질이 하나가 아니라 둘로 구성되어 있다는 것이죠. 그러나 이분론(二分論)은 필자에 의해 새롭게 고안된 개념이에요. 존재의 본질은 하나인데 그것이 창조와 재창조라는 왕복과정을 거치면서 둘로 나눠졌다가 다시 하나로 합해지는 법칙을 갖는데, 창조는 '일원적 2분'으로 나눠지는 것을 일컬어요. 그리고 재창조는 '2분적 일원'으로 통합 되는 것을 뜻하죠. — 창조 = 〈 , 재창조 = 〉 —

〈정-반-합〉의 모순과 〈정-교-합〉의 부족의 차이

이처럼 창조와 재창조의 과정을 거치면서 발전하는 과정을 영(靈)철학의 논리학은 〈정-반-합〉이 아니라 〈정-교-합〉이라고 해요. 다시 말해 상호교류를 위한 '성(性)의 다름(음·양)'일 뿐이기에 정반합의 반(反)이 아니라 정교합의 교(敎)가 되어야 올바른 개념이라는 것이요. 따라서 〈정-반-합〉과 〈정-교-합〉은 큰 차이가 있어요. 〈정-반-합〉은 발전과정에 있어서 변증, 즉 논쟁이 일어나는 근본 이유가 모순(矛盾) 때문이라고 해요. 그런데 제가 도입한 〈정-교-합〉은 모순(矛盾)이 아니라 미완성과 자기 부족(不足) 때문이라는 것이라고요.

그 이유는 창조와 재창조의 반복과정에서 필연적으로 재창조의 출발이 미완성, 즉 부족에서 시작하기 때문에 상대적 관계에 의한 교류(交流)를 필요로 한다는 것이에요. 왜냐하면 혼자서는 부족하기 때문에 그 부족을 채워줄 대상이 필요해요. 그 대상과의 관계를 형성하는 과정에서 교류는 절대적이라는 것이죠.

따라서 소통법으로서의 〈정-교-합〉은 자체 내에 부정을 내포하고 있지 않기 때문에 오직 긍정만이 자리한다는 것이죠. 그러므로 〈정-교-합〉적 소통법은 '긍정의 변증법', 또는 '사랑의 변증법'이라 부를 수 있지요. 물론 '긍정의 논리학', 또는 '사랑의 논리학'이라도 부를 수도 있겠고요.

원래 변증이란 논쟁, 쟁론의 의미를 내포하는 개념이에요. 존재의 본질을 모순으로 본 결과구요. 그러나 미완성과 부족을 변증의 본질로 보게 된다면 논쟁이 아니라 '속삭임', '애교' 또는 육체적 관점에서는 '스킨십', 즉 '애무'를 뜻해요. 그런데 그 변증, 즉 교류현상을 어떻게 보느냐에 따라 판단이 달라지는데 칼 마르크스는 이것을 '투쟁'으로 보는 오류를 저질렀다 그 말입니다.

따라서 영(靈)철학의 〈정-교-합〉은 '투쟁'이 아니라 '사랑 나눔', 또는 '교제'로 표현해요. 서로 '이상적 상대'끼리의 교류는 창조적 합(合)으로 발전하지만, '비이상적 상대'끼리의 교류는 '분쟁'과 '투쟁'을 유발하게 된다는 것이지요.

헤겔의 모순 개념과 실천철학의 닮은 꼴 개념

그런데 문제는 독일의 실존철학도 헤겔의 모순(矛盾)에 대한 개념설정을 벗어나지 못하고 표현만 각각 다를 뿐 별 차이가 없다는데 있어요. 몇 세기가 흘러도 철학하는 패턴이 같아서인지 변하지가 않아요. '상실'(키에르케고르), '불안'(하이데그), '한계상항'

(야스퍼스), '무'(사르트르) 등 거기서 거기에요. 그 뿐만이 아니에요. 위에서 얘기했습니다만 종교의 세계도 결국 양비론적 사유와 부정확한 개념 설정의 오류를 벗어나지 못하고 있어요.

'무명'(불교), '원죄/타락'(기독교)을 부족·미완성·어리다·모자라다와 비교해 보세요. 무엇이 어떻게 차이 나는가를 말입니다. 무명과 타락의 개념은 어리석음과 죄인이라는 개념을 유발할 수 있잖아요? 그러나 부족과 미완성·모자람은 달라요. 오히려 보호를 불러일으키고 동정심을 유발시켜 서로를 소통시키는 원동력으로 작용하게 되지 않겠어요? 이보다 더 합당한 개념은 그 어디서도 찾기가 쉽지 않을 것입니다. (도표 2-2참조)

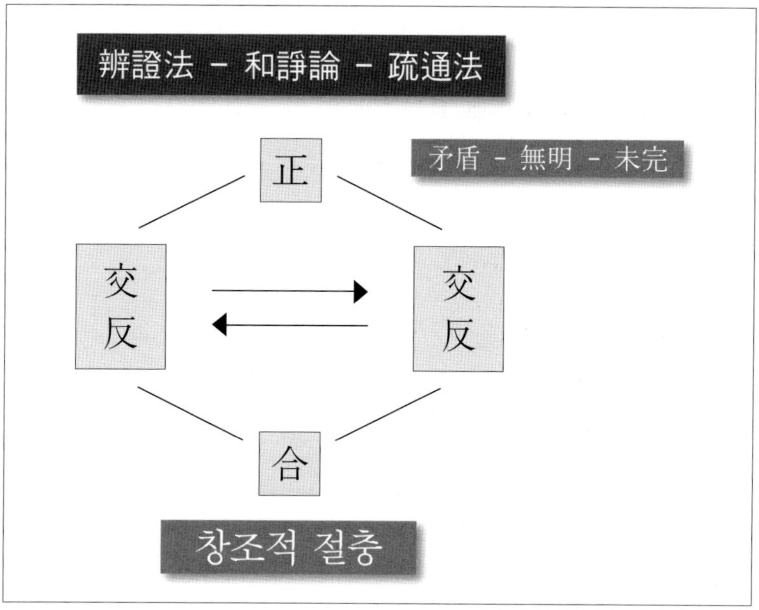

도표2-2

시스템 철학 정치

● ● ●

김 | 소장님께서는 소통을 위한 시스템 철학 정치에 대한 소고를 준비하신 것으로 알고 있습니다. 어떤 내용입니까?

권 | 다음 내용은 시스템(System)철학과 정치에 관한 소고입니다. 기존의 아날로그 방식의 정치에서 디지털화된 정치로 변해야 원활한 소통의 정치가 가능하다는 전제하에 정치방식의 기본 틀과 핵심 가치를 요약한 것이죠. 참고 바랍니다.

시스템(가치)철학

라즐로(Ervin Laszlo)는 그의 저서 『시스템 철학론(The Systems View of the World)』에서 "목적을 추구하는 것 치고 가치로 부터 자유로운 것은 아무것도 없으며, 지금까지의 지식은 상대적으로 고립된 채 깊게만 추구 되면서도 한편 폭넓게 통합이 되지 못하는 불행한 결과를 낳고 있다. 또한 제 과학의 새로운 발전에서 나온 철학이 시스템 철학이며, 제대로 전체적인 틀을 갖추게 될 때 시스템 철학은 우리에게 사실적 규범적 지식을 함께 줄 수 있을 것이다."라고 역설하면서 "시스템 조직의 공통성 발견의 방법으로 기초적인 도구로 하나의 가설(가설적 연역법(hypothetico-deductive method)을 설정하고, 그것이 실제 경험에 합치되는가를 추적해 나가는 그런 방법"으로서, 시스템론적 견해들을 다음과 같이 열거했어요.

ㄱ. 현실을 제대로 파악하기 위해선 사물을 고유한 특성과 구조를 가지고 있는 시스템으로 봐야 할 것이다.

ㄴ. 모든 것을 복합적 조직으로 본다.

ㄷ. 다른 사물을 고려하지 않고도 연구될 수 있는 독자적인 현상은 아니다.

ㄹ. 세계를 통합된 관계의 집합이라는 견지에서 보는 것이다.

ㅁ. 조직이라는 공통적 측면에서 공통점을 찾으려고 한다.

ㅂ. 단순한 건축물이 아니라 각각의 건축물에 나름대로의 독특한 성격을 부여하는 재료들이 조직화되어 있다는 측면에서 이들을 본다.

ㅅ. 시스템들 사이에는 상호의존성이 존재하게 된다. -例 그물코-

ㅇ. 시스템들 행동에는 정연한 질서와 한계가 있다.

ㅈ. 섬세한 조직체의 세계이며, 조화와 역동적 균형으로 본다.

ㅊ. 진보는 상부로부터 결정 없이 하부(새로움)로 부터 촉발된다.

ㅋ. 진보와 함께 하려면 적응을 하여야 한다.

ㅌ. 정치에 있어선 국내외 정책은 융통성과 함께 혁신적이어야 하며 하위직과 고위직 대표자 간의 위계적 균형이라는 일반적

정책의 보완적 모습을 이해해야 한다.

시스템철학과 수평정치

역사는 종적관계(전제군주제 : 父·子관계)에서, 횡적관계(입헌군주제 : 夫·婦관계)로 변화 발전하는 성장의 원리를 갖게 되는 법이라고 상술했다. 따라서 행위의 주체와 객체 간의 수평적 관계를 상징하는 민주화는 21C기 선진정치의 화두이며, 대의정치 및 참여행정이 실현하여야 할 이상이요 희망이며 꿈이다.

완성의 정책정치

기존의 정책이 특출하게 뛰어난 특정 정치인의 정치적 지식이나, 정치적 전략과 전술을 믿고 추종하는 기술적 신념의 정치였다. 그런데 완성의 시스템 정치는 정치·종교·경제가 하나로 연합해 다수가 공감(共感)할 수 있는 목적적 프로그램, 즉 이상사회가 갖추어야 할 완전한 정책모델(청사진)을 먼저 제시한 후 정치지도자와 국민이 그 목적을 위해 서로 협력하여, 공동으로 이행하는 새로운 "제4의 정치 모델(Model)"을 뜻한다.

부연하면 완성의 정책정치란? '인격적인 사랑에 의한 상생정치(相生政治)'를 말한다. 국민도 그 정치적 책임으로부터 자유로울 수 없는 정치체제를 뜻한다. 따라서 기존정치는 인물중심의 정치기술자(목수)였으며, 구체적인 설계도가 부재했기 때문에 국민은 정치가의 정치 행위에 대하여 관리와 견제가 불가능 했다. 오로지 힘과 권모술수에 의한 수직적인 지배 정치의 악순환을 되풀이할 수밖에 없었던 것이다. 그러므로 시스템에 의한 철학적 공존정치를 통하여 완성된 정책정치를 창출해야 할 것이다.

정책정당(政策政黨)의 표본

인물중심정치는 미완성기의 지도력(actor)의 상징이요, 정책중심정치는 정치에 있어서의 새로운 블루오션정책전략이다. 따라서 기존의 정당이 무리(인물중심)에 의한 지역주의 중심 정당이었다면, 정책정당은 시스템 철학(Systematic Philosophy)에 의해 궁극목표를 먼저 수립하여, 부응하는 공생정치이다. 국민의 책임과 높은 수준에 의한 제도적 정책 중심의 '민주주의4.0'에 의한 새 정당(양원제)을 뜻한다.

새 가치관 정치

기존의 정치가 입법의 필요성을 뒤따라가면서 맞춰가는 땜질식 사안별(事案別)정치요, 문제의 발생에만 대응하는 임기응변의 정치였다면, 새 가치관 정치는 시스템철학에 기반 한 정치이다. 따라서 문제 발생 가능성을 미리 예견 ―영국의 노동당은 forethought program을 개발하고 있음― 하여, '제4의 공존모델'을(민주주의4.0에 의한 입법·사법·행정과 경제·정치·종교 등등의 전 방위적 분야를 총체적으로 집대성) 먼저 세운 다음, 실행하는 예방의 정치이기 때문에 선법정치(先法政治)이며, 상생의 정치이자 쌍방의 정치적 수준이 높아야 하므로 "제4의 이념"교육에 의한 새로운 철학적 가치의 정치인 것이다.

공존(共存)의 정치이다

기존의 정치가 정치적 절대성에 의한 입법·사법·행정 중심의 권력(관료 : 뷰로크라시)정치였다면, 시스템 정치는 경제·종교·사회·문화와의 관계를 기우뚱한 수평적 균형의 관계로 지향해가는 공존의 정치체계이다. 따라서 경제의 정치·종교의 정치·문화의 정치라고도 할 수 있는 공동체정치이며 조직적 협력의 새 가치관 정치(민주주의4.0)를 의미한다.

시스템(System)철학 정치의 해제(解題)

— 상세한 방법론은 생략 —

철학적 의미

a. 정치와 종교의 조화로운 교류 정치이다.

b. 정책정치(조감도·청사진)이며 책임행정이다.

c. 블루오션정책정치이며 진정한 열린 정치이다.

d. 공존정치로서 쌍방에게 책임을 요구하는 민주주의 4.0정치이다.
— 국민과 정치인 —

e. 좌우를 넘은 '새 가치관'에 의한 공생주의정치이다.
— 철학적 정치 —

f. 혈연·학연·지연을 초월한 새 가치관 정치이다.

g. 지성, 지혜(智慧)의 정치이다.

— 꿈의 정치 · 도덕정치 · 사랑정치 —

h. 협력의 정치요, 화합의 정치이다.

I. 미래정치, 예방정치이다.

— forethought program에 의한 예견 정치 —

j. 군자정치·성인(聖人)의 정치 시대를 열기 위한 나눔, 용서의 정치이다.

k. Lotto정치이다. — 진정한 완성의 참여 정치 —

l. 신본적 인본주의(神本的 人本主義) 정치이다.

m. 주인 정치이다.

n. 신바람 나는 정치이다.

— 용서와 화해를 통한 베품의 기쁨을 누리는 정치 —

제도적 의미

a. 제4의 정치모델인 민주주의 4.0 · 공존주의 1.0의 제도 정치이다.

b. 공존체제를 위한 창조적 중립제도정치이다.

— 창조적 중립정부 —

c. 부부 정치이다. — 보호와 함께 책임을 갖게 됨 —

d. 공존적 협력의 정치이다.

— 종교 · 정치 · 경제의 유기적 협력정치 —

e. 정치 권한의 축소와 국민 참여의 확대를 지향하는 정치이다.

— 기우뚱한 균형의 권력구조 —

f. 이원집정부제와 내각제적 요소를 내포하는 정치이다.

g. 선진(先進)정치요 국제적 정치제도를 선도해 나갈 미래정치 이다.

h. 기회의 평등을 지향해 가는 정치이다. — 창조적 분배 —

I. 제3의 길에 대한 대안의 새로운 방법론이다.

j. 사회제도의 개혁을 유도하는 정치이다.
— 새 가치관에 의한 선진의식 고양 —

k. 인물 본위를 넘어선 수평적 시스템(상호관련성)에 의한 정치 이다.

l. 남북통일을 위한 공존주의 모델 정치이다.

정보적(情報的)의미

a. 콘텐츠(contents) 정치이다.
— 내용(가치)이 풍성한 완전의 정책정치이다. —

b. 싸이버(Cyber) 정치이다.
— 가설적 연역에 의한 청사진 제시정치 —

c. 메스미디어 정치이다.

d. 디지털 정치이다.

e. 유비쿼터스(Ubiquitous)의 정치이다.
— 시 · 공을 초월 한 대통합 정치 —

f. 정보 정치이다.

g. 공개(公開)정치이다.
— 투명성에 의한 국민의 책임을 요구하는 정치 —

h. 존재의 궁극 목적으로 안내(I.T)하는 정치이다.
— 이상사회의 모델을 위한 생활공동체 정치 —

3. 통합

그 날 이후 저는 정책이라는 매력에 끌려 이미 새로운 철학을 기반으로 한 정책연구에 몰두했어요. 그 결과 새로운 정책의 패러다임을 나름대로 정교하게 그리고 경제문제와 연계하여 깊이 있는 내용들을 찾아낼 수가 있었어요. 물론 종교적 이상과의 시스템적인 연결문제는 당연하고요. 때때로 영향력 있는 유명 인사들을 상대로 정책강의에 정성을 쏟기도 했지요.

그러던 중 어떤 한 유명 인사로 부터의 소개가 인연이 되어 다음의 내용들에 대한 창조적 비판을 결심하게 되었던 것이죠.

국민대통합과 새 정신운동

● ● ●

좌장 조동회 | 다음은 통합과 관련된 내용입니다. 2008년 미국 발 글로벌 경제위기와 한반도의 긴장, 그리고 동서 간의 갈등은 궁극적으로 우리가 안고 있는 많은 내부의 문제들이 결과적으로 드러난 것이라 생각합니다. 따라서 문제의 근본 원인을 규명해 발본색원하는 일이야 말로 우리가 해결해야 할 최우선 과제입니다. 이제 통합은 더 이상 미룰 수 없는 국가적인 아젠다가 되었습니다. 저희 사단법인 국민통합은 창립 후 전국을 돌며 각종 포럼과 행사를 열었습니다. 국민통합을 위해 열악한 환경과 싸우면서도 좌절하지 않고 최선을 다해 노력했습니다. 그 중 2008년 1월 19일 63빌딩 국제회의장에서 각계의 인사들을 모시고 행한 〈국민통합행동화 포럼〉과 관련된 귀중한 여러 발제문을 중심으로 심도 있는 질의와 응답이 있었으면 합니다.

김현서 | 먼저 본 질문에 들어가기 전에 권 소장님께서는 (사)국민통합과 같이 통합운동을 어떤 계기로 함께 하게 됐는지 궁금합니다. 가벼운 마음으로 말씀해 주시겠습니까?

권추호 | 네, 저는 대학을 마친 후 곧 바로 저술활동을 시작했어요. 왜냐하면 대학재학 중 미국연수를 갔을 때 받은 서구문화의 충격으로 다시 미국유학을 준비하고 있었어요. 그런데 저에게 믿을 수 없는 놀라운 사건이 두 번째 일어났었어요. 그 일로 인하여 저는 모든 계획을 송두리째 바꾸지 않을 수 없었죠. 지도교수님조차 필자의 내면세계에게 펼쳐진 사건은 인간적인 지식공부로 채워질 수 없는 세계라 할 정도의 그런 사건이었어요.

첫 번째 사건인 일명 '빅뱅'을 거쳐 두 번째 사건인 지성(영(靈))적 개벽 사건이라고 부를 수밖에 더 이상 달리 표현할 수 없는 그런 영적 대 지진이 일어났어요. 그 첫 번째 사건에 대해서는 저의 졸저 『영(靈)철학 (제4의 이념)』 서문에 상세히 기술되어 있으니까 참고하면 됩니다. 그런데 그 두 번째 사건으로 인해 '영(靈)철학(양미론)'이 구체적인 학문의 형태로 세상에 나오게 된 계기가 되었으니 저술활동치고는 좀 특별하다고 할까요?

본인의 첫 책인 『신본론』이 출간된 것이 대학 졸업 이후 4년 만인 1994년이었어요. 그 때가 제 나이는 33세의 혈기 왕성한 청년이었기에 사명감으로 불타고 있었어요. 그 이후 출간을 마무리 하고 1995년 새정신운동국민연합(경남 사회단체 76호) 이라는 시민단체의 회장이 되어 전국 방방곳곳을 다니며 얼마 되지도 않은 가산을 팔아 각종 세미나를 통한 의식개혁운동을 줄기차게 펼쳤어요.

그러던 중 2003년 초 제게 새로운 계기가 찾아왔어요. 의식개혁운동을 통한 사회운동의 한계를 철저하게 몸으로 체험했죠. 의식개혁운동은 자본주의 시장경제라는 배금주의 앞에는 계란으로 바위치기일 뿐이었어요. 단체를 초월한 국가를 좌지우지하는 정치라는 골리앗과 같은 거대한 힘 앞에 의식운동과 같은 순수한 사회단체는 한갓 티끌에 불과해요. 물론 다른 사회단체는 권력지향성을 가져서 그런지 그 영향력이 꽤 있겠지만 말입니다. 오랑캐는 오랑캐를 활용해서 무찔러야 한다는 뜻의 사자성어를 '이이제이(以夷制夷)'라고 했나요? 그래서 경제는 경제논리로 해결하라는 뜻으로 대입시켰어요.

아무튼 그 날 이후 저는 정책이라는 매력에 끌려 이미 새로운 철학을 기반으로 한 정책연구에 몰두했어요. 그 결과 새로운 정책의 패러다임을 나름대로 정교하게 그리고 경제문제와 연계하여 깊이 있는 내용들을 찾아낼 수가 있었어요. 물론 종교적 이상과의 시스템적인 연결문제는 당연하고요. 때때로 영향력 있는 유명 인사들을 상대로 정책강의에 정성을 쏟기도 했지요.

그러던 중 어떤 한 유명 인사로 부터의 소개가 인연이 되어 다음의 내용들에 대한 창조적 비판을 결심하게 되었던 것이죠. 덕망과 지성을 고루 갖춘 높은 학문적 라이센스를 충분히 보유하고 있지 못한 필자로서 감히 올려다보기도 힘든 이 나라의 국보급에 가까운 박학다식한 석학들의 논문을 평가한다는 것이, 그것도 창조적으로 비평한다는 것이 얼마나 어려운 작업인가를 생각하면 비평의 어려움 보다 인간적 도리를 어기는 일이어서, 다시 말해 예의를 벗어나도 한참 벗어난 행위이인 것 같아 한참을 주춤했었어요.

하지만 큰일을 계획하는 단체가 앞으로 나아가는 일에 제가 하는 이 평가의 작업이 조금이라도 보탬이 된다면, 그리고 올바른 방법론과 가치를 이 논문들이 얼마나 갖췄는가를 분석하는 일은 서로를 위해 어쩌면 유익할 수 있겠다는 판단에 마음을 굳혔어요. 발심은 곧 바로 작업으로 이어졌지요. 제게 주어진 논문이 그 어떤 분의 것이라 할지라도 본질에 입각해 가감 없는 비평이 가해졌어요. 그리고 국가의 대의를 앞두고 의욕적으로 출범한 국민통합위원회가 나아가고자 하는 길에 보탬이 되고자, 지난 2008년 2월 19일 여의도 63빌딩 국제회의장에서 행한 포럼의 의제들을 중심으로 "창조적인 비판"을 결심하면서 뜻을 같이하게 된 거죠.

김 | 통합은 불통 때문이라고 합니다만 불통이란 문제가 있다는 뜻이 아닙니까? 그럼 문제가 무엇인지 그 문제를 어떻게 찾아내야 하며 또한 해결할 방법은 있는지에 대해 듣고 싶습니다.

권 | 네, 문제가 많아요. 많아도 보통 많은 것이 아닙니다. 먼저 그 문제를 찾아내야 해요. 환자에 대한 정확한 진찰은 의사의 의

무 중에서 어쩌면 가장 중요한 1차적인 행위가 아닙니까? 왜냐하면 진단의 결과가 어떠하냐에 따라 처방이 달라지기 때문이죠. 인격에 비유하면 국가도 이와 다를 바 없어요. 따라서 제가 진단해 본 결과 저는 우리나라의 몸과 정신의 상태를 세 가지로 결론지었어요.

첫째는 갓 태어난 영아로 진단했어요. 머리의 크기가 몸과 다리보다 월등하게 커서 일어나지 못하고 누워만 있어야 하는 형상이죠. 둘째는 사각 링 위의 투사였어요. 피터지게 싸우는데 열중한 나머지 종료를 알리는 종소리조차 듣지 못하고 입가에 거품을 물고 씩씩거리는 사나운 투사의 형상 말이에요. 셋째는 자폐증 환자에요. 주변과의 교류가 단절된 채 오직 자신 속에 빠져 혼자만 생활하는 정신지체인의 형상이라고요. 육체만 잘못된 것이 아니라 정신상태도 엉망이어서 한마디로 구제불능의 구조인 것이죠. 일반적인 처방으로는 도저히 접근이 불가능한 거야말로 절망의 구조지요.

어디서부터 손을 써야할 지 엄두가 나지 않는 구조 말입니다. 이해가 되시는지요. 우리 속담에 "선무당이 사람 잡는다."라는 말이 있어요. 섣부른 판단과 처방은 차라리 하지 않는 것이 좋을 지도 모를 일이에요.

그동안 내놓으라 할 정도로 '용하다'는 준비된 숱한 명의(YS, DJ, 노짱, MB) 들이 최선을 다했지만 능력의 한계였거나, 아니면 흉내만 낸 것인지, 그것도 아니면 국민들이 문제인지

어쨌거나 백약이 무효였어요. 누구를 탓하겠어요? 이제는 포기상태인 것입니다.

그래서 버려야 하니까 어떻게 되어도 책임을 묻지 않겠지 하고, 시험 삼아 너도 나도 호기심에 가득 차서 아직 라이센스도 없는 세미프로(인턴)들 까지도 한 번 찝쩍거려 보려고 야단들인데 이거 큰 일 났어요. 결단코 아니 될 말입니다. 아무리 다급해도 초월적 제4의 눈을 뜨지 못한 청맹과니의 실력으로 어설픈 처방을 내려서는 절대로 안 된다고요.

이 나라가 어떤 나라인가? 풋내기 인턴들이 한 번 도전해보고 싶으면 스승의 조언을 듣고 그리고 스승의 입회하에 진찰과 처방을 해야 되지 않겠어요. 그리하여 진료에 있어서 한 치의 오차가 생겨서도 안돼요. 생명을 대함에 있어서 연습이란 없는 법입니다. 더군다나 초월적 집단의 생명을 말입니다.

어떻게 감히 수천수만 년 간 면면히 이어져 내려온 국가라는 존귀한 생명을 허름한 시험대 위에 올려놓고 어설프게 아마추어들의 손에 의해 난도질 하게 할 수 있느냐? 그 말입니다. 나라를 걱정하는 그 충정은 높이 평가할 수 있지만 어디 세상만사가 의욕만 갖는다고 다 되는 것이 아니지 않은가요?

그런데 희망을 보았어요. 국민통합의 길에 꽃이 피기 시작한 것이죠. 민주평화통일 수석부의장 이기택 총재를 상임고문으로, 그리고 전 대한적십자사 제23대 이윤구 총재를 대회장으로, (사)국민통합 조동회 준비위원장이 주축이 되어, 다양한 분야의 각계각층의 전문석학들로 구성되어 발제한 〈국민통합을 위한 국민통합행동화 포럼〉의 "정책리포트"를 면밀히 분석해 본 결과 나름대로 높은 가치를 갖춘 연구물들이라고 여겼어요. 그리고 여기에 더해 제가 준비한 '영(靈)철학'과 '민주주의 4.0(제4의 길)'이 합해지면 불통이라는 오랜 지병은 얼마지 않아 완치가 될 것이라 생각해요.

사회통합과 전문인들의 어록 & 대통합의 변

● ● ●

김 | 다음은 소장님께서 국민통합을 위해 그동안 스크랩해 놓은 전문인들의 어록에 대해 듣고 싶습니다.

권 | 다음의 글들은 사회통합에 대한 전문가들의 의견을 모은 것들입니다. 나름대로 사회통합을 위한 전문가들의 주옥같은 귀한 내용들이지만 조금 아쉬운 것은 그 실천적인 방법론에 대한 구체적인 대안은 준비할 수 없었는지 대부분 일반론에 가까운 당위론에 거친다는 것이에요. 이해를 돕기 위해 그 요점만 옮기기로 하겠습니다. 참고로 삼길 바랍니다.

박재목 칼럼

1) 21C형 창조형 사회통합 패러다임을 새롭게 구축해야 한다.

— 디지털과 저출산, 양극화와 고령화, 다문화와 통일의 기운으로 급격하게 재구조화 되고 있는 한국의 사회통합에 대한 기본적 가치체계가 먼저 구상되어야 한다. —

2) 공유의 가치성, 신뢰의 투명성, 소통의 교감성, 기회의 다양

성 창출이 21C 미래 사회가 나아가야 할 사회통합의 혁신적 전제 조건이 아닌가?

김호기 연세대 사회학교수

1) 세계적으로 정부가 갈등을 일방적으로 해결하기보다 시민사회와 함께 협력하는 방향으로 가고 있는 것에 주목해야 한다.

장석창 칼럼

1) 지역 간의 갈등에 대한 원인을 찾아내고, 공동체 의식을 민초들에게 일깨워 주는 운동을 벌여야 한다.

장지연 칼럼

1) 사회통합은 전시적인 상징성만으로는 이뤄지지 않는다.

일부 전문가들

1) 통합에 대한 철학이 빈곤하다.

프란시스 후쿠야마

1) 사회통합의 저해 요인들

ㄱ) 빈곤의 확대와 소득불균형　　ㄴ) 부와 안전의 증대

ㄷ) 그릇된 정부정책

ㄹ) 종교의 쇠퇴와 가족 등 공동체적 의무보다 자기만족을 우

선시 하는 문화적 변동의 결과.

김 | 소장님께서 국민통합을 위해 준비한 대통합의 변(辯)에 대해 말씀해주실 수 있겠는지요??

권 | 아래의 내용은 2009년 1월 19일 서울프레스센터에서 행한 저의 졸저『공존의 이념 / 대통합』출판기념회에서 발표한 대통합의 변이라는 선언문입니다. 국민통합에 대한 일반적인 하나의 법칙과도 같은 내용임을 인식하고 이해할 수 있었으면 합니다.

1. 남북통일과 국민통합, 그리고 세계평화는 불과분의 관계이다. 왜냐하면 국민통합 없는 남북통일도, 남북통일 없는 세계평화도 절대 불가능한 법이기 때문이다.
2. 통일은 분리, 즉 나누어짐·찢김·갈라짐 등을 전제로 성립되는 개념이다. 따라서 새로운 이어짐, 접착, 붙임이 없는 통합은 결코 불가능한 법이다.

—통일과 통합의 수직적 개념을 화해 또는 결혼 · 화혼 이라는 인격적 수평의 개념으로 바꿔 사용하는 것이 보다 더 끈끈한 개념일 것이다. 왜냐하면 문화는 수직적인 제로섬게임(Zero Some Game)의 성격을 갖기 때문에 수평적 통합이 불가능하기 때문이다.—

3. 한반도 통일은 세계역사의 중심이며 축소판으로서의 가치를 갖는다. 왜냐하면 남북한 간의 통일을 만들어 내는 과정에서 각 체제의 장점들을 결합한 '민주주의 4.0 or 공존주의

1.0'이라는 새로운 사회제도의 모형이 놀랍게 창출되어 모든 하나 됨, 즉 전 세계와 온 인류의 평화를 위한 새로운 '롤 모델(Roll Model)'을 창도하게 될 것이기 때문이다.

4. 분리는 소통의 막힘이요, 대화의 단절을 뜻한다. 이는 갈등과 여론의 분열, 즉 고장이 났음에 대한 다른 이름이다. 그러니까 20~21C의 지구촌이 시대정신의 궤도를 이탈한 것이다. 따라서 이것을 고치기 위해서는 수리를 해야 하는데 하늘은 먼저 분해라는 방법을 썼다. 분해의 기(氣)가 찬 도구는 이기적 감정 조장(이데올로기)이요, 그 방법은 무력(전쟁)이다.

그 첫째가 세계 제1, 2차 대전에 의한 사회주의와 자본주의의 세계요, 그 둘째가 한일관계요, 그 셋째가 6·25에 의한 남북관계요, 그 넷째가 5·18에 의한 동서관계요, 그 다섯째가 노사모와 연청의 관계이요. 친 이계와 친 박계의 관계이다. 그리고 여섯째가 한나라당의 텃밭인 경남과 민주와 열린우리당의 지도자였던 김두관 경남도지사와의 관계이다.

5. 단체성을 갖는 모든 외형적인 분해는 이제 끝났다. 그런데 아직도 남아있는 마지막 미세한 분해가 하나 있다. 그 것은 한 인간의 맘(Mam)과 같은 국민 개개인의 내부에 들어있는 저급한 인성과, 몸(Mom)과 같은 국가체제의 삐뚤어진 정책과 제도 때문에 양산되는 이분법적 사유가 만들어 낸 주체세력들 간의 이념에 대한 가치의 분해(분별)이다.

6. 이제는 화해를 통한 통합만 남았다. 그런데 내용 없는 통합이 얼마나 어려운가? 하는 것을 정치의 여·야 뿐만 아니라 종교단체는 물론이요, 경제의 주체들의 이기심이 말없이 웅변해주고 있다. 따라서 새로운 제4의 방법론에 의한, 즉 대통합의 문화적 가치를 엔터테인먼트정치(양원제 또는 삼원제)를 통해 새로운 문화를 창출해야 한다. 그렇지 않은 모든 통합에 대한 논의는 오히려 또 다른 분란만 조장할 뿐이다.

7. 통합은 역(逆)순이다.

완성기의 시대정신은 먼저 내적(內的)으로 과거 미완성기 때부터 우리 각자의 가치관에 잘못 뿌리내리고 있는 부정적인'양비론적 사고'로부터 탈피하여, 자기 내부에서 아직도 잠재우고 있는 고급한 의식인'양미론적 가치(깨달음/사랑)'의 눈뜸이다. 그리고 난 후 두 번째가 개헌에 의한 책임총리제의 시행이다. 세 번째가 자본주의 시장경제체제의 중요 핵심인 소유의 양극화를 해소하기 위한 역할분담경제론을 창출해야 한다.

그 새로운 패러다임을 완성한 후 외적(外的)인 분리에 대한 결합을 시작해야 하는데, 첫째가 단체로써 경남의 우파와 좌파의 화해와 함께 친이와 친박, 연청과 노사모의 화해이며, 둘째가 동서의 화해요, 셋째가 남북의 화해이며, 마지막이 한·일 및 전 세계와의 화해이다. 내부 조립도 못하면서 그 규모를 무리하게 확대한다는 것은 궁극에 있어서 욕심이며 결국에는 또

다른 내분을 불러오는 원인이 되게 될 뿐이다.

8. 21C의 인간은 '인간은 생각하는 존재'를 넘어 "사랑하는 신인(神人)이다." 따라서 인간 존재의 가치를 생각에서 사랑이라는 4차원으로 끌어올려야 한다.(생각의 시대에서 사랑의 시대로) 그럴 때 3차원 이하의 이념이 갈라놓은 양비론(兩非論)적 사유는 사랑 중심한 4차원의 양미론(兩未論)에 의해 비로소 통폐합이 가능한 법이다. 그러기 위해서는 철학의 3요소인 '존재론적 본질에 대한 해명'과 '4차원적 영성인식론(초정밀 논리학), 그리고 새 가치관에 의한 '제4의 이념'인 [양미론 사상/영(靈)철학]이라 할 수 있다.

9. '인간은 사회적 존재'라는 '관련의 존재'이다. 왜냐하면 전체와 관련 될 때 비로소 완성될 수 있게 미완성된 존재로 창조했기 때문이다. 한 개인의 탄생 초기에는 부모(신)의 절대적인 보호가 필요한 법인데, 이는 미시적 관점의 인간이든 거시적 관점의 인류이든, 아직은 완성을 위해 서로의 힘을 합치(한 가정과 가족이론)지 않으면 안 됨을 증시하는 것이다.

10. 통합과 통일은 나와 국가와의 관계를 벗어날 수 없다. 개인은 '각자의 가치관'을 개혁하고, 국가는 '제도와 체제'를 동시에 개혁해야 한다. 사회·자본주의는 '과정주의'일 뿐이다. '목적주의'인 '창조적 통일국가'을 새롭게 창출하지 않으면 안 된다. 왜냐하면 이 지구상에'중립국'으로서 스위스

나 일본, 최근의 중국 등… 이 따로 존재하지만, 그것은 결국 '완성된 중립국'을 위한 '가교적, 예비적, 과정적 중립국' 일 뿐이다.

그 체제가 종교, 정치, 경제제도에 있어서 완벽한 중립국이 아니기 때문이다. 따라서 한반도 통일은 '종교와 정치 및 경제의 시스템적 대통합'이라는 '제4의 모델', 즉 '이상사회, 용화세계(국가복지)'를 이 땅에 새롭게 세워야 한다. 아침의 태양이 다시 산허리를 비집고 찬란하게 올라오듯이 수천 년의 역사를 돌아 '국운융성'이라는 절호의 찬스가 이 한반도에 가까이 왔다. 사전 준비로 우리에게 주어지는 역사적 호기를 잘 맞이해야 할 것이다.

역할분담 국회론과 삼원제(三院制)

● ● ●

김 | 소장님께서는 정치적 갈등을 해결하기 위한 방법론으로서 역할분담 국회론과 삼원제(三院制)를 주창하셨는데 그 내용에 대해 말씀해 주셨으면 합니다.

권 | 본 내용은 우리나라 국회와 정당의 구조에 대해 역할분담이론을 전제로 가상적으로 구상해 본 것입니다. 2009년 6월 23일 삼성경제연구소는 "사회적 갈등이 GDP의 27%를 감소시킨다."는 연구결과를 발표했습니다.

이것은 우리의 사회적 갈등이 얼마나 심각한가를 보여준 것이라 생각합니다. 따라서 사회통합을 위해 많은 분야의 변혁도 중요하지만 그 중 가장 많은 문제와 갈등을 안고 있는 입법부의 역할과 그 변혁을 위한 새로운 방법론을 연구한 것입니다. 참고해 보시길 바랍니다.

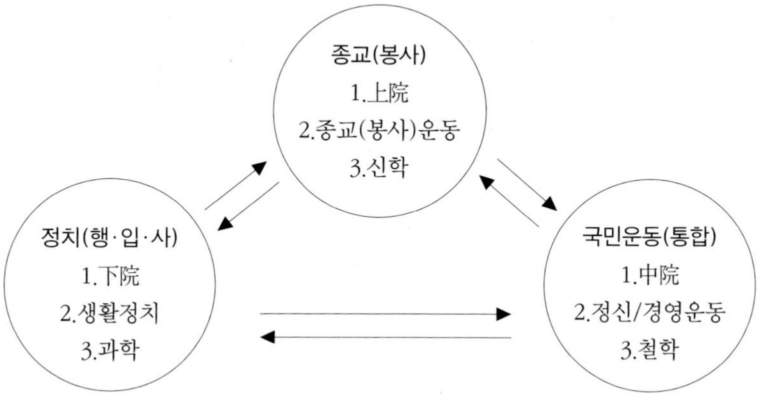

종교

상원의 역할 - 문화예술과 종교적 업무를 담당해 시대정신에 맞게 모든 종교의 사회적 기능을 제도, 즉 법제(제도적 종교)화시키는 일을 해야 한다. (예-정신교육을 위한 기구창설과 각종의 교육프로그램을 창출하고 법제화 하는 입법 활동)

정치

중원의 역할 - 입법, 사법, 행정의 업무를 담당해 국민의 수평적 정치 참여와 함께 정치적 책임을 요구하는 생활정치를 실현하여 국민 모두가 주인정신을 갖게 하는 일을 해야 한다. (생활 속에서 사회적 갈등을 줄이고 민심을 이반하는 각종의 사건들을 해결하고 새로운 대안들을 창출하여 법제화하는 입법 활동)

경제

하원의 역할 - 과학과 경제적 업무를 담당해 창조적 시장경제를 발전시키고, 창조적 분배의 방식을 창출하는 일을 해야 한다. (예-유통의 공유화 및 대중소기업 간의 상호협력 제도를 법제화하기 위한 입법 활동)

새정신운동 특별법 제정과 3대 국민운동

● ● ●

김 | 국민통합을 위해 새정신운동 특별법 제정과 3대 국민운동을 역설하셨는데 두 내용을 말씀해 주시겠습니까?

권 | 김규정 박사는 "오늘날 우리나라 행정사회에 있어서는 행정체질의 개선, 행정인의 의식구조, 가치관의 혁신, 행정풍토의 쇄신 등이 강력히 요청되고 있으며, 행정발전이나 행정의 근대화는 행정인의 사고방식 내지 가치관의 변혁 없이는 도저히 기대할 수 없는 것이다."라고 설파했어요. 일견 그 말도 맞아요. 그러나 그것은 행정의 궁극적 주체인 국민대중의 가치관과의 상호교류의 중요성을 간과한 분석일 뿐이라고요. 왜냐하면 현대사회는 수직적 사회구조에서 수평적 구조로 사회체제가 변화되는 과정에 있어요. 그리고 국민의 행정에 대한 관심이 그 어느 때 보다도 높으며 큰 힘을 발휘하게 되었기 때문이지요. 따라서 행정주체와 행정대상인 국민이 동시에 완경사(inclined system)적 모형을 이루는 가치관의 개혁 없는 국가의 발전은 결코 불가능하다고요. 따라서 새 가치관 운동이 성

공하기 위해서는 새 정신운동을 위한 3 요소(要素)가 필요해요.

첫째는 **절대가치가 수립되어야 해요.** 앞에서 존재의 궁극목적과 역사의 방향성. 그리고 인생의 의미를 교육하여야 한다고 했잖아요. 존재목적은 가치추구 욕과 가치실현 욕을 위한 동기유발의 본질적 근거에요. 따라서 목적성은 적극성의 원천이에요.

역사의 방향성은 시간과 공간에 있어서 사회변동의 목표와 시대정신을 규정해주는 바로미터예요. 따라서 창조적 성장이론은 서구적 발전 시간관보다 더 구체적인 발전과 미래지향적인 시간의식을 갖게 한다고요. 시간은 발전을 이끌어 내는데 있어서 매우 중요한 요소에요. 서구 선진국의 발전이 시간을 진보적·합리적 시간으로서 인식하였기 때문에 가능하였다고 했어요.

인생의 의의는 삶에 대한 가치추구에 있어요. 존재의 질적 가치와 의미에 대해 무지해서는 발전심리와 행위에 대한 책임의식을 가질 수가 없어요. 그 결과는 사회적 인간으로서의 자격을 잃고 주변을 혼란에 빠뜨리게 할 뿐이라고요(이타적 세계에 대한 존재론 교육이 필요함).

그리고 철학을 기반으로 하는 정책과 비전을 제시할 수 있는 새 가치관을 수립하여, 청치·경제·종교·사회·문화를 오히려 올바르게 이끌어 주어야 합니다. 절대가치에 대한 학문적 체계의 수립은 인류역사에 있어서 세계사적 의미를 갖는 전무후무한 가치를 갖게 될 것입니다. 왜냐하면 이데올로기의 사유의 편향성 때문에 치룰 수밖에 없었던 모든 투겯제 종언(終焉)하고, 인류 대 평화를 위한 화합의 세계관을 제공해 줄 것이기 때문이지요. 철학은 왜? 를 좇는 학문이기 때문에 왜를 설명할 수 있어야 해요. 21C는 역사의 완성기입니다. 모든 물음에 대하여 왜를 밝히지 않으면 안 된다고요. 그래야 국민의 솔선수범이 행위의 주체를 위해 협조하게 돼요.

둘째는 **새 정신운동 특별법을 조속히 제정하여 새 정신운동기구를 신설해야 해요.** 법과 제도에 의하지 않으면, 지속성을 가질 수 없는 법입니다.(동·서 고금을 통하여 개인과 단체가 초월적 국가를 변혁시킨 예가 없었음) 완전책임을 다할 수 있는 국민으로 진정한 참여를 유도(誘導)해야 해요. 따라서 참여정부의 정치참여는 과정적 목적(수단)이상일 수 없는 법이에요. 왜냐하면 정치의식의 민주화 없이는 행정과 경제의 민주화를 뜻하는 '민주주의 4.0'은 성공할 수 없기 때문이지요.

그리고 새 정신운동기구를 신설하여 '인재를 양성'해야 합니다. 새마을운동처럼 새정신운동을 일으켜 국민의식을 높이지 않으면 국민대통합은 물론이요, 국민을 선진시민으로 성장시킬 수 없게 돼요. 뿐만 아니라 불원간 다가올 통일시대를 미리 대비하기 위해서라도 새 가치관 교육을 위한 특별법을 조속히 제정하여 국가 차원의 신문화운동을 벌려야 합니다.

따라서 정신적 공무원을 교육시켜 전국의 시·군·구·읍·면·

동·통·반에 배치해야 해요. 그리고 각 지자체의 장과 상대적 관계를 조성해 역할을 분담하면서 협력과 견제를 통한 책임행정을 실현해야 합니다.(정신 지도자 : 순수한 민주화운동자·개혁적 보수자·종교인·독립 및 국가유공자 등을 중심으로 하는 국민 추전제 도입으로 절대가치를 교육시켜 현장의 지도자로 임명해야 함)

셋째는 모든 분야를 유기적(System)으로 연결시켜야 해요. 국가는 경제와 정치와 종교가 상호관련성을 갖고 밀착되어 있음을 간과(看過)해서는 안 돼요. 국민통합과 남북통일은 불가분의 관계이기 때문에 차제에 남북의 평화통일과 공존체제를 위한 '창조적 중립정부체제'를 수립해야 해요. 의식개혁을 위한 새 가치관교육을 병행해야 하고요. 종교가 더 이상 독립된 분과로 남아서는 안 돼요. 국가적 종교의 새 틀을 짜야 한다고요.

김 | 국민통합과 남북통일을 위한 3대 국민운동을 또한 주창하신 것으로 알고 있습니다. 3대 국민운동의 내용은 무엇인지요?

권 | 앞으로 국민통합과 민족의 통일, 그리고 세계평화를 위해서는 새 가치관과 제도적 방법에 의한 21C형 새로운 패러다임을 창출해야 해요. 그러기 위해서는 '제4의 길'에 의한 창조적 공존체제 수립과 함께 정신혁명이 병행되어야 하고요.

1) 국민의식개혁을 위한 새 가치관운동

가) 의식개혁은 가치관의 전환과 제도의 변혁을 병행해야 효과적이다. 따라서 철학적 이념과 종교적 가치에 대한 새 교육과 정

치제도와 경제구조의 변혁을 통해 이기적인 요소들을 청소해야 한다. 그러므로 체제변혁과 새 가치관 운동을 위한 새정신운동특별법을 제정하지 않으면 안 된다.

나) 21세기는 문화의 완성기이다. 따라서 절대가치를 통한 국민교육으로 현 세계에 대한 주인의식과 책임의식을 갖출 수 있게 교육해야 한다.

다) 완성기는 자립과 함께 절대가치의 시대요, 자유와 함께 책임의 시대이기에 법(法) 우위의 시대이다. 그러므로 공정한 법의 제정과 함께 준법정신의 함양이 중요한 시대이다.

라) 완성기는 독립과 함께 상속기이기 때문에, 수평적 상호교류의 시대이다. 따라서 모든 학문의 제 분야와 사회의 구조가 수평적인 협력구조로 변화지 않으면 파멸을 부를 뿐이다.

2) 남북통일을 위한 새 사상운동

가) 미완성기는 무력전(힘)의 시대요, 완성기는 사상과 경제전이 공존하는 시대이다. 따라서 21세기는 문화의 완성기이므로, 남북통일을 위한 사상전과 경제체제에 대한 대전환이 반드시 일어나게 될 것이기에, 그에 대한 적절한 대비책을 세워야 한다.(양미론 사상, 정부와 시장의 협조, 유통의 공유화 등)

나) 남북통일은 사상전과 체제전을 피할 수 없다. 왜냐하면 남북의 분단은 경제적 이념에 의한 체제의 다름의 분단이기 때문이다. 따라서 미구에 닥쳐올 김일성 주체사상과 공존체제를 위한 제

도적인 대비책을 마련하지 않으면 안 된다.(96. 9. 12 스칼라피노, 이홍 범 교수는 남북통일을 위한 새 사상이 있어야 함을 역설하였음)

다) 남북통일은 남남북녀의 결혼과 형제와의 조우(성서의 야곱과 에서의 만남)와도 같다. 따라서 새 사상을 중심한 공존체제를 창출하지 못하면 통일은 요원하며 21세기를 주도할 수 있는 새 모델 (왕정 대 민주론 제도)의 종주국이 될 수 없다.

라) 통일된 '제4의 공존체제'는 종교적 이상사회를 정치적인 현실로 이루게 될 것이다. 왜냐하면 사회주의와 자본주의 과정적인 제도를 완전한 성취시킬 수 있는 인류역사상 전무후무한 계기가 될 것이기 때문이다.

마) 남북통일은 '제4의 창조적 경제학'에 의한 '인간적 경제학'을 필요로 하게 될 것이다. 왜냐하면 남북이 재산의 사유와 공유라는 소유의 문제를 조건으로 분단되었기 때문이다. 따라서 소유권의 절충인 창조적 상·하한제도를 찾아야 한다.(동·서의 갈등도 소유권의 우위를 점유하기 위한 권력싸움의 산물일 뿐)

바) 남북통일은 '제4의 이념(영철학)'이 없으면 결코 불가능할 것이다. 왜냐하면 양미론에 의한 공생(共生)사상과 공존주의만이 좌익과 우익, 보수와 진보로 구분하는 양비론을 포용할 수가 있기 때문이다.

3) 신문화창조를 위한 국가적 종교의 화합운동

가) 21세기는 열매와도 같은 인류의 완성기이며 동시에 공존

(共存)의 시기이다. 따라서 공존하지 못하면 결혼(結婚)하지 못한 외로운 존재와도 같기 때문에 정치·경제·종교도 국가중심의 공존 제도를 찾지 않을 수 없다.

나) 완성기는 개혁(改革)의 때가 아니라 문화의 대전환기이다. 따라서 모든 분야에 있어서 삼위일체(종교·정치·경제/신학·철학·과학)된 일대 조화운동이 일어나지 않으면 안 된다.

다) 완성기의 종교개혁은 자체 내부의 개혁이 아니라, 공존(共存)인 국가 제도에 의한 다른 차원의 화합(결혼)이라는 것이다. 왜냐하면 완성기의 자기 변화는 발전이 아니라 파멸을 불러 오기 때문이다.

라) 21세기는 경전종교의 완성기이다. 따라서 지금은 영성과 사랑(인격)종교의 새 자녀를 잉태하여야 하기 때문에, 종교 공존인 국가종교와 함께 생활(國家·制度)종교가 되지 않으면 안 되는 때이다.

마) 완성기는 개인의 영적(靈的) 구원과 함께 전체적 사회 구원의 때이다. 따라서 종교적 이상사회(종교결혼)를 국가의 법에 의한, 제도적인 구원(신정국가)으로 새 역사를 이루어야 한다.

국민통합은 인간통합

김 | 소장님께서는 국민통합은 인간의 통합이라고 말씀하셨죠? 그 말은 인간이 역사의 중심이라는 뜻과도 통한다고 보여집니다. 그럼 인간이 만들어 낸 내외양면의 다양한 문화적 요소가 있을 텐데 구체적으로 어떤 것들이 있을까요?

권 | 근세의 인간은 외적(外的)으로는 국민국가체제라는 틀 속에 정치적, 경제적, 종교적, 사회 문화…등으로 연결되어 있고, 그리고 단체적, 국가적, 세계적으로 관계되어 있잖아요? 그리고 내적(內的)으로는 종교적 본질과 연결되어 있고, 그 수준은 상·중·하(초·중·고)로 차별화 되어 있어요. 그리고 인간은 3단계를 통해 성장발전하기 때문에 어떨 때 보호해 주고, 또한 어떨 때 책임을 요구해야 하는지에 대해서도 연구를 해야 해요.

그 뿐만 아닙니다. 한 가정에서 부자관계(l), 형제관계(/), 부부관계(-)의 유형을 성장 단계별로 갖게 되는데, 이 법칙을 사회적 관계와 적용할 때는 어떻게 해야 하는지 등을 깊이 연구해야 대통합을 위한, 즉 대통합을 방해하는 요인들을 제대로 진단할 수가 있는 법이에요. 좀 복잡한 얘기로 느껴질 겁니다.

그런데 이 복잡한 과정을 소홀히 해서는 대통합을 이룰 수 있는 방법론을 창출할 수 없어요. 요즘 들어 과학계에서 '복잡계 이론'이 시대적 이론으로 떠오르는 이유가 있지 않겠어요? 국민대통합 문제는 이처럼 어려운 문제예요. 쉬운 일이라면 우리가 아닌 다른 사람이 벌써 그 방법을 천명하지 않았겠어요? 그러나 해법이 없는 것이 아니니 희망을 갖고 천천히 하나하나 풀어나가 보기로 합시다.

국민통합은 민관합동 병행운동

김 | 민간의 국민통합운동을 성공으로 이끌기 위해서는 어떤 세력이 큰 뒷받침이 되어야 한다고 생각 하시는지요?

권 | 네, 저는 단연코 정치라고 생각합니다. 위에서 말씀드렸습니다만 국민통합운동은 하나의 변혁운동이 아닙니까? 기득권의 저항이 따르게 될 것을 전제로 성립되는 것이고요. 따라서 순수한 민간단체의 힘만으로는 초월적인 국가를 변혁시키기는 역부족이에요. 정치적 파행으로 나라가 혼란에 빠져 국가를 위기로 내어 몰리고 있는데 정치가 나라의 중심에 서 있기도 하지만, 현실에서 가장 큰 힘을 가진 세력이 정치권이니까 정치권이 적극적으로 뒷 받침이 되지 않으면 권력유지가 힘들지 않을까요? 이것이 정치권에서 먼저 대통합을 기치로 내어 걸게 된 근본이유인 셈이죠.

우리 정치는 이념에 의해 두 지역으로 갈라져 하루도 쉬지 않고 반(半) 세기 이상을 대립해 왔어요. 정당을 통한 망국적 지역감정싸움으로 말입니다. 이번 기회에 정치적 대결을 청산

해야 합니다. 그렇지 않으면 이 나라는 한걸음도 나아가지 못하고 퇴보하고 말 것이라고요.

제가 (사)국민통합의 조 회장님을 만나기 전 한화갑 전 민주당 대표님을 찾아가 3시간씩 3차례에 걸쳐 특별 강의를 했었어요.

그 때 강의 내용을 한마디로 말씀드리면 새 가치관 정치였습니다. 기존의 정치형태의 연장선에서 탈피한 새 문화를 중심한 정치인 셈이죠. 좌익과 우익 그리고 중도를 뛰어 넘는 사랑의 공생 정치를 말이에요. 진정으로 국민을 위해 헌신하고 봉사하는 그런 정치를 말입니다. 그게 벌써 10년 전의 일이에요. 공생의 정치란 말 그대로 공존의 정치로서 보수와 진보를 초월한 '분권'과 '삼원제(창조적 양원제)'인데 이것은 미국이나 영국, 일본과 같은 양원제가 흉내낼 수 없는 역할 분담과 새 가치관에 의한 새로운 정치 패러다임이에요. 그래야 통합이 가능할 수 있어요.

국민통합을 위한 행동화 포럼 창조적 비판

● ● ●

김 | 다음은 (사)국민통합이 전국의 명망 있는 학자들에게 의뢰해 준비한 〈국민통합 행동화 포럼〉의 논문 자료집에 대한 권 소장님의 창조적 비판에 대해 듣고 싶습니다.

권 | 논문 자료집에 대한 질의응답은 진행하기가 다소 매끄럽지 않아서 주제별로 나눠서 핵심부분만 간추려 비평한 것을 참고자료로 질의응답과 연계하여 옮기는 것이 더 효과적일 것 같네요. 전체 자료집의 분량이 많아서 말이에요. 참고로 본 내용은 2008년 1월 19일 63빌딩 국제회의장에서 행한 국민통합행동화 포럼의 자료집입니다. 이때 이기택 전 총재님과 이윤구 전 적십자사 총재님께서 격려사를 하셨고요. 두 분은 (사)국민통합의 상임고문으로 계시기도 합니다. 국민통합을 위한 학자들의 노고에 진심으로 감사드리지 않을 수 없습니다. 독자들의 일독을 바랍니다. 그리고 이렇게 훌륭한 자료집을 만들기 위해서 노심초사 하신 조동회 (사)국민통합 회장님께 이 자리를 빌어 심심한 감사의 말씀 드립니다.

■ 역사를 견인하는 에너지

황 의 철 (기획위원장)

- 요 약 -

사회의 다원화는 필연적으로 '갈등구조'의 함정에 빠질 수밖에 없다. 최근의 한국사회의 '갈등구조'는 그 어떤 사회에 비해 위험 수위에 이른 상황이다. 이명박 신정부가 〈경제 살리기와 사회갈등 치유를 통한 국민통합〉이라는 역사적 소명을 감당해야 하는 상황에서 갈등치유의 방법을 제시하고자 한다. 전 근대시대로부터 지금까지 갈등구조는 더욱 첨예화 되고 복잡해졌다. 더 확장되고 대립되는 현실인 것이다. 이를 위해서 갈등구조를 해소하기 위한 지속적인 노력과 전담조직의 구성 등 대안이 있을 수 있다. 하지만 무엇보다 중요한 것은 신명나는 통합의 에너지를 결집하기 위해 국민들에게 강한 동기부여를 해야 하는 것이고 이는 신정부가 강력히 추진해야 할 우선 과제인 것이다. 국민의 마음에 온기를 불어 넣으며 차가워진 응어리를 푸는 해빙이다.

1. 문제제기와 과제도출

인류사회가 다원화 되어가고 과학문명이 발전해 온 과정과 결과는 항상 성과적 측면이 강조됨과 동시에 그로 인해 발생되고 있는 많은 문제와 직면하게 된다. 시장경제를 표방하고 있는 나라와 사회는 창의와 경쟁이라는 두 축에 의해 목표제일주의와 성과만능주의를 추구하고 있고, 그 과정에서 첨예하고 철저한 경쟁논리가 중심이 되어 있다. 이에 따라 강자와 약자, 성공과 실패가 극명하게 나타나면서 양극화와 대립을 확대 생산시켜오고 있는 것이다.

그리고 이러한 요인들은 인간의 다양한 욕구와 어우러져 권력과 지배, 저항과 피지배라는 2분법적 양태를 만들어 왔다. 끊임없는 욕구와 충족지향적인 인간의 의지는 '갈등'이라는 함정을 만들어 온 것이다. 인간관계에서 개인의 갈등, 사회집단 속에서 발생되는 집단 간의 갈등, 지역 간의 갈등, 정치적 갈등 그리고 종족 간의 갈등과 종교 갈등 등에 이르기까지 실로 역사의 발전이란 욕구충족활동과 그에 따른 갈등의 산물로 이어져 왔다고 해도 과언이 아닐 것이다.

대한민국의 현대사는 세계에서 그 유래를 찾아볼 수 없을 만큼 충격적인 곡예를 하듯, 사건과 문제와 첨예한 갈등으로 점철되어 왔다. 강대국의 힘의 논리로 남북이 갈라졌고, 사상의 갈등은 민족의 비극을 낳았으며, 이후 한 서린 가난과 산업화를 거쳐 오면서 빈부갈등을 증폭시키며 독재와 민주, 동과 서라는 극단적인 대립구조를 만들어 왔다.

한때 민주와 반민주는 선과 악의 잣대가 되었고, 반민주가 퇴색

한 정치·사회지형에는 무책임한 진보와 생산 없는 평등이 권위주의를 밀쳐 내면서 대책 없는 스펙트럼을 넓혀 놓았다. 적화야욕으로 남쪽을 향해 총부리를 겨누고 있는 북한의 위정자들이 핵무기를 만들고, 미사일을 쏘고, 살상무기를 만들어 우리 목 앞에 들이대고 있어도 지난 10년 간 우리의 지도자들은 동족이니까, 우리가 더 살만하니까, 햇빛으로 해방을 시키겠다고, 그 비용이 전쟁 치르는 비용보다 싸다는 편향된 논리를 앞세워 진보라는 포장으로 좌파주의·종북주의를 살찌어 왔다.

국민은 고통 받고 힘들어 하고 목 메이게 절규하는 데도 지도자는 자기의도와 다를 때 그들은 마치 타도해야 될 적으로 삼고 대립하며 갈등을 증폭시켰다. 평등이라는 이름으로, 균형발전이라는 이름으로 역(逆)평등을 만들고 역균형을 만들어 이 나라를 갈기갈기 찢어진 누더기처럼 만들어 버렸다. 무엇이 그토록 조급하게 하였을까? 무엇이 그토록 자기가 만든 것, 자기가 하는 것이 지고지순한 가치라고 고집하게 하였을까? 왜, 그 많은 이 나라의 인재들을 소외하고 지혜를 모으는데 인색하였을까?

그 결과 우리는 '**경제적 양극화와 사회갈등의 전면화**'라는 곤혹스러운 훈장을 달게 되었다. 어떻게 하면 이 불명예스러운 훈장을 지혜롭게 떼어 낼 수 있을까? 어떻게 하면 차갑게 얼어붙은 국민들의 마음에 온기를 불어넣을 수 있을까? 무엇으로 우리 국민을 신명나게 할 수 있을까? 지난 현대사를 성찰해 보면서 그 해답을 찾을 수는 없을까?

2. 선택과 집중

앞에서 살펴본 바와 같이 창의와 경쟁이라는 시장논리가 주는 정(正)의 역할과 아울러 부(否)의 영향은 사회갈등 요인으로 심화되어 오고 있다. 정치제도가 대의(代議)를 도구로 한 대국민 서비스라고는 하지만 권력과 지배논리가 본류를 형성하면서 지역 간·계층 간 갈등을 증폭시키는 중요요인으로 작용하고 있다.

지도자의 대립적이고 편향된 리더십은 대의를 왜곡시키고 국민들의 시너지를 저하시킨다. 이러한 요인들은 국가예산을 낭비하는 것 못지않은 사회적 손실비용으로 고스란히 국익과 국력에 반영되고 있다.

국가의 힘(國力), 국가의 이로움(國益), 이것을 만들어 내는 에너지는 무엇일까? 그것은 바로 국민의 마음이고 국민이 흘리는 땀이다. 신명나는 마음, 기꺼이 흘리는 진한 땀방울이야말로 웅대하고 희망의 역사를 견인하는 에너지이다. 이러한 에너지를 모으고 올바르게 사용하는 것이야 말로 대통령을 정점으로 한 리더들의 몫이다. 바로 이것이 17대 대통령과 새 정부가 지향해야 할 가장 중요한 시대적 소명이다. 왜냐하면 그것은 역사를 견인하는 주체인 국민의 압도적 선택으로 정당한 소명을 부여했기 때문이다.

'**경제 살리기와 사회갈등 치유를 위한 국민통합**'이 두 수레바퀴는 17대 대통령선거를 통하여 새 정부의 시대정신이자 소명으로 귀결되어 있다. **선택과 집중!!** 새 정부를 준비하고 있는 대통령직 인수위원회는 생략 …… 경제 살리기를 위한 방안으로 상위조직인 정부조직을 대부처주의로 통합·슬림화하면서 Re-engineering & Re-structuring을 통하여 규제혁파를 통한 시장기능의 활성화 전략으로 이해된다.

이는 경험 없는 학자들을 중심으로 현실을 이론에 끼워 맞추려는 "어젠다 만들기"로 세월을 보내고 갈등만 일삼았던 지난 정부와는 확연히 다른 '**창조적 실용주의**'로 실행과 성과를 중시하는 시장경제에 부합되는 전략이라 하겠다.

이와 같은 전략적 선택은 초기에 집중적으로 추진하여 견고한 기반을 구축하여야 이후 하위조직으로의 파급효과가 극대화 될 수 있을 것이다. 이하 생략 ……

3. 갈등구조와 해소방안

시대적 관점에서 사회갈등구조를 분석해보면 산업화시기 이전까지는 비교적 국가차원의 문제를 중심으로 갈등구조가 형성되었으나, 민주화시기 이후부터는 노사갈등, 지역갈등, 빈부갈등, 이념의 갈등 등 갈등의 구조가 훨씬 복잡해지고 생활과 관련된 이슈중심으로 확장되고 대립하는 양상을 보이고 있다. 따라서 이에 대한 갈등해소방안 또한 간단치 않을 뿐만 아니라 전략적이고 체계적인 접근을 요구하고 있다 하겠다.

본 정책연구에서는 앞서 이어져 온 갈등들을 종합적으로 안고 있는 "**양극화시기**"를 중심으로 그 해소 방안을 요약 정리해 보고자 한다.

첫째, 국가와 국민이 지향해야 할 전략적 관점에서 체계적이고 지속적인 **추진기반을 구축**하는 것이다. 구체적인 추진기반으로는 **'법제화'**와 **'전담조직화'**를 들 수 있으며 이를 통한 정통성과 실행 체제를 갖추는 일이다.

둘째, 지속가능하고 효과적인 정책에 의한 자원(인적·물적)의 배부와 교류이다. 여기서 주목해야 할 부분은 배부뿐만 아니라 교류의 중요성이다. 제 갈등구조 간·요인 간 교류를 계량적으로 목표를 설정하고 달성해가는 노력이 필수적이다(MBO : management of objective).

셋째, 실행조직에 의한 행동화 교육·훈련이다. 행동과학자들은 정교한 학습을 통한 체계적이고 효과적인 성과를 강조하고 있다. 전국에 분포되어 있는 각종 교육기관과 연수원 등을 이용하여 우선 각 부문의 갈등해소 담당자(Complex agent : CA)를 양성하고 이들을 통하여 갈등해소의 체계적 교육훈련·카운슬링·현장관여 등을 감당하는 갈등해소 전도사가 되도록 하는 것이다.

넷째, 다민족과 다원화된 문화에 대한 차별해소와 조화다.

다섯째, 인적자원의 글로벌화를 위한 제도와 시스템구축이다.

4. 결 어

이하 생략……

창조적 비판과 그 대안

복잡하고도 난해한 사회현상을 어렵사리 분석하느라 온 신경을 모아 집필한 저자의 노고에 우선 경의를 드린다. 필자 또한 부족하고 아직도 더 천착하여야 할 과제가 산더미 같이 남아 있지만 결코 짧다고 할 수 없는 지난 20년이라는 세월을 새정신운동국민연합을 이끌면서 어떻게 하면 '국민통합'을 통한 '남북통일과 세계평화'라는 시대과제를 이룰 수 있을까? 라는 과제를 붙들고 씨름해 온 터라 저자의 글을 대하면서 새로운 감회에 젖었다.

저자의 논문 중 [1. 문제제기와 과제도출]에 있어서는 "양극화와 대립의 학대 생산이 시장경제를 표방하고 있는 나라와 사회는 창의와 경쟁이라는 두 축에 의해 목표제일주의와 성과만능주의를 추구하고 있고, 그 과정에서 첨예하고 철저한 경쟁논리가 중심이 되어있다."라고 했으면서 [2. 선택과 집중]의 끝 부분에서는 "새 정부는 '**창조적 실용주의**'로 실행과 성과를 중시하는 시장경제에 부합되는 전략이라 하겠다."라고 한 것은 조금 어긋진 논리적 비약처럼 보인다.

완성만이 흠이 없는 법이다. '자본주의 시장경제'든, '사회주의 계약경제'든 어차피 이 두 경제체제는 많은 문제를 안고 있는 과정적 방법론으로서 '편파적 경제제도'인 것이다. 따라서 미완성된 제도하에서의 갈등은 우리게 '흉'을 요구할 수밖에 없는 것이다.

그리고 [3. 갈등구조와 해소방안]에 있어서 첫째, 전략적 관점에서 구체적인 추진기반으로는 '**법제화**'와 '**전담조직화**'를 제시하고 있는데, 이것은 상징적 수준의 희망상황과도 같이 보인다. 실천을 위한 구체적인 프로그램의 체계화가 요구된다고 하겠다.

필자는 오래 전부터 이것의 법제화를 위한 '새정신운동특별법 제정'을 위해 노력해 왔으며, 전담조직화의 메인스트리움(주도세력)을 구성하기 위해 '국가와 시민조직의 병행'을 주장하였다. 어느 한 조직만으로는 결코 성공할 수 없는 법이다. 그 근본이유는 필자의 저작물들에서 이미 언급하였다.

둘째의 지속가능하고 효과적인 정책에 의한 자원(인적·물적)의 배부와 교류 또한 마찬가지이다. 이것은 첫째의 부분이 이루어지고 난 이후에 추구하여야할 콘텐츠로서, 관점에 따라서 다를 수도 있겠지만 문제는 효과적인 정책을 창출한다는 것이 얼마나 어려운가 하는 것이다.

셋째, 실행조직에 의한 행동화 교육·훈련이다. 이 또한 첫째의 부분이 구성되지 않으면 불가능한 일이며, 그렇게 하기 위해서는 국민의 합의를 도출하기 위한 구체적인 프로그램을 먼저 창출하여야 할 것이다.

넷째, 다민족과 다원화된 문화에 대한 차별해소와 조화다. 이 부분은 나중의 대안 부분에서 다루기로 하겠다. 왜냐하면 가치관의 문제임과 동시에 간단치 않은 복잡하고 심원한 종교의 문제이기 때문이다.

다섯째, 인적자원의 글로벌화를 위한 제도와 시스템구축이다. 좋은 의견이다. 그리고 이것은 큰 그림이다. 필자는 새정신부를 신설하여 새 가치관 교육에 의한 국가적인 인재양성기구를 만들지 않으면 안 되기 때문에, 정부조직법 개편으로 인재를 양성하여 전국의 시군구읍면동에 정신공무원으로 파송하여야 하며, 민간(종교)조직에 의한 사회봉사단체인 수호천사연합을 창설하여, 관과 민이 음·양이 되어 유기적으로 연대하는 〈범정부조직을 제도적으로 구축〉하여 사회문제에 적극적으로 관여함은 물론이요, 모든 혼란을 수습하는 주도세력으로 자리해야 한다고 하였다.

대안

역사는 부족한 미완성으로부터 출발하여 흠이 없는 완성을 향하여 성장하고 있다. 역사의 성장, 즉 정확한 역사철학의 가치에 대한 진단이 중요한 이유가 이 때문이다. 따라서 국민통합을 실현시키기 위해서는 저자가 제기한 많은 처방도 물론 중요하겠지만 무엇보다도 중요한 것이 '완전한 목적적 제도의 창출'에 있다고 하겠다. 그래서 통일이라는 과제가 중요한 것이다.

남북통일을 통하여 과정적으로 부족할 수밖에 없었던 국가체제를 완전한 '완성체제'로 만들어야 한다. 그렇지 않으면 어떤 방법으로도 부족한 사회제도 때문에 발생하는 갈등과 혼란을 막을 길이 없는 것이다. 그러므로 통일을 이루기전에 '공존체제의 모델'이 되는 사회주의 계약경제의 장점과 자본주의 시장경제의 장점을 결합한 일명 "창조적 시장경제"인 '창조적 중립정부'를 구성하지 않으면 모든 노력도 허사일 수밖에 없는 법이다. 절대가치부재상태의 자본주의적 이기심은 국민통합을 방해하는 가장 큰 악폐이다.

그러나 그것만으로 갈등구조를 없앨 수 있었다면 먼저 중립국가가 되어있는 가까운 일본이나 부단히 중립국을 지향하며 열을 올리고 있는 중국이 먼저 이상사회가 되었거나 앞으로 될 수 있을 가능성이 더 많을 것이다. 문제는 그 것만이 아니다. 인간은 영적인 존재이기 때문에 국가도 영성이 있는 법이다. 국가의 영성은 개인의 영성과 비례하는 법이다. 부족하고 미완성된 어린 이기심으로는 결코 생활공동체가 목표인 국민통합을 이룰 수가 없는 것이다. 국민의 영성을 21세기에 맞게 업그레이드 시키지 않으면 안된다.

그러기 위해서는 첫째, 기존의 철학적 종교적 가치를 뛰어 넘는 '절대가치를 창출'하여 모든 종교를 통폐합하지 않으면 안 된다는 것이다.

둘째, '철학에 기반한 정책'에 의해 새로운 정치와 정당을 창출하여 인물중심의 지역 구도를 타파하고 새 가치관 정당을 이루어야 할 것이다.

셋째, 첫째와 둘째의 그 터 위에 통합을 위한 기구와 제도적 보장을 위한 국민통합을 위한 '새정신운동특별법'을 제정하지 않으면 결코 국민통합은 불가능한 일이 될 것이다.

이 얼마나 엄청난 일인가? 국민통합이 말로는 간단한 용어하나만으로서도 족하지만 말이다. 따라서 필자는 이 세 가지의 선행조건으로서 첫째, 절대가치로서 동서양의 모든 철학사상을 통폐합하였으며, 둘째, 철학에 기반한 정책을 완성시켰다. 그래서 필자는 〈영철학〉과 〈제4의 길〉을 따로 엮어 책으로 간행하였다. 일독을 바란다.

■ 왜 '국민통합'이 시대정신인가?

최 요 한 (정책연구실장)

사회갈등 해소방안 모색과 대안론에 대한 고찰

- 요 약 -

2008년 현재 한국사회의 심각한 위기는 외형적으로는 경제적 양극화와 갈등구조의 전면화로 보이나, 내재적으로는 해방 이후 지속적으로 이어져 내려온 심각한 국론분열과 제 정치세력 간의 생존의 사활을 건 제로섬 게임에 기인한다. 이런 구조적 모순의 내·외적 조응은 급기야 국가의 대표성(representativeness)은 물론 통치능력(governability)과 정치체제의 안정성(stability)조차 위협하는 커다란 문제가 되었다. 국민통합 행동화 포럼은 이 구조적 모순의 문제를 단순한 정치차원의 재분배·재배치의 차원이 아니라 정부와 시민사회의 공통적 해결과제로 인식하여 적극적인 문제제기를 하는 바이다.

1. 문제제기

우리 사회는 지난 20여 년간 전 세계적으로 유례가 없는 '정치 실험'을 진행하였다. 이른바 정치권은 물론 학계와 시민사회까지 모두 '권위주의 체제'의 해체가 공동체 성원의 '삶의 질'을 높일 수 있는가에 대한 해답을 찾는 과정을 걸어온 것이었다.

비싼 경험을 통해서 알게 된 과정의 결과는 '권위주의 체제'의 해체가 공동체 성원의 행복을 담보할 수 없으며 '민주적 거버넌스'의 회복이 곧바로 국민통합과 사회갈등해소로 이어질 수 없다는, 우리 사회의 보수진영이든 진보진영이든 공통적인 깨달음이었다.

1987년 시민 민주화 투쟁의 결과로 이룩한 '6·29선언'은 한국 민주주의의 발전에 있어서 일종의 결절점(結節占)으로 작용하였고, 그 이후 평화적 정권교체가 세 차례 진행되어 민주주의 이행(transition to democracy)의 주요과제가 이루어졌다고 생각했으나 궁극적으로는 이 모든 과정의 결과물이 현재 목도하는 바, 경제적 양극화와 사회갈등의 전면화라는 최악의 상황으로 귀결된 것이다.

〈(사)국민통합〉은 경제적 양극화와 사회갈등의 전면화라는 한국사회의 현상적 갈등구조는 물론 대내외적인 갈등구조의 형성에 결정적으로 미치는 현대사회의 근원에 대해서 고민하고자 한다. 또한 국민통합을 위한 내·외부적 과제와 세계적 과제를 차례로 정리하면서 대안을 모색하고자 한다.

'세계체제로서의 자본주의'에 편입되어 있는 대한민국 사회가 자국의 안녕과 질서유지에만 급급한 모습을 보인다면 우리 스스로 '천박한 자본주의'의 카테고리 함정에 빠지는 결과이다. 궁극적으로는 우리의 커다란 갈등구조의 축인 고질적 지역주의와 계층 간의 갈등 역시 현대사회의 갈등구조의 외적 양태이기 때문에 이의 해결은 곧 세계적 갈등양태의 해결에 단초를 제공할 수 있는 것이다.

이하 생략……

2. 국민통합의 대내외적 과제

이하 생략 ……

대내적 과제의 해결은 이렇듯 단계적으로 해결된다 하더라도 여기에 머무르는 것은 미완의 '작품'이다. 우리에게는 엄중하고도 냉정히 바라보아야 할 대외적 국민통합의 문제가 남아있다. 바로 남·북 간의 갈등이다.

이렇게 되면 필연적으로 대두되는 것은 거대한 테제로서의 동북아시아 안정과 세계평화의 논리이다. '개인-사회', '사회 구성원-국가', '국가-국가' 의 논리로서 한반도를 위시한 남북 그리고 미·일·중·러 의 갈등구조에 대한 주도적 책임을 우리가 져야 한다. 우리가 살아갈 우리 땅 한반도를 둘러싼 갈등이니만큼 이 주도권은 누구에게도 빼앗길 수 없는 고유의 우리의 주체적 권리이자 고유의 행위이다.

국민통합이라는 다소 추상적 개념의 효과성과 그 의미는 이렇듯 나 → 사회 → 국가 → 세계로 이어지는 카테고리로 그려질 수 있다. 또 추상적 개념의 효과성을 더욱 풍부히 한다는 것은 세계 → 국가 → 사회 → 나로 이어지는 통합의 효과를 누린다는 것이다. 구체적으로는 각종 사회적 갈등이 해소되고 생활이 풍요로워진다는 것이고 국가로서는 융성해진다는 의미이다. 우리로서는 꼭 가야만 하는 길이다.

3. 국민통합을 위한 각국의 노력

이러한 노력은 비단 우리나라만이 시도하는 특수성은 아니다. 세계 각국은 유행처럼 국민통합(National Intergration)부(部)를 만들고 있다. 스웨덴(국민통합양성평등본부), 벨기에(공공사회통합부), 노르웨이(노동사회통합부)등 소득이 높은 북유럽 국가들 외에도 브라질, 인도, 이탈리아, 호주 등도 이런 사회통합, 국민통합을 위한 부서를 설치하고 구체적인 노력을 경주하고 있다.

이들 국가들이 이렇게 예민하게 반응하는 것은 사회변화의 물결이 과거의 패러다임으로는 도저히 감내할 수 없는 부분까지 이르렀기 때문이다. 정치커뮤니티는 그저 단순히 이웃에 산다는 이유로 연결되는 것이 아니라 새로운 가치의 공감, 기존질서에 대한 부정 등 다종다기 한 기준에 의해 만들어지고 움직이기 때문이다.

또 사회의 다변화는 기존 커뮤니티의 결속력을 현저히 저하시키는데 이는 다른 가치가 기존의 커뮤니티를 대신 할 수 있기 때문이다. 또 대신 할 수 있는 커뮤니티조차 그 수명이 점점 짧아지는데 이는 끊임없이 규율과 예상과 지속성이 달라질 수밖에 없기 때문이다. 이러한 변화된 상황에서 기존의 패러다임으로는 공동체적 가치의 확인조차 힘든 상황이니 각 국에서 변화에 발맞추어 국민통합을 위한 특별 부서를 두는 것이 이상한 일이 아닌 일이 되었다.

4. 결 어

이하 생략……

〈창조적 비판과 대안〉

저자는 "1987년 시민 민주화 투쟁의 결과로 이룩한 '6·29선언'은 한국 민주주의의 발전에 있어서 일종의 결절점으로 작용하였고, 그 이후 평화적 정권교체가 세 차례 진행되어 민주주의 이행(transition to democracy)의 주요과제가 이루어졌다고 생각했으나 궁극적으로는 이 모든 과정의 결과물이 현재 목도하는 바, '경제적 양극화'와 '사회갈등의 전면화'라는 최악의 상황으로 귀결된 것이다."라고 하였는데 표현에 있어서 우리나라의 '정치적 민주화'는 어느 정도의 결실은 보았지만 '경제의 민주화'와 '종교적 가치의 민주화'는 아직 요원하며, 이는 앞으로 우리가 국민통합운동을 통하여 해결하고 넘어가야 하는 무거운 짐이며, 이것이 국민통합운동을 해야 하는 절대적인 당위성인 것 같다. 라고 구체적으로 분석하여 강조했었더라면 좋았지 않았겠나하는 생각이다.

"궁극적으로는 우리의 커다란 갈등구조의 축인 고질적 지역주의와 계층 간의 갈등 역시 현대사회의 갈등구조의 외적 양태이기 때문에 이의 해결은 곧 세계적 갈등양태의 해결에 단초를 제공할 수 있는 것이다."

지당한 논리이다. 세계는 지금 사회주의의 몰락 이후 새로운 세계체제를 창출하지 못하고 브레이크가 파열되어 제동을 걸 수가 없는 형국이 되어 어쩌면 자멸의 길을 가고 있는지 모른다. 92년 빌 클린턴 정부는 토니 블레어 정부에게 막대한 지원을 아낌없이 하면서 새로운 정치의 모델을 창출해 줄 것을 희망했다.

그런데 제3의 길은 얼마가지 못하고 파산을 맞이하였다. 따라서 이제는 우리가 대내외적인 위기의 환경을 기회로 활용해 제3의 길을 초월한 제4의 길을 창출하여 미래의 지구촌을 리더해야 할 것이다. 대한민국은 세계정치의 중심이다. "우리의 커다란 갈등구조 축인 고질적 지역주의와 계층 간의 갈등 역시 현대사회의 갈등구조의 외적 양태이기 때문"이라고 갈파 했듯이 우리나라처럼 이데올로기의 대립이 남·북과 동·서로, 아니 시쳇말로 따불, 따따불로 이루어진 국가는 전 세계 어느 나라를 눈을 씻고 찾아보아도 힘들다는 것이다. 따라서 저자의 "이의 해결은 곧 세계적 갈등양태의 해결에 단초를 제공할 수 있는 것이다."라고 한 언명은 높이 평가하고도 남는다고 하겠다.

■ 존중과 배려의 정치·사회·문화의 선진화

노 동 일 교수 (경북대학교 총장)

1. 문제의 제기

이하 생략 ……

2. 사회통합의 선진화

이하 생략 ……

3. 현안의 갈등과 이에 대한 인식

이하 생략 ……

3-1. 갈등에 대한 인식

사회학자 다렌도르프(R. Dahrendorp)는 갈등은 드러내놓을 때 오히려 건강한 사회를 만들 수 있다고 설파한 적이 있으며, 정치학자 샤츠슈나이더(E. E. Schattschneider)는 민주주의는 갈등을 인정한 바탕에서 가능한 정치라고 단언한 바 있다.

이는 무책임하게 갈등을 방치하고 조장하는 의미가 아니다. 갈등은 없애버릴 수는 없지만 조정할 수는 있다. 경쟁하는 정당이 있고, 다양한 해석을 내리는 가치와 이념이 있고, 그 기반이 되는 다원적 시민사회가 있고, 그를 기초로 합리적 토론이 있고, 합의를 유도해 내는 정당한 권위와 리더십이 작동해야만 한다.

갈등해소를 위한 사회통합에서 구성원들의 '화합'은 '차이를 없애고 의견을 통일시킴'이 아니라, '서로 상대를 인정하고 대화 하는 관계 수립'을 의미한다. 별것 아닌 듯해도 민주화 이후 우리 사회의 갈등 양상을 보면 이것이 얼마나 어려운지 알 수 있다.

사회통합을 이끄는 리더십은 대화의 조건을 만들어 내고, 대화의 의제를 제시하고, 대화의 결과를 응집시키는 리더십이다. 이 과정을 거쳐 갈등은 보다 나은 미래를 위항 밑거름이 될 수 있다.

4. 갈등조정의 원칙

4-1. 헌정체제의 기본정신과 리더십

구성원의 입장차이가 필연적이라면 갈등은 불가피한 것이며, 그 갈등을 힘써 조정하고 그로부터 단절 없는 합의를 지속해 내는 것이 관건이다. 선거를 통해서든, 정책적 합의를 통해서든, 국회를 통해서든, 시민토론을 통해서든 이러한 모든 합의를 창출하는 과정을 부정하지 않는 것이 바로 민주화 이후 사회통합의 요체이자, 우리가 지향하는 민주공화국의 근본적 가치이기도 하다.

당사자들의 의견에 대한 경청과 숙고, 서로 다른 입장으로부터 합의를 이끌어내는 중재와 설득, 그리고 도출된 합의에 의한 책임 있는 실현, 과정과 결과에 대한 국민의 참여와 생산적인 비판, 사회통합을 이끄는 리더십의 요소는 이렇게 정리할 수 있다. 결코 쉽지 않겠지만 이 원칙이 자리 잡고 구현된다면 새 정부는 60년 전 우리 선배 세대가 희망했던 우리 체제의 정당성과 수월성에 대한 신념을 당당히 증명할 수 있을 것이다.

4-2. 10년의 교훈과 정권교체

지난 10년 동안 우리 사회는 민주화운동을 주도한 세력이 개혁을 이끌어 왔다. 민주화를 위한 개혁을 추진하면서 갈등을 대하는 태도와 그것을 해결하는 방식이 위와 같은 민주적 원칙을 벗어난 점은 하나의 아이러니다.

민주화 이후 각 정권들은 산업화 이후 불가피하게 소외되었던 지역 및 계층의 입장과 의견을 대변하려 했고, 사회적 시민권을 일정하게 보장한 성과는 자못 의미 있는 것이다. 그러니 도그마(Dogma)식 사고와 스스로의 가치를 절대화 시키려는 태도는 타산지석의 교훈을 주고 있다.

자유민주주의체제에서는 정책이나 제도의 내용과 목적에 대한 평가와 별개로, 절차와 방식이 중요하다. 지난 10년 간 사회통합의 요건들이 적잖이 훼손되었고, 그로부터 사회 구성원들이 조정과 합의의 방향을 모색하기보다 자싱의 입장만을 관철시키려 한 측면은 우리가 회고하고 성찰해야 할 경험이다. 비단 정권 담당세력에게만 해당되는 것이 아니라, 그 대척점에 있던 세력에게도 책임이 있다. 이점 새 정부가 특히 유념해야 한다.

5. 갈등해소와 사회통합의 처방에 대한 제언

첫째, 동서 간 지역주의는 지역주의를 재생산하는 여야 정당 정치인들이 각자의 이념과 정책을 기초로 하여 전국정당을 진정성 있게 건설하려 할 때 극복할 수 있다. 새 정부와 집권당 역시 특정지역이 아닌 대한민국 전체의 관점에서 공당으로서의 이념과 가치를 상징하고 대변할 수 있는 전국화를 실현할 수 있어야 하겠다.

이하 생략 ……

둘째, 수도권과 지방의 격차와 갈등은 앞선 정부들의 시행착오를 얼마나 극복하는가에 달려 있다.

이하 생략 ……

셋째, 계층 간의 양극화를 실질적으로 해결하기 위해서는 계층 간의 차이에 대한 합리적 조정을 수행하고 실용적 대안을 생상할 수 있는 유연하고 효율적인 정부의 역할이 중요하다. 시장경제의 원칙은 존중되어야 하며, 이는 조건의 형평성 확보, 공정한 게임의 법칙 확립, 합리적 결과에 의한 승복의 과정이 정착됨으로써 가능하다.

이 과정에서 정부의 강권적, 일률적 지휘로 모든 것을 추진할 수는 없다. 능동적이고 자율적인 사회의 역동성을 극대화시킬 수 있는 방안을 마련하여 개인, 기업, 민간단체를 비롯한 모든 시민사회 구성원들이 계층갈등을 생산적 결과로 승화시킬 수 있는 자율적 권한과 책임을 발휘할 때 가능한 것이다. 결과에 관계없이 구성원들이 그 과정에서 얼마나 역할을 했는가에 따라 갈등은 훨씬 원만하게 조정될 수 있다.

이하 생략 ……

〈창조적 비판과 대안〉

"첫째, 동서 간 지역주의는 지역주의를 재생산하는 여야 정당 정치인들이 각자의 이념과 정책을 기초로 하여 전국정당을 진정성 있게 건설하려 할 때 극복할 수 있다. 새 정부와 집권당 역시 특정지역이 아닌 대한민국 전체의 관점에서 공당으로서의 이념과 가치를 상징하고 대변할 수 있는 전국화를 실현할 수 있어야 하겠다."라고 언급한 노동일 교수의 현실정치에 대한 분석은 참으로 적절한 표현인 것 같다.

그런데 필자가 '기'(氣)를 쓰고 정당의 대표들을 찾아다니며 새 가치관에 의한 정책정치를 다년간 외쳐보았지만 만사가 허사였다. 물론 필자의 능력이 부족한 탓도 있었겠지만 말이다.

어쨌거나 인문학의 수준은 그 나라국민의식의 바로미터이다. 그리고 정치지도자의 수준은 곧 그 나라 국민들의 수준과 비례한다. 지도자들의 음흉한 이중성과 국민들의 정치의식수준이 바뀌지 않는 한 정책정치를 위한 전국정당화는 결코 쉬운 일이 아닐 것이다. '꿈'은 종교인의 밥일 수는 있어도 정치인의 간식조차 될 수도 없는 것이다. 그러니까 정치는 '꿈'을 먹고 사는 것이 아니라 지극한 '현실', 즉 바로 '지금 여기'라는 당장의 '표'와 국민의 '이기적 여론'을 먹고 살더라는 것이다.

우리는 지금 '새정신운동'의 시급함을 외치고, '인문학의 위기'를 목 놓아 울부짖어도 국가의 주인인 국민이 주인정신을 잃어버리고, 강 건너 불 보듯 하는 물질만능주의인 '물신주의'에 찌들어 벌인지 이미 오래이다. 그런 저급한 문화를 탈피하지 않고 어떻게 "여야 정당 정치인들이 각자의 이념과 정책을 기초로 하여 전국정당을 진정성 있게 건설할 수가 있는가?"라고 한 저자의 내용을 두고 걱정이 앞선다.

"전국정당의 절대적 조건은 가치성이다."

그런데 요즘 그 가능성의 조짐이 보이기 시작했다. 이제 막 떡잎이 밀고 올라오는 중이니까 잎이 무성하게 자라나면 될 것이다. 씬테시스는 언제나 새로운 제3에 의해 발생되는 법이지 않는가? 그 말이다.

그리고 전국정당의 상대적 조건은 개헌에 의한 분권으로 양원제에 기반해야 한다. 우리나라 국회의사당을 지을 때 의사당의 자리를 양원제 구도에 맞추어 배치하지 않았는가? 또한 남북통일을 위해서도 반드시 양원제 형태의 전국정당이 되지 않으면 안 된다.

왜냐하면 북한은 오직 노동당 하나만 존재하기 때문에 여·야가 형성되기 어려울 뿐만 아니라 수평적 여·야 구도는 대결적 구도로서 결코 양 정당 간의 정쟁을 피할 수가 없다. 따라서 수직적 가치에 의한 정적(情的)구도인 상·하원제로서의 양원제가 되어야 함이 마땅하기 때문이다.

성장제일주의의 장점은 가난으로 헐벗고, 배고픔을 이겨내기 위해 허리를 동여매었으며, 추위로 온몸을 부들부들 떨며 몸부림치던 고통으로부터는 벗어나게 했는지 모르겠으나, 상대적으로 인간이기에 인격적으로 갖추어야 할 인문학적 가치는 천박하다 못해 이기심에 눈이 멀어버려 인간금수로 돌연변이가 되어버린 것같이 느껴진다.

따라서 '국민통합운동'은 그 시기를 일각이라도 늦춰서는 안 되는, 즉 경제 살리기와 함께 국정지표의 양대 날개임이 분명한 것이다. 우리국민들의 의식을 이대로 방치해서는 절대 안 된다. 더 이상 방치하다간 경제도 국가도 다 같이 큰 위기에 직면하게 될 것임은 명약관화한 사실이다.

혹 요행으로 경제가 기적같이 부풀려 진다고 할지라도 인격적 가치가 부재한 인간은 결국 그 물질의 노예가 될 수밖에 없는 법이다. 왜냐하면 경제의 발전이 인문학적 가치인 삶의 목적에 대하여 무지한 존재를 오히려 압살시켜버릴 수도 있겠기 때문이다.

그러므로 MB는 서울이 아니라 이 한반도와 전 세계를 하늘에 바치는 참으로 선의 집념으로 가득 찬, 그리하여 국민통합을 위한 가치적이고도 인문학적인 전무후무한 희생적 지도자가 될 수 있으면 얼마나 좋을까 하는 그런 바람이 왠지 자꾸 일어남을 금할 길이 없다.

■ 국민통합의 과제

이 현 청 교수 (호남대학교 총장)

국민통합의 과제

1. 국민통합 무엇이 문제인가?

이하 생략……

국민통합의 저해요인

우선 5과 현상적 구조는 과잉, 과열, 과인경쟁, 과잉보호, 과도편견 등으로서 지나치게 자기중심적 경쟁에 치우치게 되고, 결국은 국민이나 나라보다는 자기와 자기연고에 집착하게 만드는데 기여해 왔다.

두 번째 요인으로는 3미이즘 문화를 들 수 있다. '나도주의'(me-too-ism), '나 먼저주의'(me-first-ism), '나 아이야 주의'(not-me-ism)를 들 수 있다.

세 번째 요인으로는 계층 간, 지역 간, 세대 간, 학력 간의 격차구조를 들 수 있다.

네 번째는 폐쇄, 배타적 구조를 들 수 있다.

다섯째는 감성적 민주주의의 경향을 들 수 있다.

2. 동서화합과 계층갈등 해소의 과제 무엇인가?

동서화합과 계층갈등의 원인진단은 쉽지만 과제는 간단치 않다. 긴 기간 동안 뿌리내린 구조적 문제이기도 하고 해결책이 복합적이어서 간단치 않은 까닭이다. 우선 동서화합의 과제로는 무엇보다 정치지도자의 역할과 균형발전, 그리고 보이지 않는 동서벽 해소 정책을 적극적이고 지속적으로 발전시키는 일에 두어야 한다.

1) 동서화합

① 3김 청산

이하 생략 ……

② 동서균형발전

동서균형 발전은 영남과 호남이 지니고 있는 발전 저력이나 환경적·산업 구조적 차원의 특성과 차이에도 불구하고 지속적으로 대두된 문제였다. 동서균형발전은 전국적 차원의 지역균형발전 정책과 함께 적극적으로 시행되어야 하고 특히 약자우선주의 차원의 〈개발복지〉개념을 도입해야 할 것이다.

그리고 균형발전에서 빼놓아서는 아니 될 영역이 공동개발 정책으로서 일예로서 지리산 공동개발정책, 남해안 공동개발정책, 농수산 생태계 보존정책, 고유문화 정책 등 지역적 특성을 고려한 다양한 동서화합 정책이 적극추진 되어야 한다.

③ 동서 벽 해소(남남문화 정립)

동서 벽은 없는 듯하나 있고, 있는 듯하나 없는 부분이다. 동서

벽 해소는 정치문화의 개선만으로는 해결될 수 없는 문제로서 의식적인 차원에서의 대책이 필요하고 〈세계 속 대한민국〉의 개념하에서 이루어져야 한다. 좋은 예가 동서 벽, 이념, 성별, 연령을 초월한 월드컵 응원 문화 같은 문화정립과 환경, 복지 그리고 인간본연의 덕성개발과 연관 지어 정책이 수립되어야 한다.

2) 계층 간 갈등해소

이하 생략 ……

3. 국민통합의 방향모색

국민통합은 단순한 획일적 통합이나 일사분란한 몰개성이나 국가주의적 관점이 아니다. 통합속의 다양성, 갈등관리가 담보된 의견 수렴체계, 편견이 아니라 합리적 비판, 약자를 중시하는 배려문화 그리고 지역연고를 뛰어넘는 세계시민성 함양을 목표로 해야 한다.

이점에서 다양성과 차별성을 인정하는 국민통합복지정책 구현과 국민통합 안정망 구축이 매우 중요한 방향이라 생각된다. 국민통합을 위해서는 우리나라 전체 차원의 종합 정책과 지역적 차원에서의 보완정책이 동시에 추구되어야 하고, 무엇보다 국민통합 안정망 구축을 대전제로 해야 한다.

첫째, 국민통합안정망은 교육안전망, 복지안전망, 동서화합안전망, 정치복지안전망, 그리고 갈등관리안전망 등 사회갈등 해소를 위한 안전망이어야 하고 이러한 안정망을 제도적으로 통합 조정할 수 있도록 적극 검토되어야 한다.

둘째, 인도의 카스트 할당제, 중국소수민족보호정책, 뉴질랜드 마이오 족 보존정책, 미국의 교육고용 평등정책(affirmative act)와 같은 사회 통합지원법 제정과 국민통합 비서관제 도입 등 정부차원의 통합관리 시스템과 함께 민간차원의 SGO(Semi-governmental Organization)네트워크를 활성화해야 한다. 지역협의회, 사회지도층 국민화합 Task force, 국민통합 프로그램 등을 체계화 시켜야 한다.

셋째, 전 국민의 국민통합을 위한 화합 사이트(Korea Care Site)를 구축하여 상호이해의 폭을 증대시킬 필요가 있다. 의견수렴, 갈등해소, 국민의 질 향상 등이 중요 내용이 되어야 한다.

넷째, 동서화합을 위한 한시적 기구를 설정하여 적극적이고 종합적인 국민통합책을 모색해야 한다. 영남과 호남 광역자치단체는 물론 중앙정부차원 그리고 비정부 기구차원에서 통합기구를 확대해야 한다.

다섯째, 이하 생략……

여섯째, 우리나라 지역정서와 갈등구조를 완화할 수 있는 세계속 한국정신 함양과 〈새로운 한국운동〉(New Korea Movement) 등을 적극 추진해야 한다.

이외에도 동서화합을 위한 구체적 실천방안들로는

가) 교육복지구현을 위한 교육정책

나) 감성적 민주주의 타파

다) 과잉 경쟁현상 해소(we-ism과 me-ism 조화)

라) 영호남 연합공천제 도입, 영호남 지정투표제 도입

마) 교차공천 동반당선 프로그램

바) 영호남 지방자치단체 협약 예산제 도입

사) 군 시민 방문 대회, 전 시군협약

아) 10% 교수 교류제 도입, 학생. 교수, 직원교류 단위학교 협약

자) 교차 인턴십, 교차 교양강좌, 교육교류 활성화, 교차 수학여행

차) 동서 통합기업 육성(사원의무 교류), 공동개발 프로젝트

카) 화합이벤트 프로젝트

- 동서공동장터 개장
- 혼인장려
- 동서 대담정기화
- 사투리 배우기
- TV특집 정례화(동시방영시간 설정)
- 공동향우회
- 국민통합 사이트 운영

〈창조적 비판과 대안〉

저자의 원고는 다른 내용도 중요하지만 동서화합을 위하고 국민통합을 위한 아이템의 연구와 깊이에 저어기 놀라울 정도이다. 꿈은 이루어진다고 하였다. 저자의 건승을 빈다. 필자도 국민통합을 위해서는 무엇보다도 동서화합을 이루어야 한다는 일념으로

슷한 나날들을 동서로 넘나들며 활동했었다.

그러던 중에 작은 깨달음이 하나 있었다. 자녀를 둔 부모는 부부싸움은 할지라도 원수까지는 되지 않는다는 것과 미풍은 태풍에 의해서 조정 된다는 것이었다. 물론 서로 간에 하나 되기 위한 작은 노력도 중요하지만 동서화합을 위해서는 자식과도 같고 태풍과도 같은 남북통일이라는 과제를 통해서 포괄적으로 일괄타결을 하는 방법론이 더 효과적이기도 하고 어쩌면 유일한 대안이 될 수 있는 것은 아닐까? 라는 생각을 하곤 했었다.

왜냐하면 동서의 갈등은 남북 간의 갈등과 유사한 철학적 이념의 문제가 오랜 기간 동안 첨예한 대립으로 이어져 내려왔기 때문에 그 골(gap)이 너무나 깊게 파여져 있다는 생각 때문이었다.

그러니까 이 말뜻은 남북의 문제처럼 인간적인 의지와 노력을 넘어선 어떤 섭리사적인 일로서 '제4의 초월적인 세계'에 대한 국민전체의 대오각성이 아닌 일개인의 힘과 노력으로서는 그 어떠한 방법론을 동원한다고 할지라도 진정한 화합으로 이끌기가 쉽지 않을 것이라는 것이다.

그러고 보면 극단적인 대립의 양상은 비단 남북이나 동서뿐만이 아니다 양극화 또한 빼놓을 수 없는 그 어떠한 노력이나 방법으로도 하나 되게 할 수 없는 문제이다. 이 모두가 원만히 해결되기 위해서는 통일이라는 지상과제를 성취하지 않으면 안 될 사안들이다.

그래서 필자는 국민통합을 위한 방법론으로 통일운동을 민과 관이 동시에 연합하여 새 가치관운동과 함께 범국민운동으로 추진하는 것이 더 효과적이면서도 정확한 방법론이 아닌가 한다. 그러니까 일부 단체에서만 자의적으로 행하던 종교적 가치의 완성과도 같은 깨달음 운동과 북녘 및 남쪽의 최 약자 돕기 운동을 전 국민이 다함께 하자는 것이다.

우리는 지금 충분하지는 않지만 북녘을 도울 수 있는 환경을 마련해 놓았다고 할 수가 있다. 그리고 전 국민이 동시에 깨달을 수 있게 될 절대가치의 창출도 그렇게 어려운 일이 아니다. 그렇게 하지 않으면 둘 다 성공을 보장받기 힘들 것이다. 국민통합도 남북통일도 말이다. 이제 실천에 있다. 우리에겐 망설일 시간이 더 이상 없다. 오직 행동만 있을 뿐이다.

■ 사회통합정책의 실현을 위한 전략과 실천 방안

정 재 훈 교수 (전 인하대 경영대학원장)

1. 국가시스템의 경쟁력 제고를 위해서는?

*국가시스템의 경쟁력은 한 국가의 질적 성장의 견인차로서 최근에는 국가경쟁력 대신에 시스템경쟁력이란 개념을 사용.

- 시스템적 접근은 환경 속에서 시스템을 구성하는 요소뿐만 아니라 이들의 상호작용을 종합적으로 분석하는 방법.
- 국가시스템은 '정부, 기업, 사회, 개인'의 4개 부문과 이들의 상호작용을 규정하는 시장 메카니즘 및 사회적 자본(social capital)으로 구성됨.

*사회적 자본 : 사회적 자본은 금융자본이나 인적자본과는 달리 사람과 사람 사이의 관계를 의미(Colemen, 1988). 사회적 자본이란 사회의 생산적 잠재력을 증진시켜주는 네트워크, 규범, 그리고 신뢰(Trust)를 의미(Putnam, 1993). 사회구성원 간의 신뢰를 사회적 자본으로 규정(Fukuyama, 1995)

*시스템 경쟁력이 경제전쟁의 승패를 좌우

- 선진국들은 강한 시스템경쟁력을 보유 : 부문경쟁력뿐만 아니라 부문 간에 상호작용을 촉진하는 연계(network)가 필요

*한국의 시스템경쟁력은 OECD 30개국 중 21위

＊현재의 시스템경쟁력으로는 선진국진입이 불가능

- 한국은 개인과 기업보다는 사회와 정부 부문의 경쟁력에서 열위에 있으며, 부문 경쟁력보다 네트워크 경쟁력에서 현격한 차이를 보여줌.
- 21위의 시스템경쟁력으로는 선진국들과의 경쟁이 불가능.

2. 사회통합정책 종합계획 수립방안

- 명확한 사회통합정책의 목표 및 우선순위 제시와 달성 가능한 구체적 목표(가능한 한 수치화)제시.
- 사회통합정책 종합계획을 실천하기 위한 정책시행체계의 확립. 특히 경제정책과 사회통합정책의 연계강화, 중앙과 지방정부의 역할 분담 등.
- 정책효과에 대한 감시, 평가 및 사후관리 방안 수립.
- 중앙정부, 지방정부, 노사단체, NGO, 기업 등 다양한 경제주체의 참여 네트워크 형성.

3. 사회통합정책의 실현을 위한 전략과 실천방안

＊국정중심과제로서의 사회통합정책의 위상 정립

- 경제우선정책에 밀려 자칫 사회통합정책이 후순위로 밀리거나 소홀하게 취급되는 일이 없어야 할 것임. 경제정책과 사회통합정책의 균형이 중요하며, 사회통합정책은 국정중심과제로 자리매김 되어야 함.

*사회통합정책에 대한 장기 전망 명시

- 정부는 사회양극화와 지역균열구조의 해소를 국정의 중심과제로 명확히 제시하고, 그 실현을 위한 사회통합정책의 목표와 방향에 관한 거시적 틀을 설정해야 함.
- 이를 위해 사회통합정책의 기본담론을 구축할 필요가 있은. 사회통합정책의 이념 및 논리가 개발되어야 하고, 가급적 단순한 구호로 그 지향점이 명시되면 더욱 바람직 함.
- 사회통합정책 분야에서 국가차원의 종합적 실천계획을 수립할 필요 있음. 이를 통해 향후 정권의 성격에 관계없이 지속될 수 있는 한국 사회통합정책의 장기적 제도화를 지향.

*사회통합정책에 대한 적극적 담론 개발

- 생략
- 생략
- 시장경제에 필연적으로 수반 되는 계층화 및 갈수록 심화되는 양극화가 생활에의 불안을 가중시켜 국민통합을 갈수록 저해하고 있음. 국가의 적절한 소득재분배 기능은 소외된 계층의 통합 및 개인의 생애 불확실성을 낮추어 사회통합에 기여할 수 있음.
- 생략 ……

*사회통합정책 추진을 위한 집행체계

사회통합정책 추진을 위한 집행체계 정립의 필요성

- 지난 정부의 사회통합의 실패의 원인은 사회통합정책의 위

상을 정립하는데 실패했다는 점과, 이와 연계된 실패요인으로 핵심적인 사회통합정책 추진 주체가 매우 모호했다는 점.

- 청와대, 행정부처, 국책연구소, 각종위원회 등 사회통합정책을 입안·추진 주체들 사이의 커뮤니케이션 문제 발생. 자문 및 실행조직의 파편화와 연계성 부족(예컨대 국민통합 연석회의 실패)
- 이는 불가피하게 인력분산, 중복과제 수행, 조율혼선 등을 야기하면서 정책적 자원을 낭비시키고, 정책추진 및 집행체계의 부실화, 그리고 관료주의적 책임회피 경향을 야기.

*사회통합정책 추진체계의 정립 방향

- 사회통합정책 추진을 위해서는 그 책임주체들의 정비와 적절한 집행체계를 마련할 필요 있음.
- 사회통합정책 총괄기능 강화 : 사회통합 부 총리제를 신설하고 사회부처장관회의에 보다 공식적인 기능과 예산조정권 등을 부여함으로써 사회통합정책의 위상 강화.
- 사회통합정책의 지속적인 추진을 위해서 사회통합정책을 전담할 수 있는 집행체계 및 공동의 논의와 작업을 위한 틀, 즉 청와대(외곽 자문 조직 포함), 행정부, 여당 등을 체계적으로 묶을 수 있는 커뮤니케이션 채널과 제도적인 틀의 구축이 필요함.
- 일례로 스웨덴의 경우 정부조직에 다른 조직논리(예를 들어

자발성을 중시하는 시민단체 등)를 도입하여 운영하는 등의 실험을 지속적으로 추진하여 정책의 효과성이나 효율성 면에서 상당한 성과를 거둠.

*정책자원의 적극적 투입

- 사회통합정책의 효율적 실천을 위해서는 인적·물적 자원의 충분한 확보와 배치가 선행되어야 함.
- 재정 등 물적 자원과 함께 적절하고 충분한 인적 자원의 적극적 투입이 필요. 사회통합정책 분야 고위직에서 비전과 능력을 갖춘 개혁인사를 수혈할 필요가 있음. 이때 가능한 한 사회통합정책 분야 관련 전문가가 충원되도록 하여, 사회통합정책 분야가 경제정책 논리에 종속 되는 등의 사태를 방지.

*사회통합정책 추진의 지지기반 확충

사회통합정책에 대한 지지기반 확충의 필요성

- 적절한 사회통합정책이 지속적으로 추진되기 위해서는 그 추진주체가 효과적으로 육성되어야 할 뿐만 아니라 사회통합정책에 대한 광범위한 지지기반이 창출되어야 함.

*사회통합정책에 대한 지지기반 확충의 방향

- 계층적 이해관계가 뚜렷이 표출되지 않는 한국의 현실에서 국민들의 이해관계가 단기적이고 파편적인 물질적 이익추구로 흐르지 않고 제도개혁을 통한 사회공동체의 발전이라는 보다 거시적이고 연대적인 방향으로 진전될 수 있도록 정부는 적극 노력하여야 함. 이를 위해 모든 수준에서의 사회통합정

책형성 및 수립에 있어 시민사회단체, 노동조합, 기업 등의 참여를 일상적으로 보장하는 참여형 사회통합정책 추진이 필수적임.

- 이를 위해서는 민관의 다각적인 노력이 요구됨. 정부는 일관성을 가지고 사회통합정책의 구체적인 내용을 일반 시민에게 알기 쉽게 전달하려는 노력을 기울여야 하되, 구태의연한 일방적인 홍보로 변질 되지 않도록 세심한 주의를 경주하여야 함.
- 아울러 민간차원에서도 사회통합정책에 대한 이해와 지지를 확산시킬 수 있는 다양한 노력이 전개되어야 함.

〈창조적 비판과 대안〉

시스템과 관련된 저자의 논문은 그 내용은 다르지만, 필자의 저작물에 대강의 개념이 기록되어 있다. 그리고 앞서 논구했던 비판과 대안에 간략하게나마 언급된 것 같기에 중복을 피하기 위해 저자에 대한 비판은 생략하기로 한다.

■ 창의사회를 여는 국민통합의 방향과 방안
- 문화적 접근을 중심으로

전 택 수 교수 (한국학중앙연구원)

1. 문화적 관점에서 본 갈등 발생원인

이하생략 ……

갈등이 발생하는 원인을 크게 대별하면 경제적 손익관계, 가치관의 차이, 인정(recognition) 투쟁 등이라고 할 수 있다.

이하생략 ……

갈등의 종류를 보면 이념갈등, 계층갈등, 노사갈등, 세대갈등, 지역갈등, 민족갈등, 종교갈등 등이 있다.

이하생략 ……

2. 창의성 지향의 국민통합 방향

갈등을 해소하여 국민통합을 이룬다는 명제는 누구도 반대할 수 없는 것이다. 2008년 2월 25일에 출범할 신정부는 **경제 살리기**와 **국민통합**을 국정운영의 양대 날개로 삼겠다고 선언했다. 그러나 갈등요인을 줄여 국민통합을 이룬다는 명분에 도취되면 현상유지 혹은 상대적인 저발전의 나락으로 빠질 수 있다. 특히 민주주의에 기반으로 하여 '하나 됨(oneness)' 혹은 '우리주의(weism)'를 강조하다 보면 창의적인 개인들을 질곡에 빠뜨릴 수 있다.

이하 생략 ……

국민통합의 방향은 어떠해야 하는가?

선진국들은 지식기반 사회, 창의사회(creative society)를 지향하고 있다. 이 사회의 특징을 학자들은 재능(talent), 관용(tolerance), 기술(technology)이라는 세 가지 요인, 즉 〈지속가증·발전을 위한 3T〉로 규정한다. 우리 사회의 국민통합도 개인의 재능과 창의성을 마음껏 발휘할 수 있는 사회, 관용적 사회를 만드는 방향으로 가야하지 않을까?

창의 사회는 상상력에 기반을 둔 창의성이 중심적인 역할을 하는 사회이다. 굴뚝산업시대 이후의 지식기반 사회에서 강조되는 창의성은 기존의 문제나 새로운 문제를 해결하는데 도입되는 '새로운 아이디어'이다. 새로운 아이디어는 독특한 체험에 바탕을 둔 상상력으로부터 발생한다.

요즘 우리 사회에서 CEO들 사이에 **'인문학적 상상력'**이 새로운 화두로 등장한 것은 우연이 아니다. 창의사회에서의 생산수단은 아이디어, 개념, 노하우가 되고, 생산물의 형태는 다양하면서도 독특한 특성을 가지며, 생산물의 가치는 네트워크에 의해 관리되고 있다. 그래서 선진국들은 개인들이 창의성을 발휘할 수 있도록 창의적 생활공간을 조성하는 것을 지역 및 도시 발전의 중심내용으로 간주하고 있다. 이제 우리는 국민통합이 창의성을 제고하는 사회를 만드는데 도움이 되는 방향으로 이루어져야 함을 알 수 있다. 그 구체적인 내용을 다음과 같이 제시할 수 있으며 다소 구체적으로 살펴보기 바란다.

1) 개방적이고 관용적인 사회 확립

요즘은 이하 생략 ……

도시화의 역사가 긴 서구사회의 도시를 보면 지역문화축제, 이웃 간의 파티, 자원봉사, 지역공동체 만들기 등 다양한 운동이 있고, 첨예한 갈등이 생기면 여러 결사체들이 모여 머리를 맞대고 타협안을 찾기도 한다.

우리 사회는 이런 경험이 적기 때문에 사회갈등을 해결하는데 극단적인 수단 아니면 숫자의 위력이 동원되는 일이 너무 흔하다. 극단적인 수단이나 숫자의 위력은 상대방을 고려하지 않고 나의 입장을 무조건 관철시키려는 데서 자주 사용된다.

이것은 개방적이고 관용적인 사화와는 반대되는 모습이다. 개방적이고 관용적인 사회는 슬로건이나 도덕 교훈으로 만들어지는 것이 아니라 시민들의 학습과 노력, 정부의 노력에 의해 서서히 형성되는 것이다. 앞서 창의사회의 세 가지 특징가운데 하나가 관용이라고 했는데, 우리 사회는 관용정신을 증대시킬 수 있는 다양한 프로그램을 개발해야 한다.

2) 느슨한 형태의 네트워크사회 확립

관용이 있는 사회는 다양성을 허용하는 사회이다. 다양성의 사회는 관용보다는 더 적극적인 의미이다. 다양성의 사회는 남과 타문화를 대등하게 인정하는 것이다. 철학자 찰스 테일러의 표현을 빌면, 차이의 인정에 기반 한 문화다원주의이다. 그에 따르면 다문화성은 차별성을 전제로 한 것으로 통약 불가능한 다양성의 존재와 관련되어 있다.

통약 불가능한 다양성이 충돌로 전화되지 않기 위해서는 상호인정(mutual recognition)이 필요하다. 즉 상호간의 수평적 존중과 상호간의 정체성의 인정을 통해 서로 공존할 수 있어야 한다. 우리 사회는 오랫동안 단일 언어, 단일민족, 단일문화권이라는 전통적 관념 속에서 살아왔다. 그래서 문화적 다양성에 대한 이해가 발달되어 있지 않다.

외국인 100만 시대에 살고 있지만 외국인들이 우리 사회에서 체감하는 배타성은 우리의 상상을 넘어선다. 다문화주의는 외국인을 대할 때만 필요한 것이 아니다. 우리 국민들 사이에도 상호인정과 상호존중이라는 다문화주의가 반드시 필요하다. 우리 국민들 사이에 다문화주의를 저해하는 큰 요인은 우리문화 속에 있는 연고주의이다.

같은 부류의 사람끼리 뭉치고 뭉쳐 단단한 패거리 집단을 형성한다. 사회적 공익보다는 패거리 집단의 이익을 앞세운다. 자기 패거리 이익이 아니라 사회적 공익을 주장하면 배반자로 낙인찍

혀 외톨이가 되기 때문에 결국 패거리 문화는 시민공동체, 거시적 국민통합을 방해한다. 패거리간의 연대와 네트워크를 '폐쇄적 사회자본(bonding social capital)'이라고 한다.

물론 사회자본이 사회발전의 핵심요소이기는 하지만 이러한 폐쇄적 사회자본, 즉 강한연대(strong ties)는 사회발전과 국민통합의 장애요인이 된다. 국민통합과 사회발전을 위해서는 타 집단 간의 네트워크, 느슨한 연대, 다양성에 기반 한 연대를 강조한다.

이것은 '연계적 사회자본(bridging social capital)'이라고 한다. 이는 패거리들의 연대에 비해 느슨하기 때문에 '약한 연대(weak ties)'라고 한다. 약한 연대가 사회발전 및 국민통합에 도움이 되기 때문에 '약한 연대의 강점(strength of weak ties)'라는 역설적 표현이 생겨났다. 서로 견해를 달리하는 집단 간, 서로 다른 계층 간, 문화적으로 다른 집단 간의 만남과 소통을 위해 다양한 방안을 모색할 수 있다. 여기에는 특정한 정답은 없고, 각 집단들이 창의적으로 노력해야 한다.

물론 정부는 이러한 시민적 노력에 도움을 줄 수 있다. 다양한 집단들의 공동문화행사를 지원할 수도 있고, 다양한 집단들이 자연스럽게 어울릴 수 있도록 문화의 거리나 '산책로(pedestrian streets)'를 만들 수도 있다. 지역문화축제나 스포츠 등도 적극적으로 활용될 수 있다.

3) 미래지향적인 정체성(project identity)의 확립

불교에서는 깨달음을 가장 귀한 가치로 여기고 있는데, 이 깨달음은 사회통합을 위해 대단히 중요한 역할을 할 것이다. 만일 사람들이 사회의 변동에 대해 방어적인 태도를 취하게 된다면 사회변동을 멈추거나 도피하게 될 것이다. 이하 생략 ……

학교와 정부는 시민들이 사회의 방향을 올바로 인식하도록 도와주어야 할 것이다. 즉 창의사회로의 발전 방향에 맞게 자신의 아이덴티티를 설계하는 미래지향적 아이덴티티, 다시 말해 project identity를 확립하도록 도와주어야 할 것이다. 물론 여기에는 창의력과 개성의 교육, 정부의 지원 뿐 아니라 개인들의 노력도 매우 중요하다. project identity는 과거의 적대관계와 대립을 넘어 미래건설을 통해 국민통합을 하는 데도 크게 기여할 것이다.

3. 선진화 지향의 국민통합 방안

국민통합은 어느 정부이든 무시할 수 없는 과제이다. 위에서 새 정부가 직면한 국민통합을 새 시대의 키워드로 풀어보았다. 문제는 실천이고 행동이다. 여기는 제도적 차원, 문화적 차원으로 나눠볼 수 있다.

앞서 말했듯이 제도적 차원의 노력은 참여정부에서 상당한 진전이 있었으므로 그 장단점을 분석하여 장점을 활용할 필요가 있다. 부족한 부분은 선진국들의 사례들을 벤치마킹할 수도 있다. 필자의 전공인 문화경제학의 입장에서 문화적 측면의 행동방안을 좀 더 강조하고자 한다.

나아가 대안적 분쟁해결(ADR)을 적극적으로 활용하고 조정 및 중재 전문 인력을 양성할 필요가 있다. 현재 갈등관리에 관한 규정에 나타나는 '갈등조정협의회' 이외에 대안적 분쟁해결(ADR)에 관한 명시적인 규정은 없다. 그러나 공공갈등관리의 정착과 확산을 위해서는 갈등이 있을 때 당사자가 마주앉아 협상하거나 중립적이고 신뢰할 수 있는 제3자를 통해 조정 혹은 중재를 할 수 있는 시스템을 갖추는 것이 필요하다.

지금까지 공공갈등이 발생하면 정부와 이해관계자 또는 시민단체와의 사이에 대립만 부각된 탓에 합리적인 대안을 모색하거나 중립적이고 신뢰할 수 있는 조정자나 중재자를 통해 갈등을 해결하려는 노력은 많지 않았다.

갈등관리 시스템이 정착하기 위해서는 정부가 대안적 분쟁해결의 필요성과 중요성을 인식해 이를 적극적으로 활용할 뿐만 아니라 공공갈등관리에 광한 경험과 전문성을 갖춘 인재를 선별해 조정인과 중재인자격증 제도의 도입을 검토해 볼 필요가 있다.

우리나라에서 공공갈등관리를 정부주도하에 본격적으로 확산시키겠다는 목적 하에 갈등관리에 관한 규정을 제정했지만 현실적으로 이 규정에 담겨있는 다양한 관등관리 프로세스를 이끌어나갈 전문 인력이 턱없이 부족한 실정이다.

그리고 공공갈등 관련 전문 인력이 부족한 배경에는 대학을 비롯한 민간부문에 '공공갈등관리'에 특화된 기구나 조직이 거의 없고 공공갈등 관련 전문교육도 제공되고 있지 않기 때문이다.

1) 사회의 각 구성 세력들의 역할

국민통합은 도덕교육이나 구호로 달성될 수도 없고, 국가의 강제력으로 달성될 수도 없다. 주민을 철저히 통제한 국가사회주의가 겉으로는 국민통합이 잘 된 것 가지만, 실제로 국가체제의 붕괴는 매우 순식간에 일어났던 것에서 보듯이 이들 나라의 국민통합은 실패하였다고 볼 수 있다.

다양성과 창의성을 강조하는 21세기 사회에서 국민통합은 사회구성원들의 적극적인 노력이 더욱 절실히 요구된다. 학교의 역할은 아무리 강조해도 지나침이 없을 것이다. 과거와 같이 교훈적 교육보다는 다양한 실천 프로그램을 개발하여 학생들의 차여를 유도해야 한다. 입시점수로 전락해 버린 자원봉사 교육을 정상화 시키는 것도 중요하다.

또 대학에서는 실제로 '연계적 사회자본'을 만드는 임상과목을 운영할 수 있다. 임상과목을 들으면서 학생들은 실제로 지역사회에 나가서 지역사회의 갈등해결, 지역사회의 연계적 사회자본 만들기 활동에 참여할 수 있다. 이러한 교과목은 교육학, 사회학, 행정학, 정치학, 법학, 복지학 등 여러 분야에서 개설 될 수 있다.

다음으로 종교단체의 역할을 들 수 있다. 종교단체는 사회봉사에의 참여를 중요한 실천덕목 가운데 하나로 삼고 있다. 창의성과 관용의 사회에 맞는 사회통합 프로그램이나 사회봉사 프로그램을 종교단체들이 적극 실천하도록 유도할 수 있다. 종교가 종교집단 내부에만 머물면, 종교 간의 갈등을 유발할 수도 있고 사회전체에 대한 저항적 공동체로 전락하여 사회갈등의 요인이 될 수도 있다.

인간관계의 형성, 네트워크 형성을 강조하는 미국 텍사스 지역의 '산업지역 재단' 운동은 각 종교단체들이 벤치마킹을 할 수도 있겠다. 물론 우리 사회에도 종교단체들의 다양한 사회통합운동을 발견할 수 있으므로 우리 사회의 최상의 사례(best practices)를 찾아 확산하는 것도 중요하다.

세 번째로 기업과 시민사회의 협력 프로그램 개발을 들 수 있다. 좌우대립이 강한 시대에서는 기업은 시민사회의 대립자이고 시민사회는 기업을 감시하는 자였다. 그러나 지금은 '기업시민(corporate citizen)'이라는 말이 사용될 정도로 기업의 사회공헌활동이 보편화되고 있다.

우리 사회에서는 기업의 사회공헌활동이 장학이나 복지에 치우쳐 있지만 국민통합을 위한 다양한 프로그램을 개발할 수 있는 여지가 대단히 많다. 기업을 돈만 대는 존재로 인식하는 것이 아니라 국민통합운동의 파트너로 인정할 때 기업도 적극적으로 참여하게 될 것이다. 위에서 언급한 교육이라는 측면에서 기업의 공헌활동 프로그램을 경영대학에서 활동체적으로 교육할 필요도 있다. 기업윤리 교육을 넘어 실제로 CEO가 사회참여와 봉사를 어떻게 할 수 있는지 사례교육사례교천교육을 할 수 있겠다. 구미의 경영대학원에서는 이러한 교육이 중요시되고 있다.

마지막으로 소수자의 적극 참여를 유도하여야 한다. 인정의 정치학(politics of recognition) 이전에는 소수자는 주류문화로의 통합대상이었다. 주류문화를 교육하여 하루빨리 주류사회에 성공적으로 통합하여 생활상의 불편이나 불이익을 극복한다는 것이었다.

이것은 지극히 지배자의 입장이고 자기중심적 견해였다. 자기입장, 즉 불교식으로 말하면 아상(我相 : 외고집)에 빠진 이런 정책은 관용과 창의력과는 거리가 멀다. 소수자들이 적극적으로 자기 문화의 가치를 향유할 수 있게 하고 이러한 소수자 문화가 주류사회를 풍요롭게 살찌울 수 있다는 것을 강조해야 한다.

2) 문화적 차원 : 문화예술의 활용

사회학자들이 문화의 기능을 사회통합이라고 규정한 데서 알 수 있듯이 국민통합에 문화의 역할이 중요하다. 그런데 사회학자들은 "체계속의 기능"이라는 의미에서 이해했기 때문에 "정책으로서의 문화", "행동전략으로서의 문화"라는 측면에서는 관심이 적었다.

오히려 사회주의권에서는 문화를 국가선전의 도구 내지 사회변혁의 도구로 적극 활용하였다. 중국의 문화혁명은 단적인 예이다. 참여정부에서도 문화예술계의 '인사정책'과 문화정책을 정부의 보조적 수단으로 활용한 측면이 없지 않다.

이 글에서는 이러한 소극적 의미로 문화를 접근하자고 주장하는 것이 아니다. 저의 제안은 국가나 정부가 문화를 동원하자는 것이 아니다. 오히려 문화예술인의 창의적 노력을 강조하고 문화예술인들과 지역사회의 파트너십을 강조하자는 것이다.

연계적 사회자본, 다양한 네트워크 형성을 통해 사회발전을 추구하고 있는 퍼트남(하바드 대학교 케네디 스쿨) 교수는 이렇게 말한다.

> "예술은 그 자체로서도 중요하다. … 단순히 사회적 기능이 아니라 심미적 목적이 분명히 중요하다. 그렇다하더라도 예술은 통상적인 사회적 장벽을 극복하는데 대단히 중요하다. 더욱이 사회자본은 순수한 예술적 목적으로 전개된 문화 활동들에서 생겨난 귀중한 부산물인 경우가 자주 있다."(Putnam 2004 : 411)

지금 각 지자체들이 문화예술 공간을 마련하기 위해 '예술의 전당'을 경쟁적으로 건축하고 지역의 문화축제를 위해 많은 예산을 집행하는 것은 당연시되고 있다. 그렇지만 지금까지의 성과를 보면 문화관 건립이나 문화축제가 다양한 사회통합 프로그램과의 연계성을 높이지 못했다. 그 이유는 예술문화와 사회통합 프로그램이 별개로 진행되거나 예술문화 활동을 수단적 측면에서만 접근하려는 태도가 있었기 때문이다.

인식의 잘못과 아울러 더 근본적인 것은 사회적 인프라가 부족하다는 점이다. 다양한 집단이 문화예술을 다양한 프로그램 속에서 활용하고자 한다면 누구나 쉽게 접근할 수 있는 문화 인프라가 구축되어야 할 것이다.

이하 생략 ……

〈창조적 비판과 대안〉

원인 없는 결과는 없는 법이다. 통합이 필요한 이유는 무엇인가 그리고 그 언제부터 이었던 나누어짐이 있었다는 뜻을 내포하고 있는 것이리라! 일제식민지든, 6·25동란이든, 5·18항쟁이든 말이다.

"모든 화해의 주도권자는 피해자이다."

- 엔드류 성 박

"모든 화해의 주체자는 하나님이다."

- 로버트 슈라이트

이 두 언명 중에 전자는 아무리 사과를 던져도 피해당사자가 받아들이지 않으면 안 된다는 뜻을 함축하고 있는 것이요, 후자는 필자가 일제식민역사에서 논했듯이 인간들끼리는 원수가 되어 으르렁거리고 있지만 알고 보면 우리 인간의 배후에는 초월적인 4차원에 의한 깊은 뜻이 개입되고 있어서 조종자로서의 신성(神性)을 깨닫게 되면 피해자에게도 제3자(신성)에 대한 잘못이 있음을 알게 되어 서로 감정을 풀 수 있다는 뜻이다. 따라서 절대정신의 의도를 파악한다는 것은 모든 화합을 위한 제1의 의의이다.

"불교에서는 깨달음을 가장 귀한 가치로 여기고 있는데, 이 깨달음은 사회통합을 위해 대단히 중요한 역할을 할 것이다."라고

한 전택수 교수의 말에서 보듯이 섭리의 비밀에 눈을 뜨기가 결코 쉬운 일은 아니지만 아주 중요한 화해의 키포인트이다.

그러므로 절대가치에 의한 역사철학적 인류의 역사관을 바로 세우는 것에서부터 모든 통합은 비로소 시작되게 되는 것이다. 필자는 창조적 성장사관을 세워 모든 역사관을 통폐합시킨 바 있다. 참고해 볼 일이다. "문화적 접근을 중심으로 창의사회를 여는 국민통합의 방향과 방안"에 대한 고찰은 매우 고무적인 저자의 혜안이라 하겠다.

"군거본능은 모든 저급한 존재의 산물이다."

따라서 무리를 짓는 패거리 사회는 스스로의 저급함을 자인하는 것과도 같다. 왜냐하면 미완성된 존재는 부족한 존재의 대명사이기 때문에 그 부족함을 보충하기 위해서 서로 무리를 짓지 않으면 안 되기 때문이다. 그러므로 느슨한 형태의 네트워크사회 확립은 완성된 존재에 의한 깨달음의 산물이다. 따라서 국민통합의 첫 과제는 그 무엇보다도 시간을 두고 절대가치에 의한 범국민 "새가치관교육"을 우선하지 않으면 안 되는 것이다.

4. 통일

저는 세상에 수많은 전문 분야가 있지만 통일보다 더 어렵고 힘든 분야가 어디 하늘 아래에 또 있을까? 하고 자문자답할 때가 한두 번이 아니었어요. 왜냐하면 통일은 어느 한 분야만을 연구해서는 불가능해요. 국가와 국가의 하나 됨을 뜻하기에 나라 안에 있는 모든 분야를 골고루 연구해서 대 통합을 이뤄야 합니다. 즉 전일적 패러다임(holitic paradigm)을 창출해 내어야하는 멀티 플레이어가 되지 않으면 안 돼요. 마치 복잡한 퍼즐을 맞추기라도 하듯이, 실로 초월적 경지에서나 풀어낼 수 있는 천상의 암호와도 같은 엄청난 일이기 때문이에요.

남북통일과 창조적 공생·공존주의

● ● ●

조동회 | 열띤 질의응답이 벌써 중반을 넘어 8부 능선까지 온 것 같습니다. 이번 주제는 통일 분야입니다. 통일과 통합이 불가분의 관계여서가 아니라 통일이야 말로 우리의 소원만이 아니라 온 인류의 소원인 것 같아요. 북한의 3차 핵실험으로 인해 한반도뿐만 아니라 세계를 위협하고 있다는 의미에서 말입니다. 최근 북한은 UN차원의 제제에 항의해 미국의 워싱턴 D.C까지 폭파하겠다고 위협하고 있습니다. 이처럼 중대한 사태를 맞이해 그 어느 때 보다 통일의 필요성이 더 커졌다고 생각하니 통일을 위한 방법론 창출이 피부에 와 닿을 정도로 시급하다는 느낌입니다. 따라서 통일문제가 이 시대의 가장 큰 세계사적 이슈로 등장하게 되었음을 인식하고, 통일문제를 어떻게 할 것인가와 그 대안에 대해 질의응답 하는 시간이 되었으면 합니다.

김현서 | 권 소장님께서는 통일의 전도사와 최연소 통일문제 연구소장이라고 불릴 정도로 통일문제를 연구해 오셨는데 언제부터 어떤 계기로 연구하게 되셨습니까? 다시 한 번 깊은 내막을 듣고 싶습니다.

권추호 | 제가 태어난 고장이 지리산 기슭의 첩첩 산중인 경남 산청입니다. 지금은 고속도로와 산업도로가 뚫려서 좀 나은 편이지만 얼마 전 만해도 산간 오지였어요. 어릴 때 할머니로부터 빨치산이 민가에 까지 내려와 곡식과 마을 청년들을 뺏어갔다는 이야기를 들으면서 자랐어요.

그리고 청년이 되어서는 마을 가까이에 빨치산 전시관이 있어서 자주 찾았어요. 또한 이웃의 진주 출신 고(故)박경리 선생의 대하소설 『토지』도 읽고, 남북통일을 위한 새 사상은 지리산과 진주에서 나와야 한다는 박경리 선생의 사위 김지하 시인을 찾기도 했어요. 김 시인은 그 이유를 지리산과 진주는 빨치산의 근거지였음은 물론이요. 남북분단의 현 주소이기 때문이라고 했어요. —빨치산은 도당, 동지라는 프랑스어 파르티잔(Partisan)에서 나옴—

그런데 질문1에서 제 나이 25세 때의 일을 간략하게 소개했지만 제가 통일을 연구하게 된 것은 운명적인 요소가 크다고 생각해요. 그때 내적으로 겪게 된 사건과, 외적 환경이 오로지 통일만을 연구할 수밖에 없게 내몰았어요.

대학 졸업 이후에도 20년 이상을 경상대학교 도서관에 틀어박혀 모든 분과를 통일문제와 연계해 연구했으니까요. 자본주의하에서 넉넉한 조건도 아니면서 경제활동도 벗어던져놓고 말입니다. 누가 이기나 한 번 해보자는 각오로 무모한 도전을 했어요. 제가 고집이 엄청스럽나 봐요. 이 세상에서는 누구도 상대가 없을 정도로 말이에요. 결국 그 고집 때문에 통일과 통합은 불가분의 관계라는 것을 알게 된 것이지만요. 그리고 영철학과 제4의 길을 창출하게 됐지요.

김 | 통일문제의 해법을 찾는다는 것이 얼마나 힘든 작업이었겠나 하는 생각이 듭니다. 소장님께서는 통일을 위한 블루오션전략을 준비하신 것으로 알고 있습니다. 그 대강에 대해 말씀해 주시겠습니까?

권 | 저는 세상에 수많은 전문 분야가 있지만 통일보다 더 어렵고 힘든 분야가 어디 하늘아래에 또 있을까? 하고 자문자답할 때가 한두 번이 아니었어요. 왜냐하면 통일은 어느 한 분야만을 연구해서는 불가능해요. 국가와 국가의 하나 됨을 뜻하기에 나라 안에 있는 모든 분야를 골고루 연구해서 대 통합을 이뤄야 합니다. 즉 전일적 패러다임(holitic paradigm)을 창출해 내어야하는 멀티 플레이어가 되지 않으면 안 돼요. 마치 복잡한 퍼즐을 맞추기라도 하듯이, 실로 초월적 경지에서나 풀어낼 수

있는 천상의 암호와도 같은 엄청난 일이기 때문이에요.

'패레스트로이카'와 '글라스노스트'를 외치며 사회주의의 개혁과 개방을 이끈 전 소비에트연방의 서기장 미하일 고르바초프와 노벨평화상에 빛나는 고(故) 김대중 전 대통령은 이구동성으로 "남북통일은 사회주의의 장점과 자본주의의 장점을 결합한 통일이어야 함"을 설파했어요. 그런데 서독이 서로의 장점을 결합한 통일의 비밀을 풀어내는 일이 얼마나 힘들었으면, 체제가 다른 동독을 막대한 자금의 희생을 감수하고서 흡수통일을 시도했겠는가를 생각하면, 이해 못할 바도 아닙니다. 물론 독일의 분단이 남북의 분단과 동일한 내용으로 전개된 것은 아니지요.

어쨌든 25년이라는 세월을 초지일관 오직 남북통일을 위해 모든 분야에 대한 연구에만 매달린 끝에 이제야 비로소 한쪽의 반발을 필연적으로 야기하게 되는 '흡수통일'의 방식을 뛰어넘는 '정책방식'에 의한 통일의 비밀을 풀 수 있었으니 말이에요.

'흡수통일'은 막대한 자금을 필요로 하지만 서로의 장점을 결합한 제도적, 정책적 통일은 전적으로 우리 모두가 부담해야할 '내발적 자금'을 통한 통일이 아니에요. 왜냐하면 세계경제 위기로 새로운 세계체제의 모델을 만들지 않으면 안 되는, 즉 온 세계가 우리의 남북통일을 모델삼아 자국을 살려야하는 '롤 모델(Roll Model)'의 통일이기 때문에 통일기금을 각국에서 보내오게 해야 하는 통일이기 때문이에요. 그리고 정책방식의 통일을 준비하는 과정에서 이루어지는 상상을 초월하게 될 인센티브를 통해 엄청난 자금을 확보할 수가 있어요.

덧붙여 흡수통일은 그것이 어떤 방식이라 할지라도 미완의 통일일 뿐 완전한 통일일 수가 없어요. 사회주의가 붕괴되고 자본주의조차 금융위기로 해체의 위기를 맞고 있는 세계의 현실이 이를 반증하고 있잖아요? 서로의 장점을 결합한 새로운 '제4의 통일(민주주의 4.0은 공존주의 1.0)' 그것만이 우리가 원하는 통일이요, 세계가 바라는 통일입니다. 이것이 블루오션 전략에 의한 통일의 비법이지요.

남북통일은 새 사상이 있어야!

김 | 분단의 원인과 통일의 방법론을 이념과 연결해서 연구하신 것으로 보입니다. 왜 그렇다고 생각하시는지 이념을 중심으로 말씀해 주십시오.

권 | 마르크스의 「자본론」은 '변증법적 유물론'을 철학적 본질로 삼고 출발했어요. 그런데 사실상 "자본론은 노동관계에 대한 과학적 패러다임일 뿐 어떤 철학적인 깊이를 갖고 있는 것이 아니다."라는 도올 선생의 말처럼 사회주의는 철학과 종교의 부정에서부터 비롯된 체제에요. 종교의 부정은 결국 창조론의 부정으로 이어지게 되고 창조론의 부정은 부득불 유물론의 학문적 근거가 되는 진화론을 끌어들일 수밖에 없게 되었던 것이죠.

'철학이 존재론적 가치를 부정해서는 철학으로서의 가치를 가질 수 없다.'는 것에 대해, 굳이 B. 러셀이나 N. 하르트만의 철학에 대한 정의를 열거하지 않더라도, 그것은 이미 21C를 살아가는 현대인들에게 있어서는 일반적인 상식이 되었어요.

"러셀은 철학이 과학과 신학을 잇는 가교"라고 했고, 하르트만은 "초월적 존재에 대한 어느 정도의 직관을 갖추지 않은 철학은 철학이 아니다."라고 말했어요.

사회주의는 종교를 거부한 유물론적 진화론을 체제의 학설로 선택했으며, 자본주의는 종교의 자유를 허락했기 때문에 창조론을 체제의 학설로 받아들였다고 할 수 있어요. 그래서 북한은 주체사상이라는 철학중심의 나라가 되어 전 인민이 주체사상으로 무장되어 있는데 반해, 남쪽은 반대로 철학적 사유는 빈약한 반면 종교적 신앙은 타의 추종을 불허할 정도의 종교중심의 나라가 되었고요.

따라서 통일왕국을 앞두고 먼저 이뤄지게 될 '창조적 중립정부'는 진화론과 창조론을 하나로 아우르는 새로운 '창조적 성장론'을 창출해야 해요. 따라서 재미교포 이홍범 교수와 스칼라피노 교수도 "남북통일을 위해서는 새 사상이 있어야 한다."고 말했던 것이라고요.

창조론과 진화론의 논쟁의 종언에 대한 내용은 졸저 『영(靈)철학』에 수록되어 있기에 방대한 내용을 여기에 다 옮길 수는 없어요. 다만 간략하게 요약하면 창조적 성장론은 창조론의 특성과 진화론의 특성을 양비론적인 분별의 대상으로 보는 것이 아니라 양미론적 대상, 즉 역할분담의 차원에서 새로운 철학적 방법론을 창출했어요.

여기에는 상대적 대립관계가 사라지고 부족한 존재끼리의

상호협력 관계만 존재해요. 그러므로 좌익도, 우익도, 그리고 중도론도 아무런 의미가 없어요. 오직 '공생'의 관계만 있게 됩니다. 그것이 창조와 재창조에 의한 단계별 성장이론이에요. 따라서 '영철학'은 '제4의 이념'으로서 '제4의 길'이라는 '새로운 국가체제'를 창도하게 될 거라고요.

그래서 앞으로 한반도에서는 사회주의 체제 붕괴 이후 방황하고 있는 북한의 '우리식 사회주의'와 남쪽의 '천민(賤民)자본주의' 체제의 부족함을 서로 보충하고 통합하여 사회체제의 질적 대전환을 이룰 '제4의 국가체제모델'인 "공존체제"를 창출해 남북의 평화적 통일을 선도해야 해요.

김 | 통일을 이념의 통일과 연결시켜 제3차 세계사상 대전, 또는 세계국가체제대전이 일어나게 될 것이라고 하셨는데 사상대전과 체제대전이란 구체적으로 어떤 대전입니까?

권 | 제3차 새 가치관에 의한 세계사상전과 체제전이 일어나는 근본 이유를 알아야 할 것 같네요. 수리적으로 3수는 완성을 의미해요. 굳이 헤겔의 정·반·합의 이론이 3단계 과정을 거쳐 발전한다는 법칙을 말하지 않더라도, 창조적 프로그램의 재창조 과정에 있어서 앞선 존재와 뒤쳐진 존재와의 사이에는 언제나 시기와 질투가 일어나는 법이지요. 투쟁의 원인은 욕심, 즉 부족함이라고 앞에서 말하지 않았습니까? 세계 제1차 대전이 그랬고, 세계 제2차 대전이 그랬어요. 그런데 세계 제3차 대전은 사뭇 그 전의 것과 다르다는 것이죠.

그것은 물리적인 전쟁과는 달리 부족한 자가 걸어오는 것이 아니라, 넘치는 자가 먼저 제기하는 새로운 방법의 전혀 색다른 전쟁이에요. 그래서 그것은 빼앗기 위한 물리적인 전쟁이 아니라 부모의 심정과도 같이 자녀에게 어떻게 하면 하나 더 줄까를 위해서 벌이는 전쟁, 사랑의 전쟁, 화평전쟁, 즉 새 가치관 전쟁이지요. 그래서 제3차 세계대전은 화평을 위한 쟁투인 원효의 화쟁(和諍)이에요.

창조적 성장이론에 있어서 미완성기와 중간기는 물질과 지식을 상징하는 영토 빼앗기와 이데올로기 싸움의 시대입니다. 하지만 완성기는 인격적 가치인 사랑을 전파하기 위한 시대정신을 갖기에 용서와 나눔을 실천하지 않으면 같이 파멸할 수밖에 없는 시기예요.

따라서 1, 2차 세계대전은 빼앗기 위한 물리적인 전쟁이 될 수밖에 없었던 것이며, 3차 세계대전은 헌신과 봉사에 의한 나눔의 화쟁으로써 서로를 살리기 위한 사랑의 전쟁인 셈이죠.

"사랑을 위한 전쟁은 많을 수록 가치로우며, 오히려 불러일으키는 자가 주인이 되는 법이다."

평화를 위한 검

21C는 문화의 완성기에요. 물리법칙을 중시하던 시대를 지나 사랑과 생명이라는 인격의 가치를 숭상하는 시대고요. 그동안 우

리 인류는 물리적 싸움이 얼마나 무서우며 인류의 행복을 일순간에 파괴하는가를 뼈저리게 체험해 왔잖아요?

그래서 이제는 다시는 인류를 불행으로 몰고 가는 물리적인 전쟁이 없게 우리가 먼저 평화를 위한 전쟁을 세계를 향해서 걸어야 한다고요. 아니 세계보다 먼저 나 자신에게 걸고 나아가 이웃에게, 동·서에, 그리고 핵실험으로 동포를 불안에 떨게 하고 있는 저 동토의 땅 북녘에게 평화통일을 위한 분란을 일으켜야 해요! 그리스도는 “내가 세상에 화평을 주러 온 줄로 생각지 마라 화평이 아니라 검을 주러 왔노라.”(마태복음 10장 34절)라고 하지 않았는가요? 통일의 분란은 그들의 몫이 아니에요. 인격적인 사랑이 넘치는 우리가 평화전쟁의 주범이 되지 않으면 안 돼요. 안 그러면 언제 무력을 동원해 역으로 치고 내려올지 몰라요.

평화를 위한 분란의 십자가는 분명 우리에게 중생 또는 부활이라는 평화통일의 축복으로 상속되게 될 것입니다. 분란을 일으켜야 해요! 평화의 검을 높이 치켜들고 평화전쟁인 화쟁을 일으키자고요! 그것이 천파만파로 확대 되어 “세계 제3차 평화대전”이 될 수 있게 ‘사랑의 전쟁’을 야심차게 도발해야 해요! 우리 대한만국이 말입니다.

그 전초전으로서 “모든 물건을 서로 통용하고 소유를 팔아 나눠 줌일러라”(사도행전 4장32절~35절)라는 용서와 나눔을 위한 창조적 기부 정책을 통하여 먼저 예비 전(戰)을 감행해야 한다고요! 부족하고 힘들어하는 자에게는 사랑의 나눔보다 더 큰 선물이 없습니다. 베푸는 일보다 아름답고 행복한 일이 없어요. 행복한 정부가 되기 위한 첫 번째 조건이 베푸는 것이라고요. 그렇지 않은 행복은 언어도단일 뿐입니다.

제4의 길

● ● ●

김 | 남북통일과 세계평화의 경제모델은 사랑의 공생주의를 창출해야한다는 소장님의 '제4의 길'에 대해 알고 싶습니다.

권 | 2008년 1월 스위스의 작은 산간 마을 다보스(Davos)에서는 '세계경제포럼(WEF)'인 다보스포럼(Davos Forum)이 열렸어요. 세계 각국의 정계(政界)·관계(官界)·재계(財界)의 수뇌들이 대거 참가하여 각종 정보를 교환하고, 세계경제 발전방안 등에 대하여 논의해요. 매년 열리는데 약 1주일에 걸쳐 정치·경제 및 문화에 이르는 폭넓은 분야에 걸쳐 토론을 벌여요.

"자본주의는 빈곤문제를 해결할 수 없으며 가난한 자의 입장에서 보면 시장경제는 제대로 굴러가지 않는다."라고 워런 버핏과 함께 외친 빌 게이츠는 이곳 다보스 포럼에서 "창조적 자본주의"라는 용어를 전 세계를 향하여 선언했어요.

제3의 길(The Third Way)

사회주의 몰락 이후 자본주의의 병폐로 인하여 가치관의 위기를 맞이한 서구 유럽은 새로운 방법을 찾아서 '제3의 길'[1]을 제시했어요. 영국의 총리인 토니블레어의 업적이었지요. 그는 노동당의 씽크 탱크 Demos의 책임자요, 『블레어 혁명(The blair revolution : can new labour deliver?)』의 저자 피터 만델슨(P. B. Mandelson)에게 새로운 경제와 경영의 시스템을 찾아줄 것을 요구했어요.

만델슨은 『좌파와 우파를 넘어서』의 저자 앤서니 기든스(A. Giddens)와 영국 아카데미와 미국 아카데미의 특별 회원, 뉴욕신사회연구원과 버크벡 칼리지 명예 교수 에릭 홉스봄(Eric Hobsbawm), 울리히 빽(U. Beck) 등의 저명한 역사·사회학자들의 머리를 열심히 빌려서 제3의 방법을 체계화하였으며, 이를 블레어 정부를 통하여 국정에 반영할 수 있게 했어요.

'제3의 길'은 일파만파로 펴져나갔죠. 대륙으로 건너간 제3

---

1) 제3의 길 [The Third Way] : 〈제3의 길〉은 토니 블레어 영국 총리의 정책브레인으로 잘 알려진 영국 사회학자인 앤서니 기든스(Antony Giddens)의 저서.

앤서니 기든스는 〈제3의 길〉이란 저서에서 신자유주의와 사회민주주의를 모두 반대하고 '제3의 길'로 불리는 새로운 사회발전 모델을 주창했다.

'제3의 길'은 기본적으로 전후 세계정치를 주도해온 전통적 사회민주주의와 신자유주의를 극복하자는 것이다.

사회민주주의와 신자유주의를 극복하는 제3의 길은 정치적으로 자본주의와 사회주의를 실용적으로 결합하는 중도 좌파적 노선을 택하고 경제적으로는 무한경쟁으로 인한 시장경제의 폐단을 막기 위해 정부가 간여하는 신 혼합경제를 추구한다는 것이 골자이다.

'제3의 길'은 출간되었을 당시 영국 토니 블레어 총리의 '신좌파노선'과 독일 슈뢰더 총리의 '새로운 중도'의 중심이론으로 떠오르며 전 세계적인 열풍을 일으켰으나, 좌파와 우파를 적당히 섞어놓은 것에 불과하다는 비판도 받았다의 길은 독일의 슈뢰더(G. F. K. Schröder)와 프랑스의 죠스팽(L. Jospin), 이태리의 프로디(R. Prodi)와 손잡고 대세를 구축하기 시작하는 듯했잖아요? 그런데 얼마 가지 않아 외눈박이 '제3의 길'이 형편없이 좌초하는 조짐들이 여기저기서 나타나기 시작했어요. 경제 분야만으로는 국가를 바로잡을 수도 발전시킬 수도 없었는지 결국 흐지부지 되고 말았어요. 제3의 경제학과 새로운 이념을 창출하지 못했던 것이죠.

국가가 경제만으로 이루어져 있는 나라가 이 지구상 어디에 있는지 눈을 씻고 찾아보아도 없습니다. 만에 하나 있다면 그 곳은 으시시한 정글의 한 귀퉁이를 차지하고 있는 동물의 왕국일테죠. 자유의지가 영원히 잠자고 있는 금수의 세계 말이에요.

경제의 위기는 철학의 부재에서

"경제의 위기는 철학의 부재에서 기인되는 법입니다." '제3의 길'이 세상에 빛을 보기 시작하면서 신자유주의, 시장근본주의, 신 중도좌파라는 용어가 횡횡하기 시작했어요. 참으로 가소로운 일이 벌어지고 있었지요. 아니 그렇게도 고급한 문화와 문명을 가졌노라 자랑하며 5대양 6대주에 해질 날이 없었다던 대영제국과 관념철학의 역사적인 거장들을 수도 없이 배출한 구라파에서 새로운 '제3의 철학'과 '제3의 경제학'을 하나 돌출해내지 못하고, 다시 좌파라는 맑시즘으로 2/3쯤 피더 빽 할 수밖에 없었다니, 정말 가소로운 '아규먼트(Argument)'가 아니고 무엇이겠습니까?

제3의 길은 사이비 샛길

헤겔을 역사의 스승으로 두고서도 아니 다시 맑시즘으로 돌아갔으면서도 왜 그 간단한 변증법적 발전의 의미에 대해 무지한지 진정 그들이 서양철학과 독일의 사변철학의 후예들이 맞는지 다시 생각해봐야 할 일이 아닌지 모를 일이에요. 그들은 이미 저 찬란했던 사유의 그 때 그 시절의 고뇌하는 소크라테스가 아니라 배부른 그 무엇이 되어버린 것이에요. 그들은 이미 그들의 가까운 형제들로부터 손가락질 받는 처량한 신세로 전락 됐어요. "제3의 길은 사이비 샛길이다."라고 한 노베르토 보비오(N. Bobbio)로부터 말입니다. 궁여지책으로 EU라는 블록화를 추진함은 합(合)의 법칙임은 잘 보았지요.

그런데 제3의 길은 역사는 끊임없이 가치를 추구한다는 것을 잊어버리고 현실에 안주하고 있지는 않은 지 자문자답해 보아야 해요. 그리고 그 결과 스스로를 자연도태의 길로 내몰고 있는 것은 아닌지 뒤돌아보고서 질문해야 해요. 사회복지와 정치는 선진국이었는지는 알 수 없지만 가장 중요한 인간의 심리를 관장하고 주관하는 영성은 제3의 길을 떠나지 못하고 오히려 제1의 길로 피드 빽 하고 있는 것을 방치하고 있는 것은 아닌지도 안타깝습니다.

또 있어요. 그들은 자신들의 영혼이 이미 종교의 신성을 산채로 생매장 시켜버리고, 철학적 이성의 신과 '3S'라는 쾌락의 신이 그들의 주인이 된 것은 아닌지도 스스로에게 물어야 한다고요.

그래서 매일 스포츠 축제로 그리고 각종 이벤트를 쉴 사이도 없이 벌이고 있는 것은 아닌가요? 존재의 전체와 비교할 때 너무나 경미한 자유라는 이름으로 자기를 망가트리고 있는 것이에요. 그러고서 어떻게 경제든 국가든 발전할 수 있겠어요? 누가 이웃을 위해서 자기소유를 나눌 수 있겠는가 그 말입니다.

어느 나라가 기아에 허덕이는 저 아프리카의 오지의 나라에 희생적인 사랑의 정성을 쏟아줄 수 있겠어요? 뿌리지 않으면 열매 맺지 않으며, 베풀지 않으면 돌아오지 않는 법입니다. 열매 맺지 않고 돌아오지 않는데 발전하는 법은 이 세상에서는 존재하지 않는다고요!

종교(영철학) 경제학

빌 게이츠가 선언한 '창조적 자본주의는 사랑의 자본주의의 다른 이름입니다.' 이것은 사회주의와 자본주의의 장점을 적절하게 융합한 새로운 경제의 모델을 위한 첫 걸음이 되어야 해요. 뉴욕대학의 클레어몬트 대학원 경제학 석좌교수였던 피터 드러크(P. Drucker)는 제3의 경제학에 대하여 "앞으로 경제학이 존재하지 않을 수 있다. 그러나 다음에 올 경제학은 정치경제학으로서 '공급(供給)'에 중심을 두게 될 것이며 결국 인간성 회복(回復)에 있다."라고 했어요.

이 뜻은 모든 분야에 있어서 시스템적 상호 연관성이요, 미래가치인 영(靈)철학에 의한 '창조적 경제학'에 대한 필요성을 역설한 것이라고 할 수 있습니다. 하지만 그는 미래에 있어서 인간성의 회복이 영성에 의한 4차원적 인격적 종교에 의해서 가능하리라는 것을 예견하지는 못했어요.

영(靈)철학 경제학은 정치경제학을 넘어 인격적 사랑경제학, 즉 창조적 경제론인 종교경제학만이 궁극의 경제학이 될 겁니다. 왜냐하면 앞으로의 정치가 종교의 정치(양비론에 의한 지금의 종교가 아니라 양미론에 의한 국가적 종교성)가 될 수밖에 없기 때문이에요.

그리고 본질적으로 경제학은 존재하지 않아요. 경제학은 기능학(學)일 뿐이에요. 경제의 위기가 철학의 부재에서 기인한다고 했듯이, 새로운 철학이 세워지면 경제학은 그 철학의 체계에 자신의 지위를 맡길 수밖에 없어요. 궁극에 있어서 경제는 수단이지 목적적 가치가 아니라는 것이지요. 그래서 경제는 기능이요, 경제학은 철학의 젖을 먹고 자라는 자식과도 같아요.

철학 또한 존재론에 비하면 이와 같아요. 따라서 궁극의 경제학은 존재론 경제학인 영철학 경제학, 즉 "창조적 경제학"이에요. 그러므로 남북통일은 '창조적 경제학'에 의한 '창조적 시장경제'에 의해서 새로운 나라를 새롭게 창출해야 해요.

남·북한 사회제도의 이율배반

● ● ●

김 | 다음은 남·북한 사회제도의 이율배반에 대한 깊은 분석을 하신 것으로 알고 있습니다만 사회제도의 이율배반이란 무엇입니까?

권 | 사회주의는 유물론에 의한 물질주의를 근간으로 하면서도 오히려 경제는 분배원칙의 종교적 이상사회성을 띤 목적관을 지향했어요. 반면 자본주의는 종교적 가치와 자유를 근본으로 택하고도 아이러니컬하게 물질추구중심이라는 배금주의를 잉태해 종교주의를 부정하는 이율배반의 모순을 낳게 되었다는 것이지요.

—(최근의 중국은 사유재산제도를 인정하는 물권법을 통과시켰음 / 하버드대학의 신학자 하아비 콕스는 그의 저서〈세속의 도시〉에서 "기독교회의 적(敵)은 자본주의"라 했음)—

그러므로 통일을 위해서는 북한은 인격의 존엄과 생산(生産)에 있어서 소유욕구의 충족을 위한 '사유제도'를 부분적으로 도입(최근 북한은 광산 개발권에서부터 민영화를 시작했음)해야 하며, 남한은 국가와 공생을 위해, 유통(流通)에 있어서 생활공동체를 위한 '공유제도(윤리 경영)'를 부분적으로 도입해야 해요. 따라서 남북통일의 기반조성은 그 어떤 방식의 흡수도 불가능하며 서로의 장점을 결합한 공존체제를 위한 새로운 '제4의 설계도'를 창출하지 않으면 안 돼요.

—(유물론의 내세(來世)부정사상은 천부인권의 파괴로 이어져, 인명경시 풍조가 만연하게 되어, 볼세비키 혁명 이후 70여년 동 안 약1억5천만 명이 학살(숙청)되었음이 이를 반증 함 / 오늘의 기성교회에서는 공동체의식과 사랑을 찾아보기 힘들며, 많은 종교가 개인의 죄는 현미경을 대고 찾을 정도로 엄격하면서 사회구조적인 죄악에는 거의 외면한다. —

- 김대중 『옥중서신』 중에서

창조적 중립정부·체제 구성

김 | 남북통일은 창조적 중립정부를 구성해야 가능하다고 하셨는데 그렇게 하기 위해서는 먼저 어떤 전제조건이 있어야 하지 않겠습니까? 조감도와 같은 큰 밑그림 같은 것 말입니다.

권 | 고(故) 김대중 전 대통령은 그의 저서 3단계 통일론에서 "낮은 단계의 연방제"를 통일을 위한 과정적 방법으로 제시 했어요. 도올 김용옥 교수는 삼국통일과 한국 통일에서 "독일 통일의 체험을 능가하는 어떤 새로운 시점의 새로운 인류사의 비전이 한국통일 속에서 현현되어야 하며, 〈정-반-합〉의 신테시스(synthesis)로서의 통일이 아니라, 〈정(正)-반(反)-합(合)〉을 하나로 묶어 그것을 파기시켜버려야 한다."라고 했지요.

부정할 수 없는 통일에 대한 열정이 대단했다는 증거가 맞아요. 그러나 통일에 대한 이들의 두 견해는 다분히 되어져야 할 철학적 상징성과 이론적 접근에 대한 막연한 단편적 범위를 벗어나지는 못했다는 느낌을 지울 수가 없어요.

통일은 그렇게 단순한 인식론(epistemology)과 형태론으로 처리될 수 있는 성질의 것이 결코 아니지요. 왜냐하면 적어도 통일은 심원한 존재론적 접근(ontological approach)을 요구하기 때문이며, 양 체제에 대한 포괄적 정책시스템과 절대가치에 의한 철저한 과학적, 학문적 분석을 요구하기 때문이에요.

다시 말해 분단을 야기하게 된 주체세력들의 이념(소유에 대한 이념을 벗어나지 못함)에 대한 다양한 분석해 그 근본 원인을 밝혀내지 않으면 안 되는 것이니까 말입니다. 이를 세분하면 다음과 같아요.

첫째 : 양립할 수 없는 재산의 공유와 사유에 대한 소유 문제를 어떻게 해결하느냐예요.

둘째 : 정치의 독재성과 민주성에 대한 권력의 구조 문제를 어떻게 일치시켜야 하느냐고요.

셋째 : 사적 유물론(史的唯物論)을 바탕으로 하는 주체사상과 유일론(唯一論)을 바탕으로 하는 종교의 문제를 어떻게 일치시키느냐 그리고 각각 다른 세 분야를 어떻게 삼위일체 시스템으로 연결시키느냐 하는 과제를 갖게 돼요.

김 | 그러면 제4의 방법에 의한 '창조적 중립제도'의 방안과 그 대안에 대해서는 준비하셨는지요? 준비하셨다면 그것은 무엇인가요?

권 | 고(故) 피터 드러크(peter drucker)는 '제3의 경제학'에 대하여 "앞으로 경제학이 존재하지 않을 수 있다. 그러나 다음에 올 경제학은 '정치경제학'이 될 것이며, '공급(供給)'에 중심을 두게 될 것이며 결국 '인간성 회복(回復)'에 있다."라고 하여

이미 시스템적 상호 연관성에 의한 경제학을 역설했어요.

이를 다른 차원인 정치로 전이시키면, "장래에 올 '제3의 정치학'은 '종교적 정치경제'가 될 것이며, '청사진'(설계도)과 정책 그리고 절대자에 대한 '존재론적 영성'을 요청하게 될 것이다. 또한 이를 학문적 차원으로 이해하면 "다음에 올 '제3의 철학'은 철학적 신학이 될 것이요, 존재(wesen)와 인식론, 그리고 절대가치의 설정에 그 초점이 맞춰져야 할 것이다.

따라서 「영(靈)철학」으로서의 새로운 공생사상은 북한의 주체사상과 남한의 신앙(信仰)을 소통시킬 수 있을 것이며, 제4의 방법론으로서의 시스템(system)적 연관성에 기초한 '창조적 중립'(中立)의 방안을 그 대안으로 설정 하게 될 것이다."
(보기 참조-창조적 공생경제를 통한 창조적 중립정부 수립의 3요소.)

보기

창조적 공생경제를 통한 창조적 중립정부 수립의 3요소

첫째 : 경제적 소유 문제는 생산과 유통의 각각 50% 공유화와 사유화로 해결해야 한다.

둘째 : 정치권력의 세습과 민주의 문제는 '왕정 대 민주론'으로 처리해야 한다.(도올 김용옥 『노자철학 이것이다』 참조)

셋째 : 유물론적 주체사상과 유일론적 신앙(信仰)문제는 '영(靈)철학'으로 일치 시킬 수 있다.(권추호 『영철학』 참조)

a. 소득의 재분배에 의한 구제정책

ㄱ. 실업대책 해결, 사회복지, 사회보험, 사회보장제도의 구체적 대안정책

ㄴ. 이윤배분을 적정화하는 정책

b. 자본소유의 분산정책 실시

ㄱ. 주식의 대중화

ㄴ. 과다한 자본소유를 제한 - 소유권의 창조적 상(上)·하(下) 한제

c. 부분적 공유제도의 도입

ㄱ. 공익성이 큰 사업의 국유화 정책

ㄴ. 토지와 주택의 공영제

ㄷ. 유통의 공(50%)·사(50%) 병형제(공영과 시장제 각각 50%)

남북통일 어록 모음

● ● ●

김 | 다음은 통일과 관련 된 세계적인 석학들의 어록들에 대한 소장님의 말씀을 듣고 싶습니다. 금과옥조 같은 명언이라 여겨집니다.

권 | 다음의 내용은 각종 저서와 학술활동 및 포럼을 통해 발표한 평화적 남북통일에 대한 다양한 방법론들을 나름대로 큰 의미를 갖춘 것들을 각자의 논문 또는 저서에서 발췌하였습니다. 국내외의 여러 석학들의 의견들과 함께 엮은 것으로서 석학들의 노력과 정성이 묻어있는 훌륭한 단상들이지요.

물론 체제가 서로 상이한 국가들끼리의 통일이어서 그 범위나 방법론이 너무 방대하고 심오한 사유를 필요로 하는 것들이기에, 여기에 모든 내용을 다 실을 수는 없지만 그래도 각론과 총론 및 때로는 철학적이면서도 정책적인 빛나는 사유들을 총망라하여 특별한 구분 없이 인물별로 담았어요. 본 내용을 통해 한편으로 통일의 길이 광범위한 분야를 하나로 통합하지 않으면 안 되는 험난하고 힘든 노정이라는 것을 인식하는 계기가 될 수도 있겠지만, 의외로 경이로울 정도로 쉬울 수도 있으리라는 것을 느끼게도 될 것입니다. 남북의 통일이 결코 그렇게 어렵고 먼 곳에 있는 것이 아닙니다.

1. 도올 김 용 옥 교수 『삼국통일과 한국통일』 외…

- "남북통일은 맹수 촌에서 거행되는 토끼의 재혼 혼례이다." 따라서 "강대국들의 동의 아닌 축복이 있어야 한다."
- 정·반·합의 신테시스로서의 통일이 아니라, 정·반·합을 하나로 묶어, 그것을 파기시켜 버리는 의미에서의 제2의 논의가 구성되어야 한다.
- "통일은 개혁(改革 : Revolution)이 아니라 개벽(開闢 : Remaking)이다."
- "궁극적인 통일(Unification)이란 사회적 결속(Social integration)이 문제이며, 어떠한 방식으로 사회의 결속을 이루어 낼 것인가?"
- "그것은 단순한 남북한이라는 정체(政體)의 통합(統合)을 넘어서는 인간의 문제이며, 인간제요소의 새로운 통합을 통한 새로운 인간상의 제시를 의미하는 것이다."
- "한국 통일은 세계사적(a world historial event) 사건이다. 왜냐하면 한국의 문제는 한국인이라는 인류의 좁은 범주에 속하는 인종이나 개인의 문제가 아니다. 한국의 역사는 인류의 역사가 체험한 모든 가능성을 포함하고 있는, 특히 한국의 통

일이라는 문제는 인류사가 최근 두 세기 동안에 겪은, 모든 역사 진행의 다양한 제요소를 압축시키고 있다. 따라서 한국 통일은 그러나 제 요소의 모순적 해결을 융화시키는 의미를 내포하고 있다고도 할 수 있다."

- "한반도는 동·서의 문제, 남·북의 문제, 좌·우의 문제 등 모든 이념적 문화의 갈등과 역사의 진행에 있어서의 모든 다양한 시간의 가능성이 압축되어 있는 인류사의 판도라 상자인 것이다."
- "통일은 단순한 인류사의 지역행사(local event)로 처리되어 버리고 말, 작은 헤프닝이 아니라 우리의 통일이라는 사건이 인류에게 가능성과 희망을 던지는 사건이 되어야 한다. 따라서 인류에게 새로운 희망과 가능성을 제시하는 제3의 제도적 모델(청사진)이 마련되어야 할 것이다."
- "독일 통일의 체험을 능가하는 어떤 새로운 시점의 새로운 인류사의 비전이 한국통일 속에서 현현되어야만 한다."
- "통일과 통일 이후에는 원효와 같은 거대한 사상가가 나와야 한다."
- 통일학 대강의 원칙
  1. 제1은 세계사의 흐름을 대체적으로 파악해야 한다.
  2. 제2는 우리 민족사의 아이덴티티를 규명하는 문제이다.
  3. 제3은 제1과 2의 연구 성과를 바탕으로 우리 민족사의 미래의 가능성을 예견 하여야 한다.

- “우리 통일론은 모더니즘도 아니요, 탈 모더니즘도 아니다. 그것은 모더니즘 그 자체의 인식론(epistemology)적 전제와는 전혀 다른 담론(디스꾸르)에서 출발하는 새로운 제3의 언어이다.”
- “통일논의의 어려운 점을 잘 파악해야 한다. 왜냐하면 표리부동한 음흉한 가면의 진위 여부를 분별하기가 여간 어려운 게 아니기 때문이다.” —남북의 지도부(에스테블리쉬먼트)와 관료(뷰로크라쉬)들의 이중적 가면—
- 왕정민주론(王政民主論)
  - a. “왕정 대민주론은 한국이라는 국부상의 모델이 아니라 범 인류의 모델이 된다.”
  - b. “왕정 민주론은 궁극적으로 인간학의 인식의 문제이며 인성론에 내재하는 과제이다.
- 민주란 계몽주의 이래 인류의 현재적 관심일 뿐이며 왕정이란 인류문명사(작위사)를 일관하는 권력 형태이다.
- 왕정역사는 오히려 복합적인 제도사의 다양성을 수용할 수 있게 된다. 그러니까 존재론적인 도식이 간단하면 할수록 생성론적 제도의 변천은 다양하게 살아난다는 것이며 무절제적 무의 사유가 가능케 된다는 것이다.
- 왕정민주라는 이원론적 도식이 아니라 왕정(王政)이라는 일양적 형태일 뿐이다.”

2. 권 추 호 『제4의 길과 영(靈)철학』

- 한반도의 통일은 독일처럼 서독에 의한 동독의 흡수통일이 아니라 상이한 남북 상호체제간의 창조적 중립국에 의한 새로운 패러다임의 통일이다. 따라서 단기간의 통일이 아니라 3단계에 의한 소통과 교류의 통일이며, 1단계는 이념의 통일이요, 2단계는 경제제도의 통일이며, 3단계가 정치권력의 통일이다.
- "통일의 궁극적 목적은 절대가치에 의한 인격적인 사랑과, 이상사회에 대한 제도적 모델을 제시하는 것이어야 한다. 왜냐하면 분단이 저급한 이념에 의해 치기심이 만들어낸 변증법(辨證法 : dialectic)적 투쟁의 결과이기 때문이다. 따라서 통일 이후 무엇으로 어떻게 '하나가 되어야 하느냐'를 위해 구체적으로 연구하지 않는 모든 통일 논의는 과정적이요, 주인정신이 결여된 통일지상주의일 뿐이다."
- "통일은 단순한 남과 북만의 지리적 공간적 통일이 아니다. 우리의 통일은 내면적 세계의 철학 가치인 존재(being)와 생성(becoming)의 포괄적 통일이요, 외형적 인류 역사의 다양했던 문화적 파편들을 하나로 묶는, 총체적 문명의 대통일이며, 또한 천주적 신성의 세계와 하나로 묶는 세계 인류의 대통일이다."
- "한국의 통일은 근원적 본질에 대한 섭리의 통일이다. 따라서 과거 인물에 의해 주도 되는 통일이 아니라, 21C 철학에 기반

한 정책에 의해 창도되는 법과 제도의 통일이다."

- "한국의 통일은 유비쿼터스(ubiquitous)적 통일이다. 왜냐하면 전 세계를 하나 되게 하는 '제4의 공존모델'로 인류의 갈라진 마음을 하나로 연결 시켜줄, '새 가치관'의 편재성 통일이기 때문이다."
- "햇볕정책은 김대중 전 대통령의 개인철학이요, 전략적 방법론으로써, 종교적 신념의 정책적 통일의 씨를 뿌렸으며, 참여정부는 이를 꽃 피웠다. 그러나 이제는 통일철학인 "제4의 이념"으로 국민교육을 이뤄내지 않으면, 진정한 통일의 열매를 키울 수가 없는 법이다."
- "절대가치 부재상태의 통일교육은 오히려 갈등의 골(a gap of discord)을 더욱 깊어지게 할 가능성이 있다. 따라서 궁극적 존재의 제1원인에 대한 근본을 해명한 과학적 철학과 철학적 신학이 없으면 안 된다. 왜냐하면 전 국민이 용인(容認 : admission)하는 국가주도의 국민교육이 불가능하기 때문이다." — 종교단체나 사회단체를 통한 교육은 한계가 있음 —
- "통일한국은 지식주의를 넘어, 절대적 가치관에 의한, 영성주의의 새 모델인 '공생주의 체제의 나라'가 되게 해야 한다."
- "통일은 모순과 부정에 의한 〈정-반-합〉의 변증법적 통일이 나니라, 미완성과 부족을 채우는 〈정-교-합〉의 상호보완적(complementary cooperation) 통일이다."
- "통일은 절대적 사랑에 의한 상생과 부족한 존재를 배려하는

복지(福祉)의 통일이어야 한다. 그렇지 않으면 통일 이후의 한국의 선진성과 안전을 보장할 수 없다."

- "성서속의 인물인 '에서와 야곱의 만남'과 '그리스도의 먼저 희생함', 그리고 사도행전의 '소유의 나누어 줌'은, 통일을 위한 모든 하나 됨의 인격적 모델이다."
- "통일 한국은 새로운 마치 한 생명의 탄생과 같이, '물질의 제물'과 '인격적 제물'의 희생과정을 단계적으로 거쳐야 얻어질 수 있기 때문에 고귀한 가치의 통일이다."
- "한국의 통일은 한 쪽의 일방적 흡수에 의한 통일이 아니라, 서로의 장점을 결합한 생활공동체를 요구하는 통일이기 때문에, 서로의 큰 단점을 폐기(廢棄)하지 않으면 추호(秋毫)도 불가능한 법이다."
- "재창조의 경제적 관점에서 볼 때 북한의 사회주의체제는 큰 단점 두개와 작은 장점 두개가 있으며, 남한의 자본주의체제는 큰 장점 두개와 작은 단점 두개가 각각 있다."

북한

a. 소유욕을 차단시켜 발전을 저해하는 생산의 국유화와, 천부인권설을 부정하는 유물론사상으로 인권을 유린하며, 생명의 가치를 스스로 상대화 시켜버린다. — 단점 두 개 —

b. 물질보다 인격적 가치의 소중함이 형성되어 있으며, 생활공동체적 유통의 국유화(분배)제도가 형성되어 있다. — 장점 두개 —

남한

a. 유통전체의 사유화는 소유욕을 지나치게 불러일으켜 양극화 갈등을 유발하며, 다수결 제도의 수량주의는 절대가치를 오도할 수 있으며, 분란을 야기해 국가를 혼란에 빠트릴 수 있다. — 단점 두 개 —

b. 애착은 내 것의 산물이므로 소유의 사유화는 경제적 발전을 낳고, 개인의 자유는 인권의 존중과 창조적 활동을 원활하게 할 수 있다. — 장점 두 개 —

- "공존체제의 시스템적 모델의 3요소."
  - a. 북한은 1/2 시장경제(생산)를 도입 / 남한은 1/2 분배(유통공유)제도를 도입해야 한다.
  - b. 북한은 1/2 민주주의를 도입 / 남한은 1/2 절대가치에 의한 영적권력을 도입해야 한다.
  - c. 북한은 종교적 신앙제도를 도입 / 남한은 철학적 사유체계를 도입해야 한다.
- "남북통일을 가능하게 하는 공존체제는 영적군주제에 의한 왕정제가 유일한 대안이 될 수밖에 없다."— 사랑에 의한 종교적 가치의 왕과 수상제도 —
- 남북통일은 인류역사의 남성성 중심의 일방적 힘(力)의 시대에서, 여성성 중심의 나눔(愛)의 시대로 나아가기 위한, 큰 과정적 시대를 통과하는, 중성적 중립성을 상징하는 모든 협력(協力)적 시대정신의 뜻함이요, 알림이요, 지상명령(至上命

侖)이다. 예) 트래스젠드(Tres-gender)의 시대

- "남북통일은 남한의 신(神)중심에 의한 종교적 신학(神學)과, 북한의 인간중심에 의한 주체사상(哲學)을, 동시에 뛰어넘는 '제3의 합(Synthesis)'으로서의 신본적 인본주의, 즉 철학적 신학이요, 신학적 철학인 『영(靈)철학』이 나오지 않으면 절대로 불가능 하다."
- "한국 통일에 있어서 외형적 제도(制度)에 의한 공존체제가 수단성을 갖는다면, 내면적 철학(哲學)에 의한 절대가치의 수립은 목적성을 갖는다."
- "주체사상의 철학적, 사회역사 원리의 핵심인 인간 중심론과, 인민대중에 의한 주체론은 '창조적 성장론'의 한부분인 '재창조에 의한 생성(becoming)중심의 사상일 뿐이다' ― 창조에 의한 존재(being) 중심의 신(神)중심과 시스템 철학 역사 원리의 상대성 사상―"

3. 이 동 철 『문화의 과제와 전략』 중에서

- "이제 인류에게 중요한 것은 내가 남을 정복하거나 남과 투쟁하여 승리를 거두느냐에 있지 않다. 어떻게 하면 나타남이 더불어 평화롭게 살 수 있고 조화롭게 공존할 수 있느냐에 달려 있다."
- "우리 남북통일은 인류에게 그러한 삶의 모델을 제시하는 계기가 되어야 한다."

- "한국통일은 분단의 비극을 겪은 하나의 민족이 재결합하는 과정만이 아니다. 그것은 남북한의 체제가 상징하는 여러 가지 문제점을 해소하고 나아가 인류에게 새로운 문명의 패러다임을 제시하는 계기가 되어야 한다. 또한 한국통일은 단순한 남북한의 물리적 공간적 재결합으로 끝나서는 안 된다. 그것은 근 현대이후 서구문명의 충격에 의한 서양화 근대화라는 역사적 과정을 통해 우리가 겪어야 했던 전통문화의 상실과 굴절을 극복하여 새로운 문명의 대안을 제시하는 것이어야 한다."

4. 쿠로즈미 마코트 『문명의 관대한 통일』

- "한국의 통일 에너지는 동아시아의 희망"
- "여러 가지 다양한 문화요소를 배제함으로서 하나로 하는 것이 아니라 오히려 다양한 요소를 합하여 하나로 하는 그러한 통일의 시기가 오질 않았는가? 바로 여기에 고귀한 관대의 길이 열리는 것이 아닌가?"

5. 함 재 봉 『근대사상의 해체와 통일 한국이상』

- 현재 한국 사회에서 일고 있는 통일 논의는 이상을 상실한 것이다. 사회주의 몰락과 서구식 복지국가의 위기는 우리가 이상으로 추구할만한 목표를 앗아가 버렸다. 새로운 이상의 정립을 위해서는 과감한 발상의 전환이 요구되며 이를 위해서

는 좌/우의 대립구도와 그것을 뒷받침하고 있는 근대사상의 해체가 선행되어야 한다.

6. 배 병 삼 『세계의 차원에서 본 분단과 통일』

- "남북한의 통일은 만드는 것이 아니라 되는 것일 수 있다는 점에 유의하지 않으면 안 된다. 말해 통일을 하고자 하지만 되지 않고 하지 않고자 해도 될 수 있다는 논리적 모순이 한반도의 상황에서 가능하다는 것이다."

  예) 시장경제 체제로 규정되는 신세계 질서가 미국의 폭력적 힘에 의해서가 아니라 소련의 자체 붕괴에서 비롯되었다는 사실을 간과해서는 안 된다. 독일의 통합도 동독의 자기 해체에서 비롯되었다.

- "새로운 모델을 필요로 하는 강대국 스스로의 자멸성 때문에 한반도 통일에 대한 축복과 지지를 전 세계가 일어나서 하게 될 것이다. — 되어지는 통일 —"

  예) 클린턴 정부는 토니 블레이어의 제3의 길을 전폭적으로 지지했음. 미국과 유럽의 강대국들 사회체제가 급속히 무너져 가고 있으며, 말기적 증상을 보이고 있음이 단적인 예이다.

7. 김 석 근 『식민시대 의미에서』

- "확고한 의식을 가지고 식민지 시대와 그 역사를 보아야 한다.(주체의 상실 / 주체를 회복하려는 힘의 분열 / 주체의 회복) 급격하게 변화하는 세계의 흐름으로 볼 때 근대에 억매일 것이 아니라 전혀 새로운 문명의 도래를 준비하지 않으면 안 될 것이

다.(제시할 수는 없지만)"냉전질서의 무너짐과 새로운 국제 질서의 태동하고 있음에서 볼 때 강대국들의 이해관계가 아니라 바로 우리의 주체적인 노력과 주도하에서 이루어져야(한국통일)할 것이다.

미국과 일본의 이해를 조정해 낼 수 있는 슬기로움 지혜가 필요에 따라서 대립과 분열을 넘어서 하나로 만들어 주는 통합기능을 하는 강력한 통일이념의 필요성이 요구됨. 즉 어떻게 그런 통일 이념을 찾을 수 있는가?사회주의와 자본주의 같은 이미 낡아버린 이념으로서는 안 된다. 남한과 북한을 감싸 않으면서 하나로 승화시켜주는 그런 이념이 필요하다. 그 이념은 새로운 주체를 형성하고자 하는 노력을 뒷받침해 주는 것이어야 한다."

8. 오 항 녕 『통일시대 역사인식을 찾아서』

- "정치적 시각에서만 바라다보는 누를 범 함.
- 광주사태를 통하여 더 이상 — 미국은 방관자적 입장임을 확인하였음 — 우리의 우방이 아니다.
- 철학 역사 등 인문 과학 분야의 통일논의는 저조하며 사회 과학적 접근만 있다.
- 우리의 학문이 이제는 근원에 대하여 생각할 때가 되었다.
- 통일시대는 난세에서 치세로 타율에서 자율로 가는 길목이 될 것이다.

- 지금까지의 역사는 땅고르기 시간 이제는 집을 지어야 한다."

9. 심 백 강 『제3의 사상』

- "통일운동으로 전환되기 위해서는 인생관 가치관의 새로운 정립과 아울러 경제 구조상에서의 각종 제도적인 개혁이 이루어져야 한다."

a. 토지 공유, 금융사유제

- "자본주의 경쟁 지향적 장점은 살리고 단점은 보완하게 되어, 선의의 경쟁 공정한 경쟁의구도로 갈 수 있을 것이다."
- 중국 1999년-2007년 (전국 인민대표대회 전체회의의 헌법개정)
- "사회주의의 재산 공유를 주체로 하되 다양한 소유제 경제를 함께 발전시킨다. 노동에 따른 분배를 주체로 하되 다양한 분배 방식이 병존하는 제도를 견지한다."
- 사회주의 공유화를 통한 평등 지향적 정치에, 자본주의의 사유화를 통한 효용 지향적 경제를 접목시켜 보겠다는 의도를 확고하게 명문화 하였다. — 물권법을 통과시킴 —

b. 토지 금융 상·하한제

- "무제한의 사유를 허용하지 않고 적절한 정도에서 이를 제한하고 일정한 선에 미달하는 빈민층에 대해서는 방관하지 않고, 정부가 나서서 적절한 방법으로 보조해 주는 제도이다. 즉, 어느 한도 내에서의 평등만 존재한다."

c. 관·상·농·공·토 전업제

• "전업만 종사하고 겸업을 할 수 없도록 제한하는 제도를 말한다."

• "한무제 때와 당나라 때에 시행 명 · 청말 까지 시행하였다. 제3의 경제 체제가 현실적으로 가능하게 될 것이다."

10. Norberto Bobbio 『제3의 길은 없다』

• "제3의 길은 양자(좌·우)를 수용하면서 동시에 억압 한다 그래서 매개된 제3이 아니라 초월된 3항이다. 결과적으로 좌파와 우파라는 다른 두 실체를 먹어치움으로서 자신의 존재를 실현한다. 다시 말해 양비론적(兩非論的) 사이비 샛길이지 살리고자 하는 제3의 아니다."(포섭적인 중앙 : inclusive middle)

• "민주주의와 시장경제의 병행발전이나 제3의 길은 더욱 많은 사람들의 합리적이고 균형 잡힌 논의를 거치지 않으면 우리 사회에 또 다른 파국을 불러올 만큼 너무나도 중요한 문제이다."

11. 귄터 그라스와 피에르 부르디

• 신자유주의 핵심은 무책임성이다.

• 국가와 기업의 하수인으로 전락할 위험에 처해 있다.

• 제3의 길 역시 신자유주의를 추구하고 있다고 비난 하였다.

• 제3의 길도 겉으로만 사회주의를 표방하면서 사회적 책무를 외면하였으며 이윤 극대화만 추구하고 있다.

12. 《이코노미스트》

- 제3의 길이 실천적인 내용이 없는 모호한 이념과 정책으로 가득 차 있다고 비난 하였다.

13. 엔서니 기든스 『제3의 길』

- 기든스 역시 제3의 경제학이 아직 존재하지 않음을 인정함.
- 제3의 길은 낡은 스타일의 사회민주주의와 신자유주의를 초월하려는 시도이다.

14. 김 윤 태 『제3의 길』〈T. 블레어와 영국의 선택)〉

- 한국적 제3의 길은 무엇보다도 국가주의와 시장주의의 극단적인 대립을 극복해야 한다.
- 낡은 이데올로기 대립에서 벗어나 평화체제를 지향해야 한다.
- 분열적 지역주의를 치유하고 국민통합을 이루어야 한다.
- 현 시대의 국가와 기업의 조직형태와 역할이 새로운 변화와 함께 신 사회운동이 주도하는 새로운 정치의 등장을 주목해야 한다.
- 자본주의 경제의 대안이 될 수 있는 새로운 정치 철학이 등장해야 한다.
- 새로운 정치 철학은 더욱 인간적이고 윤리적인 기준에 입각한 이데올로기가 되어야 한다.(사회적 빈곤과 불평등 극복)

- 새로운 정치 철학은 분명 생태적 사고에 기반 두어야할 것이다.
- 대안적 경제모델은 자본주의를 부정하는 것이 아니라 경제적 합리성과 동시에 중요하게 생각해야 한다.
- 인간성이 상실된 세계에서 인간성을 발견하는 일이 바로 새로운 21세기 정치 철학의 출발점이다.

15. 김 지 하 『사상기행』 외…

- 통일을 위해 천부 사상의 현대적 재창조가 있어야 한다.
- 동양성과 가장 아름다운 뿌리로 부터 발원하는 새로운 문명 창조의 희망이 증폭되고 있는 것으로 보인다.
- 통일을 위한 새 사상은 지리산과 진주에서 나와야 한다.
- 지리산과 진주야말로 세계적인 마고복본(麻姑複本)운동의 근거지로서 손색이 없다.
- 지리산은 제 안에 품고 있는 예로부터의 그 풍부한 역사와 문화의 비밀을 세계 앞에 펼쳐놓으리라 생각한다.
- 진주는 기가 막힌 곳 너무나 아름답고 너무 깊은 문화전통과 민주운동이 너무도 질긴 역사를 지닌 독특한 도시라 압도될 뿐이었다.
- 창조적 부활로서 새롭게 복잡화된 음·양적 삼극론의 우주론이 현대사상의 모양으로 나타날 것이다.
- 중(中)의 위험과 합(合)의 유혹과 싸우려면 제3의 '아니다'·

'그렇다'의 다중적 전개로서 황중론 쉽게 말해서 3에 대해서 싸우는 새로운 3의 논리가 필요하다. 이것이 황중론이다

- '아니다'·'그렇다'의 창조적 생성론으로 대중화시키면, 황중론(皇中論)이 되고 복잡화하고 풍부해진다.
- 자칭 성인이 나와서 중생과 우주와의 관계를 오류로 끌고 가려고 할 때, 이 성인(聖人)에 대한 전투를 진정한 성인이 선포해야 한다.
- 성인을 옛날 컨셉으로 파악하지 말고 오늘날의 문맥에서 인식하여야 한다.
- 3에 대한 3의 대응이며 양극단을 배제하고 중간이 아닌 전혀 새로운 것이 무궁 무궁 생성되어 나와야 한다.

16. 조 대 현 『문명의 진화론과 21세기』

- 지구화시대의 문명 담론에 있어서는 동양과 서양의 2분법을 벗어나, 우리가 지금 처한 문명적 문제를 안으로부터 바라보는 내재적 시각과 동시에, 이것을 초월적으로 성찰하는 내재적 시각의 결합, 즉 주관과 객관의 통합이 필요하다.
- 오늘 우리의 문명 담론이 마주하고 있는 과제는 과학적 문화와 이론적 문화가 활발하게 대화를 통해, 종교·정신·도덕과 정치·경제·과학이 통합된 새로운 문명을 건설하는 것이다.
- 동학혁명의 탄생과정이 그랬던 것처럼 동양 사상의 복고적 부활이 아닌 새로운 현실을 기반으로 한 재 창조가 전제 되어

야 한다.

17. 오 준 근 『독일통일의 어려움을 극복할 수 있었던 원동력』

- '사회적 시장경제(Soziale Marktwirtschaft)' —자본주의적 시장경제 제도를 기반으로 하면서도 사회적 약자에 대한 충분한 배려를 하는 체제를 말함.—
- '꼴찌'를 위한 풍부한 교육과 취업의 기회가 많음.
- 모든 지방에 '노동청(Arbwitsamt) 노동사무소'가 있음.

18. 임 성 빈 『통일을 향한 교회의 비전과 실천』

- 인간적인 모든 노력으로도 남과 북이 원하는 통일을 달성하기는 어렵다는 현실인식이 가져오는 좌절감의 극복은 신앙적인 차원의 통일준비를 요청한다.
- 예수님께서는 심지어 예물을 제단에 드리는 것보다 형제와의 화목이 우선임을 분명히 하셨다(마5:23-24)
- 분단이라는 지리적, 정신적 허리 잘림은 이산가족을 포함한 많은 사람들로부터 서로 사랑할 수 있는 기회를 앗아가고 있기 때문이다.
- 분단 상황은 남과 북 양편에 모두 정치경제적 부정의와 그로 인한 사회문화적 왜곡현상을 유발하고 있기 때문이다.
- 우리가 꿈꾸는 통일공동체는 기본적으로 언약공동체적 성격, 즉 하나님을 중심으로 하는 공동체이어야 한다는 것이다. 그

것은 곧 남이나 북 중 어느 한 편의 사람들만을 중심으로 하는 공동체가 되어서는 안 된다는 것이다. 하나님이 사랑하는 피조물로서의 남북한 모든 국민들을 위한 공동체를 지향하여야 한다는 것이다. 또한 이 통일공동체는 남북한 국민들만을 위한 것이 아니라, 동아시아와 아시아, 나아가서는 구약성경에서 증언하듯 전 인류와 우주공동체의 자유와 정의를 담보하는 그것이어야 한다.

- 교회가 선포하고 교육하여야 할 통일공동체의 비전은 세계공동체를 품는 역사적, 민족적 비전과 함께, 통일공동체 구성원들의 존엄성이 평등하게 반영되는 내용을 담고 있어야 할 것이다.
- 북한의 '폐쇄적인 주체문화'도 개혁의 대상이지만 '상업적인 대중문화', 즉 '상품으로서의 가치'와 '구매력'이 만물의 척도가 되어버린 소비주의 문화에 오염되어 있는 남한의 교회와 사회도 각성해야 함.

19. 클라우스 폴러스(한독 대사)

- "남북한 모두 양 체제를 포기해야 한다"

20. 스칼라피노(Robert A. Scalapino, 1919~)와 이홍범(재미동포 교수)

- "남북통일을 위해서는 새 사상이 있어야 한다"

〈통일논단〉

다음 자료는 통일문제에 대한 학술 논문으로써 통일을 위한 많은 자료들 중에 본 내용과 크게 다르지 않아 참고자료로 활용할 수 있었으면 한다. 그런데 본 자료가 자칫 잘못 판단으로 특정 종교의 논문으로 종교적 편향 논란이 있을 수 있겠기에 먼저 밝혀야 할 것이 있다. 필자가 통일과 관련 된 자료연구 중 알게 된 하나가 이상하게도 본 자료 외에 필자가 통일의 본질에 대해 응시하고 있는 관점과 흡사한 자료가 타 종교의 학자들에게 서는 찾아볼 수 가 없었다는 것이었다. 통일의 방법론이 아주 심오해서 인간적 의지로 구가(求暇) 될 수 있는 일이 아님을 우회적으로 보여주는 것인지 모를 일이다. 필자가 통일을 연구하는 학자이지만 인간적 노력에 한계가 있다.

본 내용 중 이윤구 총재님은 지근거리에서 모실 수 있는 기회로 인해 박사님의 남다른 사유와 인격을 깊이 교감할 수 있었다는 것은 필자의 복이며, 그 때문에 이범성 교수님의 논문까지 접할 수 있었다는 것 또한 우연은 아닐 것이다. 이영해 교수님의 논문 또한 대학의 동문이라는 동질성이 인연 되어 가까이 할 수 없었더라면 접할 수 없었을 것이다. 아무튼 이 세편의 귀한 논문이 남북통일을 위한 남다른 지혜를 우리에게 제공해줄 수 있었으면 하는 바람이다. 독자 제현의 현명한 판단을 바라마지 않는다.

■ 기독교 입장에서 본 남북관계

이 윤 구 박사 (전 대한적십자사 총재)

1) 시작하는 말

한반도의 허리가 잘리고 한민족이 남북으로 분단된 채로 반세기를 넘겼습니다. '이 비인도적이고 반민족적인 현실을 기독교는 어떻게 보고 올바른 대응을 할 수 있을까?'하는 생각을 해 보는 것이 주어진 과제인 듯합니다. 지나간 20세기의 우리 민족이 암담하고 아픈 역사 속에서 금수강산 반도 삼천리가 분단되는 역사를 되돌아보는 것이 퍽 뜻 깊은 일이라고 생각합니다. 광복의 빛이 잠간 왔다가 남북이 따로 정부를 세우고 팽팽하게 대치하다가 6·25 전쟁이 일어나고 3년 동안 강산을 피로 물들이고 휴전을 했지만 60년 가까이 비극의 남북관계가 계속되어 왔습니다. 그 현실을 일괄해 보겠습니다.

겨레의 반만년 역사 속에 언제 태평하고 밝은 날이 있었겠습니까마는 20세기는 어쩌면 우리에게 가장 힘들고 눈물겨운 치욕의 100년이 아니었나 하는 생각을 억제하기 힘듭니다. 그러나 그 처절한 민족수난의 현장에 예수 그리스도의 복음이 들어왔습니다. 기독교가 한민족 현대사에 끼친 영향과 못 다한 책임도 되돌아보아야 하겠습니다. 그런 다음에야 우리 기독교회가 두 번째 100년 선교 제 2세기를 바르게 맞을 수가 있을 것입니다. 어쩌면 지난 130여 년의 한국기독교는 21세기의 무겁고 험준한 십자가의 길을 예비하는 과정이었다고 보는 것이 옳을지 모릅니다.

오늘 분단된 조국과 비참한 대치 상태를 기독교와 기독인들이 어떻게 바로 보고 대처해 나가느냐 하는 과제가 참으로 중차대한 까닭이 있습니다. 그것은 21세기의 인류 대가족 69억 속에서 한민족의 역할이 얼마나 큰 가를 예견하고 확신하며, 또한 한국교회가 이 가파른 언덕길을 오르는 민족의 앞길에 최선두에 서야 할 줄 알기 때문입니다.

2) 20세기 한민족과 한반도의 분단

1900년에 시작되는 한민족의 20세기는 생각하기에도 끔찍한 수난과 암흑의 소용돌이였습니다. 나라가 망하고 왜정의 식민지로 전락한 다음 너무도 크고 쓰라린 시련을 겪었습니다. 1945년 '광복과 해방이 왔나' 했는데 몇 년의 이념 대립은 끝내 남북이 따로 정부를 세우게 되었습니다. 비극의 분단역사가 이렇게 시작되었습니다. 1948년 8월과 9월의 일이었습니다.

사실 3·8선의 분단은 이렇게 시작되었습니다. 1945년 8월 10일 한밤중에 미국 백악관에서 영관급 장교 두 사람이 30분 동안 지도를 펴놓고 성급하게 결정을 했습니다. 일본 패잔군의 무장해제를 위해 소련은 북쪽에서, 미국은 남쪽에서 북위 38도 까지 주둔키로 결정했습니다. 눈에는 안 보이는 이 인 위적 경계선이 2년 후 전쟁이 시작되기까지 남북한의 국경 아닌 국경이었습니다.

분단의 제일 큰 원인은 동서냉전이었습니다. 크레믈린과 시베리아로 몰려온 공산주의의 강한 바람과 백악관에서 태평양을 건너 일본으로 상륙한 서풍(西風)이 어쩌다가 이 아름다운 한반도 강산에서 격돌했습니다. 우리 민족에게 잘못이 있다면 동방예의

지국으로 백의민족으로, 그러나 헐벗고 굶주리고 쇠약해서, 거세게 불어오는 외세에 대처할 힘이 없었습니다. 의지도 없었습니다. 이념의 좌우익이 무섭게 대치했고 겨레 3천만을 갈갈이 찢었습니다.

3) 전쟁과 휴전 반세기의 남북관계

북위 3·8도 선이 이렇게 무서운 전쟁을 시작하는 경계선이 될 줄 누가 알았겠습니까? 8·15해방을 닷새 앞두고 딘 러스크 중령이 졸지에 아무 생각도 없이 만들어 낸 미·소 점령 분계선이 얼마나 부자연스럽고, 우리 민족에게 치명적이었는지를 이제는 우리가 알아야 합니다.

75개 계곡의 작고 큰 시냇물과 12개의 강이 잘렸습니다. 181개의 오솔길과 시골길이 끊겼습니다. 15개의 국도도 차단되었습니다. 여섯 곳의 철도가 막혔습니다. 3·8선은 우리 민족의 허리를 꽁꽁 묶어 버렸습니다.

누구도 예상은 못했지만 3·8 선은 1950년 6월 25일 새벽에 무너졌다. 남북의 통일을 위해서였다면 얼마나 좋았겠는가? 냉전의 십자로였던 우리 강산에 열전이 벌어졌습니다. 그 전쟁을 겪어 본 세대는 압니다. 두 번의 세계대전을 제외하면 우리의 강산에서 20세기에 제일 큰 전쟁이 일어났습니다.

중공군 90만, 북한군 50만, 그리고 유엔군과 국군 18만의 젊은 이들이 우리 산에 묻히고 강과 바닷물을 붉게 물들였습니다. 한

보고서는 1,893,100명이 사망했다고 기록했습니다. 전쟁이 극심하면 군인들보다 어린아이들과 노약자 부녀자들이 더 많이 희생을 당합니다. 전쟁은 인간이 만들어 낸 최악의 발명품입니다. 3년의 싸움 끝에 휴전은 성립이 되었지만 6·25전쟁 발발 65주년이 되는 오늘까지 우리 반도강산에는 평화가 없습니다. 총성만 멎었을 뿐 휴전선을 사이에 두고 남북한은 밤낮 총을 들고 전쟁상태에 있습니다.

오늘 이 지구상에서 우리 한반도보다 더 큰 군막(軍幕)이 없었습니다. 북한에 군인이 105만4천명으로, 세계에서 인구대비 군인 숫자가 제일 많은 곳이 우리 북녘 땅입니다. 우리 남녘에도 67만2천명의 군인이 있습니다. 남북을 합치면 172만6천명으로 세계에서 중국 다음으로 제2위입니다. 미국이나 인도보다 많습니다.

민족공동체로서의 의도적인 비극 한 토막도 생각해 볼 만합니다. 6·25전쟁과 분단으로 가족이 갈라진 비극은 글로나 말로 표현하기 힘듭니다. 너무도 가슴이 아픕니다. 2004년, 제가 적십자사에 봉직하던 때 금강산에 가서 이산가족의 만남을 직접 본 일이 있습니다. 그 통곡하는 상면 현장도 현장이지만 너무도 오랫동안 헤어져 있다가 만나게 되어 식구인 것을 확인하려고 처음에는 무척 조심하는 대화를 가슴이 메어서 차마 들을 수가 없었습니다.

52년 만에 만나서 두 번 밥상을 나누고 네 번의 단체, 개별 상봉을 하고 작별을 하는 울음바다를 보았습니다. 이런 일이 이렇게 가능할까 하는 생각을 억제할 수 없었습니다. 나이 드신 1세대 이산가족이 123만 여명에 이릅니다. 6년 전에 남녘땅에 90세 이상의 노인 이산 인원이 2,426명이 있었습니다. 아마 많은 분들이 눈도 못 감고 고향하늘만 바라보며 운명하셨으리라 생각됩니다. 80세 이상이 21,215명이었는데 오늘 현재에 몇 분이나 살아 계신지 모르겠습니다. 70세 이상이 43,610명이었습니다. 그런데 7차례 걸쳐서 8,000여 명이 상봉하고 2만여 명의 생사확인이 되었을 뿐입니다.

우리나라 여권을 가지고 세상에 못 가는 곳이 5대양 6대주의 거의 없는데 북녘 우리 한반도의 고향 땅, 친지들의 땅, 동포의 땅, 같은 말을 하는 땅에는 왜 자유롭게 오고 가지를 못하는지 모르겠습니다. 철새들은 자유롭게 오고 가는데, 사람들만 휴전선이 막고 있습니다. 엽서 한 장, 전화 한통을 못 보내는 이 남북 관계는 도대체 우주의 어느 위성이란 말입니까?

4) 한독기독교 제 2세기의 십자가

우리 민족에게 복음은 너무도 늦게 들어왔습니다. 그러나 너무도 중차대한 민족역사의 시기에 우리는 '기쁜 소식'을 전수받았습니다. 나라가 망해가고 외침은 극에 달하고 있던 19세기 말이었으니까요. 기독교를 빼놓고 한국의 근대와 현대사를 쓸 수 있는 역사학자는 없습니다.

도산 안창호, 백범 김구, 우남 이승만, 월남 이상재 님들이 그렇게 혁혁한 구국애족 독립운동을 할 수 있었던 혼의 힘은 그리스도

예수의 복음을 제하고 생각할 수 없었습니다. 기미년 독립선언문에 서명한 33인 가운데 기독교인이 다수였던 것도 설명을 필요로 하지 않은 그리스도 예수의 가르침 때문이었습니다.

오늘날 우리나라가 세계 200여 개 나라 가운데서 경제로만 생각하면 10위권에 들었습니다. 울산광역시는 총생산 액수로만 따지면 개인당 총생산을 합하면 이 세상에서 5위 안에 들어갑니다. 울산이 한 나라라면 그렇습니다. 저는 감히 말할 수 있습니다. 우리는 20세기의 굴곡 많은 민족의 역사를 완벽하게 잘 써 나왔다고 할 수는 없지만 오늘이 있게 하신 하나님의 사랑, 불쌍한 한민족을 향한 놀라우신 섭리가 있었기에 오대양 육대주를 활보하는 국민이 되었다고 확신합니다.

그런데 한 가지, 우리가 못 다하고 부끄럽고 하나님과 민족의 역사 앞에 떳떳하지 못한 일이 있습니다. 그것은 남북의 분단과 대치하고 있는 현실입니다. 동서이념의 소용돌이 속에서 가난하고 국력이 없고, 독립의식도 부족하여 광복의 빛을 잃고, 절름발이 건국을 하고, 3·8선이 전쟁으로 무너지고, 그 끔찍스런 동족상잔을 겪고, 휴전한지 60년이 가깝도록 총을 내려놓지 못했습니다.

21세기도 첫 번째 10년이 지나가고 있습니다. 20세기의 한국기독교가 헐벗고 굶주리고 병든 나라, 전쟁 대치 속에서도 세상으로 뛰어 나가 국격을 높이고 선진국 대열에 오르는 힘을 제공했습니다. 한국 기독교의 제2세기는 갈라진 강산, 분열된 겨레의 재통합이 최우선 과제라고 저는 믿습니다. 5천만과 2천3백만이 하나가 되지 않고 우리가 세상을 나갈 수가 없습니다.

이를 위해 우리가 지고 일어서야 할 무거운 십자가가 있습니다. 그것은 축복받은 우리 남녘땅의 기독교인 공동체가 2천3백만 북녘 땅의 동포를 굶주림과 실의와 절망에서 구출해야 합니다. 1995년 참혹한 기근으로 300만의 우리 겨레가 굶어서 우리 곁을 떠났습니다. 그 당시 한 기독교 기관이 앞장서서 식량교인기를 시작했는데 100만 톤의 양곡이 북한에 들어갔습니다. 아마 100만 명은 살렸을 것입니다.

올해도 다시 큰 기근이 북한 땅을 엄습하고 있습니다. 150만 톤이 부족합니다. 방치해 두면 150만 명의 생명이 아사할 수 있습니다. 우리는 너무 많이 먹어서 병이 나는 풍요로운 나라입니다. 북녘 땅은 외국이 아닙니다. 북한동포를 돕는 일은 민족공동체의 피치 못할 책임입니다. 교회가 앞장서서 국민운동을 전개하면 정부도 좌시하지는 못할 것입니다. "너희가 먹을 것을 주라"고 주님은 오늘도 우리에게 엄명하십니다.

한국 기독교가 이만큼 성장해서 이제는 결심하고 힘만 모으면 남북관계의 개선을 위해 기적 같은 구제와 개발 사업을 할 수 있습니다. 노회별로 북녘 땅의 지역들과 결연을 해서 물건을 보내고 사람이 가고 지역개발에 적고 큰 투자를 해 보는 꿈을 꾸어 봅니다. 허망한 환상이 아닙니다.

지난 2004년, 북한 룡천(龍川)에서 가공할 만한 폭발사고가 났던 때 저는 평양에 있었습니다. 적십자사의 협력으로 많은 약품을 가지고 가서 적십자병원에 기증했습니다. 그런데 그날 용천에서 사고가 났습니다. 급하게 서울로 돌아와서 정부와 국민이 힘을 모아 300억 원이 넘는 구호와 개발기구를 보냈습니다.

몇 달 후 북한의 초청을 받아 룡천에 갔습니다. 헬리곱터에서 내리면서 저는 "룡천에는 통일이 왔구나!" 하고 속으로 외쳤습니다. 보이는 모든 것들이 다 우리가 보낸 것들 뿐이었습니다. 재건사업을 돌아보고 보건소에 들렀습니다. 폭발사고가 나던 날 공부를 하던 어린 여학생이 침대에 앉아 책을 읽고 있었습니다. 한 쪽 눈을 가리고 있었고 의사의 말에 의하면 실명했다고 합니다. '한 쪽 눈은 괜찮으냐?'고 물었더니 다행이도 잘 보인다고 답을 하더니 저를 쳐다보며 말했습니다. "남조선에서 보내온 약이 아니었으면 이 쪽 눈도 못 보게 되었을 거예요!" 얼마나 그 말이 감동을 주었는지 함께 껴안고 울었습니다. 통일은 이렇게 올 수도 있습니다. 와야 합니다.

한국 기독교는 반공이념과 북한을 원수의 나라로 생각하고 미워하고 타도의 대상으로만 생각하는 잘못을 저질러 왔습니다. 원수의 나귀도 짐이 무거워서 쓰러지면 일으켜서 주인에게 보내라고 하는 가르침을 우리는 잊고 지내왔습니다. 늦었지만 이제라도 북녘 땅과 북한동포를 위한 기도가 모든 교회에서, 모든 기독교 가정에서 일어나야 하겠습니다. 그리고 그 기도와 함께 행동으로 옮기는 일들이 전개되었으면 좋겠습니다.

5) 맺는 말

한민족은 위대한 족속입니다. 세계에서 제일 못 살고 불쌍한 민족이었던 20세기 중반에서 불과 반세기 만에 세계가 부러워하는 선진국의 대열에 섰습니다. 세계에 이런 나라가 우리 밖에 없습니다. 이 기적이 전적으로 하나님의 은총이었습니다. 21세기의 중반에 가면 우리가 세계에서 3위 안에 들어가는 대국이 되리라고 예언하는 학자들이 있습니다. 저는 그런 말이 허망하게 들리지 않습니다. 그러나 그 길을 우리가 바로 가려면 남북관계가 휴전에서 평화적 재통합을 이루고서야 가능합니다.

남북한 7천3백만이 다시 하나가 되고 세계에 나가있는 한민족 7백만이 150여개 국가에서 한민족의 대합창에 동참하는 꿈을 저는 꾸고 또 꾸며 삽니다. 69억 인류 가족 공존의 십자가는 우리 한민족과 한국교회가 앞장서서 지고가야 합니다. 받은 놀라운 사랑을 갚는 길이 화해와 통일의 오솔길 밖에는 없습니다.

교회는 민족통일의 도구입니다. 교회는 세계통일의 도구입니다. '북한선교는 우선 구제와 개발 사업으로 시작해야한다'고 저는 믿습니다. 부활하셔서 우리의 구주가 되신 예수님의 엄한 명령이십니다.

■ 통일, 하나님나라 운동

이 범 성 교수 (실천신학대학원, 선교학)

통일은 하나님나라 운동이다. 그리고 하나님나라운동은 교회가 이 땅에 존재하는 이유(목적)와 양식(방법)이다. 그래서 통일은 교회의 선교적 과제가 되는 것이다. 통일은 하나님나라의 모양을 추구해야 한다. 하나님나라는 전쟁이 없는 곳이고, 약한자와 강한자가 차별이 없이 사회적 혜택을 누리는 곳이다.

그곳은 평화로운 곳이며, 희망의 노래가 있는 곳이다. 마찬가지로 통일은 사회통합이 경험되는 곳이다. 하나님의 나라는 이 땅의 나라에서도 사회통합이 이루어지는 통일의 현장에서 부분적으로 경험된다. 그리고 이 통일의 사건은 하나님나라가 존재한다는 것을 믿게 만든다.(요 17: 21)

세계교회협의회(WCC)의 세상 삶의 주제를 다루는 '삶과 봉사' 위원회와 믿음의 주제를 다루는 '신앙과 직제' 위원회가 각각 추구하는 '통일된 사회'와 '일치된 교회'는 서로 가까운 거리에서 동일한 한 가지의 주제를 다루고 있다. 통일된 사회가 일치된 교회의 궁극적 목적이 되고, 일치된 교회는 통일된 사회의 모델이 되기 때문이다. 세상의 일과 교회의 일이 두 가지가 아니고 하나다.

교회가 믿는 천지창조는 이 사회가 몸담고 있는 환경에 대한 것이며, 교회가 소망을 두는 그리스도는 이 세상을 위한 소망이고, 교회가 기다리는 종말은 곧 세상이 두려워하는 종말과 같은 종말이다. 교회의 신앙은 언제나 세상의 일에 대한 신앙이다. 최근에 WCC의 '삶과 봉사'위원회와 '신앙과 직제'위원회가 합류를 애기하고 있는 것이 그 이유에서 이다.

정치적 통일은 사회적 통합으로 이어져야 그 사회적 가치가 있다. 20세기 후반에 분단된 4 민족들 중에 21세기에 들어와서도 통일을 이루지 못한 민족은 한반도의 민족뿐이다. 그러나 이미 통일을 이룬 다른 3 민족, 베트남, 독일 그리고 예멘도 여전히 사회통합을 이루기 위해 노력하는 과정에 있다.

만일 한민족이 정치적 통일을 이룬 이후 짧은 기간 내에 사회통합을 이룰 수 있다면 남보다 뒤쳐진 통일도 그리 아쉬울 것이 없을 수 있을 것이다. 왜냐하면 통일은 궁극적으로 통합을 위한 것이기 때문이다. 그렇다면 통합을 위해 통일운동을 해야겠다. 어쩌면 사회통합을 위한 시도들이 통일 이전에도 통일의 기쁨을 미리 경험하게 해 줄 수도 있을 것이다.

한국교회는 한국 민족의 통일문제에 80년대 초부터 깊이 관여하였고, 그 결과 한반도의 긴장을 완화하는 일에 크게 공헌하였다. 1981년 제 4차 한국교회협의회 때부터 한국기독교교회협의회(KNCC)가 민족통일문제에 적극적으로 참여하게 된 동기는 민족주의적 발상에서 비롯된 것이 아니었고, 민주화를 위해 장애가 되고 있는 반공이데올로기를 제거하자는 것이었다.

이후 교회의 통일운동이 진행되는 과정에서 한국교회는 1990년에 독일의 민족통일을 경험하게 되었는데, 독일의 통일과정에서 '통일은 정치적 통일이 전부가 아니고 사회적 통합이 뒤따라야만 온전한 통일을 이루게 된다는 사실'을 알게 되었다. 결국 통일운동은 정치적 통일운동을 목적 삼는 것이 아니라 기에 수반되어야 하는 사회통합을 목표로 삼는 것이 중요하다는 것을 알게 되었다. 이러한 여사적 관계를 기초로 한국교회는 독일통일의 통일운동에서 사회통합에 '공과 실'을 가져온 교회의 역할을 배울 수 있다.

독일통일의 과정에서 동서독교회의 역할은 매우 중요하며, 또한 그 역할은 이제 그다지 중요하지 않은 듯 보인다. 사실적으로 독일교회의 역할이 없는 독일통일은 상상할 수 없다. 그러나 그 역할이 충분히 드러나지 않았다. 그 이유는 그 이유는 기독교국가인 독일에서 교회의 역할은 종종 국가나 공공단체의 역할과 구분이 없이 혼용되어 이해되고 있기 때문이다. 적어도 서독의 경우가 여기에 해당된다.

동독의 경우는 그 사정이 달라서 1969년부터 그때까지 동서독 국가와 상관없이 유지되고 있던 하나의 교회가 동독정부의 압력에 의해 독일개신교협의회(EKD)로부터 동독개신교연맹(BEK)으로 분리되면서 그 이상 과거에 당연했던 국가교회(Volkskirche)의 사회적 위상을 유지할 수가 없었다. 또 한 가지 이유는 동서독교회가 마련한 통일의 기초를 서독정부가 매우 시기적절하게 사용함으로써 통일이 다만 정치적 기술로 달성된 것처럼 오해되었기 때문이다.

민족통일을 위한 독일통일의 역할은 서독교회의 디아스포라적 파트너십(Diakonische Partnerschaft)과 동독교회의 예언자적 선포(Prophetische kerygma)로서 대표된다. 서독교회는 분단 40년 동안 약 3 : 1의 인구적, 지면적 비율로 우세한 서독교회가 동독교회를 주교회 단위와 노회 단위와 시찰회 단위와 개 교회 단위에까지 이르도록 자매결련을 맺고 책임적 원조와 지속적 만남의 관계를 유지해 왔다. 이로써 분단된 두 국가는 한 민족이라는 평화와 일치의 관계가 분단 이후에도 지속될 수 있었다.

동독교회는 스스로를 야당적으로 규정한 적이 없지만, 그 구조적 조건 때문에 사실상 야당적 기능을 부여받을 수밖에 없었고 통일을 위한 민주화 운동의 배양지요 원천이 되었다. 교회지도자들의 정치적 참여가 가장 의미 있게 드러난 것은 원탁회의(Runde Tisch)로서 당시 독일개신교연맹 총무였던 지글러 목사(Martin Ziegler)는 그 기구와 직원들을 통해 원탁회의를 새 정부 조각을 위한 최고기구로서 정상궤도에 올려놓았다. 당시에는 교회만이 유일하게 동독의 모든 정치세력으로부터 신뢰를 받는 단체였던 것이다.

구 동독인의 사회주의에 대한 입장은 동독교회와 마찬가지로 적대적이지 않다. 그들 대부분이 사회주의 이념에 동의하고 있으며, 정부의 실천에 대한 불만 때문에 개혁을 요구했던 것이지 사회주의 자체를 폐기할 생각은 갖고 있지 않았다. 그러나 서독정부가 급속도로 진행한 통일정책은 동독민주화운동의 가치를 인정하지 않았고, 서독디아코니아운동의 성과를 드러내지 않았다. 그리고 동독인들의 대다수는 통일이 진행되는 과정에서 쉽게 자본주의의 약속을 믿었고, 서독인 들과 맺어온 그동안의 자매결연관계를 소홀히 하였다.

서독인 들도 이제는 더 이상 도움을 주고받을 필요가 없다는 동독인들의 태도를 그대로 받아들였다. 동독인들이 통일 이후 소홀해진 자매결연관계를 다시 활성화하기 위해 시도한 동독 - 서독 - 슬로바키아 삼각결연관계가 자매관계를 돕는 자와 도움을 받는 자가 전제한다는 점에 있어서 동독교회는 아직도 대부대모 관계(Patenschaft)를 자매관계(Partnerschaft)로 발전시키지 못한 한계를 보여준다. 그러나 이 구분이 중요한 이유는 사회통합은 대부대모관계가 아닌 자매관계에서만 가능하기 때문이다.

이제 나는 '동화주의'에 대해 언급하려 한다. 통일된 동서독이 사회통합을 이루지 못하는 이유는 통일을 주도한 서독이 통일의 상대역인 동독의 동등한 자격과 역할을 인정하지 않기 때문이다. 통일은 전혀 새로운 사회구성원을 가지고 있음에도 불구하고 통일된 독일은 새로운 사회를 구성하지 않았다. 다만 서독에 동화되는 것이 사회통합이라고 생각하고 있는 것이다. 우리는 정치적 통일을 삶의 단절이라고 보고 있다.

통일된 새로운 사회에서 통일국가의 국민들은 통일사회를 정치적으로는 하나가 되었지만 문화적으로는 상이한 낯선 세계로서 만나게 되는 것이다. 그동안 살아오던 자신의 사고방식이나 생활방식에 의문이 제기되는가하면, 이제껏 모르고 지내온 방식을 가지고 낯선 행동을 하는 사람들과 갑자기 한 나라살림살이를 시작하게 되는 것이다. 그런데 남북 예멘의 경우에는 남예멘이, 납북 베트남의 경우에는 남베트남이, 동서 독일의 경우에는 동독이 삶의 단절을 더욱 뚜렷하게 경험했다.

그리고 남북한의 경우에는 아마도 북한이 통일을 삶의 단절로서 더욱 뚜렷이 경험할 것이다. 통일은 통일의 주역보다는 그 상대역에게 더욱 뚜렷이 경험되기 때문이다. 그런데 문제는 통일의 주역에게도 통일은 어쨌든 새로운 사회의 경험이라는 점이다. 제 아무리 통일의 주역이라 할지라도 통일사회를 처음 경험하기는 마찬가지이기 때문이다. 아무도 통일을 미리 경험하거나 적어도 연습한 민족이 없고, 그리고 통일에 있어서는 어느 누구의 예견도 결코 들어맞지 않았다.

통일은 갑작스럽고 당황스러운 것이다. 이러한 와중에 무엇보다 어려운 문제는 통일의 주역이 이제껏 꾸려왔던 사회체제도 새로운 통일사회에는 맞지 않는다는 것이다. 통일의 주역이 가져온 가치체계라고 해서 그것이 그 통일사회에 유효한 것만은 아니라는 것이다. 일반적으로 통일된 사회는 새로운 사회의 가치체계를 필요로 한다. 그럼에도 불구하고 통일의 주역은 스스로를 새 사회의 기준이라고 자처한다.

그리고 그 주역과 함께 통일사회에 들어선 상대역은 스스로를 통일사회에 입문하는 그 사회의 초보자로 인식하게 된다. 통일의 주역이 가졌던 모든 것은 모범 답안이고, 통일의 상대역이 그동안 배우고, 알고, 믿어온 모든 것은 하나같이 틀린 것이 된다. 통일의 주역은 모두 현명하고, 통일의 상대역은 모두 바보인 것이다. 과연 기존의 어떤 가치체계가 다른 새로운 사회에 대해 기준이라고 자처할 수 있겠는가? 정해놓은 모범생과 낙제생만 있는 학교는 참 교육의 현장이 될 수 있는 조건을 이미 상실한 것이다.

마찬가지로 정해놓은 주역과 정해놓은 상대역이 있는 통일은 참 통일이 아니다. 실제로 지난 수십 년간 통일의 주역들은 그들의 통일사회에 모범답안 하나를 제대로 제시하지 못하고 있는 것이 사실이다. 반면에 통일의 상대역에게 통일사회를 위한 파편적 모델들이 찾아지기도 한다. 통일의 상대역만을 통일사회에 입문하는 초보자로 취급하는 것은 잘못이다. 통일의 주역이 서독이든, 남한이든 그것이 정해져 있는 한 통일은 완성되지 않는다.

사회통합이 이루어지지 않고 있는 것은 동독인의 적응능력에서 기인하는 문제가 아니다. 오히려 그 문제의 소재는 서독인 들에게서 찾을 수 있다. 서독인 들의 부당한 관계 설정, 즉 동독인을 대하는 서독중심적인 기본자세가 사회통합을 어렵게 만들고 있다. 사민당 출신 당수이자 독일 정계의 대부인 슈미트(Helmut Schmidt)는 "무엇보다 자유를 모르고 살아온 동독 주민을 자유로운 사회체제에 정서적으로 적응시키는 일이 아마도 가장 시일이 오래 걸리고 어려운 일이 될 것"이라고 판단했었다.

그러나 통일 후에 행한 설문 결과, 문제는 새로운 사회체제에 적응을 못하는 것이 문제가 아니었고, 불이익을 당하면서도 동독인이기 때문에 불합리한 처사에 대항할 수 없는 처지가 정작 사회통합을 가로막는 문제였다. 적응의 문제라면, 오히려 동독인들은 지난 십 수 년 동안에 겪은 사회적, 경제적, 인격적 변화에 놀라울 정도로 유연하고 기동성 있게 대처하는 적응능력을 보여주었다. 동독사람들은 시장경제에 뛰어난 적응력을 보여주었다.

새 체제에 적응하는 데에 오랜 시간이 걸리지 않고 그들은 적극적이고 성과를 내려는 의지가 강하고 자주적이며 주체적인 특성을 보여주고 있다. 오랜 그들의 성격은 현실감, 위험부담 감수, 긴장감의 인내, 민첩성, 유연성 등을 가지고 있어서 전혀 다른 경제, 행정, 문화 세계에 단기간 내에 적응하는 데에 어려움을 느끼지 않는 것으로 보고되었다.

지난 20년간 약 1백 만 명의 동독인들이 서독으로 이주했는데 그들 모두는 개인적으로나 사회적으로 크게 낙오됨 없이 순탄하게 적응하여 살고 있는 것이 우리 눈앞에 보이는 증거가 될 것이다. 사회통합의 문제는 부적응의 문제가 아니라 부정의의 문제이다. 문제는 일방적 동화주의에 있다는 것이다.

올해 초에 통일과 사회통합을 위한 연구를 위해 독일을 방문했을 때 동독신학자와 서독신학자는 각각 사회통합을 위한 나름의 해법을 제시하였다. 동독신학자 크뢰트케는 세 가지를 얘기했는데, 첫째, 위축되고 있는 현 교회 상황에서 '주목받고 있는 기독교인의 삶'을 사회에 소개하고, 둘째, 교역자가 아닌 일반 신도들을 선교의 주체로 세워 선교를 위한 부족한 인력을 보충하고, 셋째, 아직 선입견이 없는 젊은 세대에게 믿음과 사랑과 희망을 교회로서 얘기하겠다는 것이다.

서독신학자 몰트만은 사회통합 과정에서 발생한 약자들을 디아코니아적으로 보호 지원하고, 비기독교적인 가치관으로 운영되는 통일사회에서 예언자적 선포를 계속하겠다는 두 가지 해법을 제시하였다. 본인은 발제를 시작하면서 언급하였거니와 교회의 사명과 세상의 사명은 각자 다른 것이 아니라, 하나의 과제를 소유하고 있다. 교회의 과제는 세상적이라는 말이다. 통일운동이 지향하는 사회통합은 하나님나라운동이 지향하는 화해된 일치와 같은 것이다.

네덜란드의 선교신학자 호켄다이크는 교회의 '하나님 나라 운동'은 봉사와 선포와 친교의 3중직으로 완성된다고 보았듯이, 동독교회와 서독교회는 예언자적 선포와 디아코니아적 봉사로 정치적 통일을 가능하게 만들었다. 다만 이 통일이 사회통합으로 완성되기까지에는 교회의 계속적인 예언자적 선포와 디아코니아적 봉사가 필요하다. 20년간 오히려 후퇴했다고 평가받는 사회통합의 문제가 코이노니아적 친교를 하나님나라 운동의 목표로서 바라보고 있는 교회의 과제가 되어야 한다.

독일의 상황을 보고 통일을 두렵게 생각하는 사람이 늘어가고 있지만, 그래서 통일을 기피하거나, 통일이 되면 경제특구를 만들어서 그들이 내려오지 못하도록 하자는 말들도 있지만, 통일운동은 우리 기독교인들이 당연히 꿈꾸어야 할 하나님나라의 실천운동이라는 점을 분명히 말한다.

하나님의 나라를 실천하는 하나님의 선교를 위해 독일과 한국의 교회는 봉사와 선포를 간단없이 계속해서 화해된 친교공동체를 만들어 가야할 사명이 있다. 정치적 통일이 되면 다 이루게 되는 것이라고 잘 못 생각할 때가 있었다. 화해와 일치의 친교(Koinonia)가 우리가 바라는 통일의 궁극적 목표이다. 우리 한국교회가 '사회통합을 지향하는 통일운동'을 지속해 나갈 때 하나님의 나라를 경험하게 될 것이라고 확신한다.

■ '선진화와 통일' 위한 정치개혁운동

〈경기일보 시론 2010. 11. 9. 게재〉

이 영 해 (한양대 교수, (사)21세기분당포럼 이사장)

오늘날의 시대적 정신과 목표는 '선진화와 통일'이다. 지난 세기 독립의 실패가 근대화의 실패로 이어졌듯 통일이 실패하면 선진화도 실패하게 된다. '김정일 이후' 반드시 통일에 성공해 신동북아 평화 공존의 시대를 열어야 한반도 선진화도 성공한다.

건국의 시대, 산업화, 민주화 시대에는 각각 그 시대의 과제에 대한 역사적 주체세력이 있었다. 이들 주체세력들은 시대적 의식을 가진 정치세력, 정책세력, 시민사회세력, 그리고 이들을 엮어내는 지도자들이다. 그러나 선진화와 통일을 위해 가장 중요한 정치세력이 아직 제대로 형성되지 못하고 있다. 따라서 다음과 같은 노력이 반드시 있어야 한다.

우선 진보적 정치세력은 20세기적 좌파로서 사회주의를 이상으로 보고 사고나 행동을 하는 구시대 좌파와의 관계를 확실히 정리해야 한다. 실패한 역사를 반복하려는 것은 지극히 유해하다. '평등과 균형', '나눔과 인권' 등은 대단히 중요한 가치이지만 그 실현 방식이 사회주의적이어서는 실패한다는 것이 역사의 교훈이다.

포퓰리즘 극복하고 가치·원칙 존중

또한 진보는 20세기형 사회민주주의 즉 20세기 유럽식 복지국가 모델을 버리고 글로벌화를 거부하지 않는 21세기형 사민주의의 모델을 개발하고 제시해야 진정으로 '지속가능한 진보'가 될 것이다. 영국 노동당이 추구하는 제 3의 길도 그러한 노력의 하나이다. 대한민국의 역사발전단계와 정치, 경제, 사회, 문화적 현실에 맞는 사민주의 모델을 개발해 제시하는 것이 대한민국의 진보가 갈 길이다.

보수적 정치세력은 현실에 안주하는 과거 세력이 아닌 나라의 미래를 적극적으로 열어줄 세력으로 거듭나야 한다. 20세기적 낡은 사고와 습관, 기득권에의 안주 등에서 과감히 탈피해야 한다. 전통, 자유, 시장, 법치 등의 보수 본래의 가치를 몸으로 던져 실천하는 개혁적 보수, 전투적 보수로 거듭나야 한다. 지금까지 이익 지향의 보수는 많았지만 보수의 진정한 가치를 위해 몸을 던지는 가치 지향의 보수는 적었다.

합리적 진보·개혁적 보수 거듭나야

또한 보수는 따뜻하고 건강한 공동체를 발전시키고 재창조하는 데 앞장서야 한다. 이웃과 나누고 역사를 소중히 하고 자연생태를 보호하는 데 앞장서는 따뜻하고 덕이 있는 자유주의자가 돼야 한다. 개인과 기업을 위한 정책만이 아니라 사회, 역사, 자연, 환경 공동체의 발전정책도 함께 제시해야 한다.

여당과 야당이 선진통일세력이 되기 위해 반드시 극복해야 할 공통의 병은 포퓰리즘이다. 이는 대중의 단기적 인기에 영합하고 편승해 국가이익을 저버리고 정파적 이익만을 추구하는 행위다. 포퓰리즘이 존재하는 한 시대의 목표인 선진화와 통일을 위해 요구되는 올바른 제도와 정책을 개혁할 수 없다. 포퓰리즘을 극복하고 가치와 원칙을 존중하는 리더십이 형성돼야 한다.

이러한 노력들이 진행돼 합리적 진보와 개혁적 보수로 거듭나야 정당 모두가 '제대로 된 세계관'을 갖춘 '효율적 국가경영을 생각하는 이념'과 '가치정당', '비전과 정책정당'으로 태어나야 한다. 더 이상 '이익정당'이나 '지역정당'이 아니어야 한다. 더 이상 대통령이나 대통령 후보를 중심으로 한 '개인정당'이 아니어야 한다. 그동안에 지역주의를 통해 정권을 잡았지만 앞으로는 그것이 불가능해야 한다. 정치세력 간의 연대는 오로지 '비전과 정책연대'를 통해 이뤄져야 한다.

선거는 비전과 정책이 경쟁하는 장이 되고, 정치는 보수와 진보가 서로 선진화와 통일을 위해 어느 비전과 정책이 보다 효과적인가를 경쟁하게 되는 생산적, 국민 통합적 장이 돼야 한다. 진정한 협력 속에서 선의의 경쟁이 가능해 '원칙 없는 야합'과 '죽기 살기식의 투쟁'이 없어져야 하며, 국가적 위기가 발생하면 '협치'가 가능해야 한다. 그러나 현재의 정치세력들은 선진화와 통일의 중추세력이 되기에는 너무나 부족하다. 정치개혁운동이 활발히 일어나야 할 시점이다.

5. 창조적 경제론 & 유통과 금융개혁

창조적 경제학의 철학적 본질의 조건은 '복잡계 이론' 과 '시스템 철학' 입니다. 이것을 보다 더 발전시킨 것이 '창조와 재창조에 의한 성장론' 이라는 영(靈) 철학, 즉 '양미론(兩未論)' 이고요. 왜냐하면 경제의 법칙이 한 가정에서 벌어지는 가족관계 현상과도 같아서 한 인간의 성장변화에 따라 부모(정부)의 보호와 자녀(시장)의 책임이 바뀌는 절대적인 법칙 때문이죠.

따라서 창조적 경제론은 철학을 기반으로 하는 새로운 '철학 경제학' 이 될 것입니다. 그리고 창조적 경제론은 유사 이래 그 어떤 경제학자도 창출할 수 없었던 완벽한 경제 이론으로서 새로운 '소통 경제론' 이 될 거구요. 소통은 설득이에요. 자본주의 시장경제가 민주주의라는 토대에서 정부의 경제정책을 시행 할 때 주체인 국민의 설득은 매우 중요해요. 왜냐하면 국민과, 정부정책과의 소통은 경제성장의 바로미터가 아닙니까?

제4의 길(국가복지, 체제복지)

● ● ●

좌장 조동회 | 이제 마지막으로 제4부 창조적 경제론 부분입니다. 세계는 지금 미국 발 금융 사태로 그 여파가 EU는 물론이요, 글로벌 경제위기로 까지 번져 자유시장경제체제의 수정이 불가피한 상황입니다. 그 대안으로 따뜻한 자본주의를 표방한 각종 경제서적들이 새로운 경제 질서를 창출하기 위해 정보공간을 수놓고 있어요. 혼합경제를 뜻하는 〈자본주의 4.0〉을 비롯해, 18대 박근혜 정부의 경제의 민주화를 위한 창조적 경제론이 국정의 아젠다가 되었어요. 북한의 김정은 제1비서도 경제와 관련해 대대적인 혁신을 시작했습니다. 이처럼 21세기 들어 사회주의의 붕괴 이후 급속한 자본주의의 위기가 곳곳에서 파열음을 내고 있는 이 때 국민통합과 평화통일 그리고 세계경제 위기를 해결할 그 대안을 제시 하는 역사적 일이 오늘 이 자리가 아닌가 생각해 봅니다. 경제 위기를 기회로 전환시킬 수 있는 유일한 해법이 창조적 경제론으로써의

역할분담 경제론이 아닌가 생각합니다. 창조적 경제론으로 글로벌 경제위기를 극복해 유종의 미를 잘 거둘 수 있게 역할분담 이론에 대한 진지한 질의와 응답이 있기를 바랍니다.

김현서 | 창조적 경제론에 들어가기 전에 국가복지, 체제복지라는 제4의 길에 대해 말씀해주시면 좋겠습니다.

권추호 | 네, 그런데 이 부분은 준비 된 도표를 참고해서 설명하는 방법이 어울릴 것 같네요. 조금 복잡하니까요.(보기 참조)

보기

1. 박정희 체제
 - 국가형태 : 전체주의 / 경제형태 : 통제된 자본주의
2. 경제민주화
 - 국가형태 : 민주주의 / 경제형태 : 자유시장 자본주의
3. 복지국가소사이어티
 - 국가형태 : 민주공화국 / 경제형태 : 복지 자본주의
4. 제4의 길(민주주의 4.0·공존주의 1.0)
 - 국가형태 : 공존주의 / 경제형태 : 창조적 공생주의

*공존주의(왕정 대 민주론 「노자철학 이것이다」-도올 김용옥 교수)

*창조적 공생주의(창조적 시장경제 / 창조적 경제론)

위의 도표의 내용 중 '4. 제4의 길' 부분은 필자의 의견을 덧붙인 부분이지만, 다른 1. 2. 3. 부분은『무엇을 선택할 것인가/장하준, 정승일, 이종태 쾌도난마 한국경제』라는 저서에서 분류한 것으로 해방 이후부터 우리나라에서 진행되어온 국가체제와 경제제도의 방향성을 나름대로 심도 있게 분석한 내용입니다. 본 책은 한국이 낳은 세계적 경제학자 장하준 교수를 주축으로 정승일 박사, 이종태 저널리스트 등 셋이서 나눈 경제 관련한 고담준론이 매우 깊이 있게 수록되어 있어요.

그들은 복지사회소사이어티라는 사회단체를 운영하면서 한국의 경제가 앞으로 어떻게 나아가야 하는가에 대한 고민과 함께, 나름대로 일가견을 이루고 있는 흔적들이 역력해요. 다만 제가 보기에 조금 아쉬운 것이 있다면 존재의 본질에 대한 철학적 연구가 부족해서인지, 아니면 자칫 잘못하면 이데올로기라는 색깔논쟁이 두려워 표현의 강도를 지혜롭게 제어하고 있는지는 알 수 없지만, 용어의 창조적 응용에 관심을 두었더라면 하는 조심스러운 바람이 들었어요.

예를 들어 복지국가는 그렇다고 하더라도, 민주공화국과 복지자본주의라는 용어의 선택에 있어서 새로운 정치제도와 시장경제를 원하면서도 왜 눈을 조금 멀리 남북의 통일에 까지 맞춰 보지 않는지 이해가 되지 않는 것은 아니지만 조금 아쉬워요.

세모안의 모든 세포는 세모라는 조직으로 구성되어있기에

네모가 될 수 없고, 네모안의 모든 세포는 또한 동그라미가 될 수 없듯이, 남북통일을 통해 완성 되지 못하고 아직 미완성으로 남아있는 반쪽의 국가체제 내에서 갖은 방법을 다 동원한다고 할지라도 조금은 달라질 수 있겠지만 근원적인 문제는 해결할 수 없어요. 민주는 결국 민주요, 자본은 또한 자본일 수 밖에 없어요. 새로운 세계는 새 개념을 수반하는 법이에요. 이처럼 민주주의는 사회주의가 될 수 없고 사회주의 또한 민주주의가 될 수도, 되어서도 안 돼요. 만약 그것이 가능하다면 그것은 결국 억지로 끼어 맞춘 중도(中途)일 뿐이에요. 따라서 새로운 세계는(민주주의 4.0 or 제4의 길)는 새로운 용어와 개념을 필요로 하는 법입니다.

내친김에 복지에 대한 개념도 복지를 실천하게 될 방법론에 따라 그 해석이 달라질 수도 있다는 것을 알았으면 좋겠네요. '복지국가'는 '국가복지,'와 같은가 아니면 다른가? 두말할 필요가 없어요. 다릅니다~. 왜 다른가? 복지국가는 개체성을 향한 복지지만, 국가복지는 전체성를 향한 복지이기 때문입니다. 그런데 제4의 길의 복지는 달라요. 이를 테면 국가복지와 복지국가의 장점을 결합한 제4의 복지입니다. 제4의 복지란? 정책과 제도만으로 할 수 없는 기부에 의한 '인격적 복지'에요. 다시 말해 국가의 예산만으로 집행하는 복지가 아니라 전혀 새로운 방식의 '자율적 기부'와 '의무구매기부복지'라는 창조적 복지라고요. 새로운 합(synthesis)은 새로운 이름이어야 해요.

그러니까 그것은 전혀 새로운 정치체제와 경제제도여야 해요. 발상을 전환해야 한다고요.

지금 기회가 오고 있어요. 국운융성의 기회가 말입니다. 주어진 기회를 놓치면 그 기회는 다시 오지 않아요. 6·25 동란 이전의 역사를 보세요! 흉측한 총칼을 높이 치켜들고 마치 제 집인 양 당당하게 들어와 유린하던 이 국토에 전대(錢臺)에 금은보화를 꼭꼭 숨기고 들어와 전국의 관광지를 찾는 일이 MB 대통령께서 "국운상승"을 외치기 훨씬 전의 일임을 국민들이 먼저 인식했어야 했듯이, 정치도 좋고 경제도 좋지만 역사철학에 대한 관심을 보다 더 많이 가져야 미래를 명확하게 선견(先見)할 수 있다고요.

창조적 경제론(역할분담/비율배분 경제론)과 경제의 민주화

● ● ●

김 | 18대 대선을 앞두고 새누리당에서 창조적 경제론을 외쳤는데 소장님의 저서들을 보게 되면 그 보다 훨씬 전에 창조적 경제론이 언급되어 있었어요. 창조적 경제론은 어떤 것인지에 대해 먼저 이론적 배경부터 말씀해 주시겠습니까?

권 | 역사는 미완성에서 완성이라는 궁극의 목적을 향해 끊임없이 발전한다고 하지 않았습니까? 성장할수록 책임이 늘어나듯이 경제학 또한 복잡다단한 과정을 통과하지 않으면 안 돼요. 따라서 창조적 경제론[1)]은 철학에 기반 한 '제4의 경제론'이에요.

---

1) 다음의 글은 A. 칼레츠키의 저서 『자본주의 4.0』에서 새로운 경제학의 조건을 갈파한 내용입니다. 필자가 제기한 '창조적 경제론'과 그 맥을 같이한다고 할 수 있을 것이다. 다만 저자는 경제학을 말하면서 철학의 본질 문제는 언급하지 못하고 있어요. 물론 철학적 마인드로부터 멀리 있어서 일 테지만 "경제의 위기는 철학의 부재"라고 한 것에서 보듯이 철학적 뒷 받침이라는 것은 지극히 중요하다.

『자본주의 4.0』 - 제3부 12장 새 경제학을 향하여

자본주의의 발전을 위해 유용한 분석과 조언을 제공하려면 새로운 경제사

따라서 창조적 경제론은 창조 역할(남성성 : 생산) 과 재창조

상은 세 가지 조건을 충족시켜야 한다. 첫째 시장경제는 균형상태의 정적인 시스템이아니라 끊임없이 진화하는 시스템이라는 사실을 인식해야 한다. 경쟁시장 시스템의 가장 중요하고 가치 있는 특징은 사회적 · 정치적 · 기술적 변화에 대응해 변화하는 능력이다. 둘째 효율적인 정부와 역동적인 민간 기업은 서로 배타적인 관계가 아니라 협력적인 관계이다. 자본주의가 성공적으로 작동하려면 강한 정부와 강한 시장이 모두 필요하다. 정부는 아무런 경제적 역할도 하지 않는 시장시스템을 창조하려는 꿈은 2008년 9월 15일에 끝났다. 새로운 경제학의 세 번째 특징은 위의 두 가지 특징의 원인이기도 하고 결과이기도 한데, 바로 인간 행위와 경제적 사건들이 원래 예측 불가능하다는 점에 초점을 맞춰야 한다는 것이다.

케인스, 슘페터, 프랭크 나이트가 도입한 예측 불가능성을 강조하는 것은 새 경제이론의 핵심 원리가 될 것이다. 이번 금융위기에서 생성 된 새 경제에서는 모든 참가자들이 시장과 정부 모두 틀릴 수 있다는 점을 인식해야 한다. 미래가 불확실 하며 미래가 인간의 행위와 기대 그리고 현실간의 상호작용에 의존하는 세상에서는 합리적 기대라는 가정아래 한 가지 정확한 경제작동 모델만 존재한다는 생각은 터무니없는 착각이다. 불확실한 세상에서는 시장의 결정과 정부의 결정 모두 시행착오를 거치며 갈지자 행보로 나아갈 것이다. 정부 정책은 경제 시스템이 변하는 여건에 적응하면서 계속 진화해가야 한다.

요컨대 미래 경제는 민간부문과 공공부문이 모두 중요한 역할을 한다는 점에서 명백한 '혼합' 경제가 될 것이다. 그리고 정부와 시장 간의 관계를 포함한 경제규칙들이 변화한다는 점에서 '적응' 하는 경제가 될 것이다.

금융위기 이후 사람들이 시장의 힘과 경제 지식에는 본질적인 한계가 있다는 것을 깨달으면서, 앞으로 10년 동안 경제학 분야에서 창조적인 새로운 접근법이 나타날 것이다.

오늘날 경제학은 사라지지 않으려면 패러다임 전환을 통해 더 포용력 있고 더 겸손한 학문이 되어야 한다. 다른 사회과학과 통찰들을 받아들이고 경제학의 뿌리로 돌아가야 한다. 애덤 스미스, 케인스, 하이에크, 슘페터, 그리고 위대한 경제학자들은 경제 현실에 관심이 있었다. 이들은 실체가 없는 대표적 주체나 실재 세계를 반영하지 못하는 완전한 시장에 대한 가정을 사용하는 대신에 시장에서의 실제 인간 행위를 연구했다.

이들의 통찰력은 역사에 대한 이해 · 심리적 직감 · 정치에 대한 이해에 등에 기반을 둔 것이며, 사회와 인간 행위를 더 단순하고 더 비현실적으로 제한

역할(여성성 : 유통)에 의한 역할분담 경제론이에요. 역할분담 경제론을 더욱더 세분화하게 되면 '비율배분 경제론'이 되지요.

—역할분담이란? 부(父:창조)와 모(母:재창조)라는 인격적 관계를 정부와 시장, 생산과 유통, 대기업과 중소기업에 비유한 개념이며, 비율 배분이란? 성장단계별 보호와 책임의 법칙과 같이 생산과 유통에 있어서의 사유화와 공유화의 비율, 정부와 시장의 역할에 있어서의 비율, 내수와 수출에 있어서의 대기업과 중소기업의 지분 비율 배분 등을 어떻게 얼마만큼 나눌 것인가를 규정한 개념이다(비율 배분이란? 생산은 사유중심성을 갖고, 유통은 공유중심성을 갖기 때문에 생산에 있어서의 사유와 공유의 비율은 6:4 or 7:3, 유통에 있어서의 사유와 공유의 비율은 4:6 or 3:7로 정하게 되는 규정을 말함)—

창조적 경제학의 철학적 본질의 조건은 '복잡계 이론'과 '시스템 철학'입니다. 이것을 보다 더 발전시킨 것이 '창조와 재창조에 의한 성장론'이라는 영(靈)철학, 즉 '양미론(兩未論)' 이고요. 왜냐하면 경제의 법칙이 한 가정에서 벌어지는 가족관계 현상과도 같아서 한 인간의 성장변화에 따라 부모(정부)의 보호와 자녀(시장)의 책임이 바뀌는 절대적인 법칙 때문이죠.

따라서 창조적 경제론은 철학을 기반으로 하는 새로운 '철학 경제학'이 될 것입니다. 그리고 창조적 경제론은 유사 이래 그 어떤 경제학자도 창출할 수 없었던 완벽한 경제 이론으로서

하는 추상적인 가정이 아니라 사회적 관계에 대한 더 복잡한 설명으로 발전시켰다. 이들의 중요한 분석 도구는 수학이 아니라 글이었다.

새로운 '소통 경제론'이 될 거구요. 소통은 설득이에요. 자본주의 시장경제가 민주주의라는 토대에서 정부의 경제정책을 시행할 때 주체인 국민의 설득은 매우 중요해요. 왜냐하면 국민과, 정부정책과의 소통은 경제성장의 바로미터가 아닙니까?

그 동안의 모든 경제 이론이 완전한 철학적 바탕위에서 영원히 고정적이고 불변하는 절대적 경제 이론을 이끌어내지 못했어요. 그러나 창조적 경제학은 합리적 기대이론의 대부분을 반대했던 노벨 경제학상에 빛나는 에드먼드 펠퍼스(Edmund Phelps)의 '불완전 지식경제학'을 넘어서 완전하면서도 자유의지에 따라 변할 수 있음을 미리 알아서 응용할 수 있는 '결정적 자유의지 경제학'이에요. 이것은 전체적으로는 완전하지만 부분적으로는 국민들의 경제행위의 수행 여부에 따라 변하는 '완전한 지성 경제학'이 될 것입니다. 조금 어렵나요?

김 | 글로벌 경제위기를 맞이해 경제체제의 패러다임을 전환해야 한다는 목소리가 높아지고 있는데 창조적 경제론을 창도한 분으로서 권 소장님은 어떻게 생각하시는지요?

권 | 21C는 인류문화의 청년기이자 상속기요, 결혼의 시기이므로 모든 분야에 있어서 대전환의 시대예요.

2008년 미국과 유럽(EU)의 잇따른 금융대란과 재정(디폴트)위기로 자본주의 신자유주의 시장경제체제 또한 심각하게 표류하고 있습니다. 따라서 세계는 지금 구(舊)시대적 냉전이데올로기(Ideology)를 넘어, '평화공존과 상생'(相生 : 結婚)에 의한 새로운 국가체제를 수립하지 않으면 안 되는 절체절명의 시대를 맞이했어요.

2012년 다보스포럼(WEF)은 "소득분배 불공평으로 인해 현재의 자본주의체제가 위기에 처해있다"라고 설파하면서"자본주의의 위기 새 모델을 만들자!" 세계사회포럼(WSF)도 브라질의 포르투알레그레에서 "자본주의의 위기 사회·경제적 정의"를 동시에 선언했어요.

경제와 관련된 서적도 봇물을 이룹니다. 정부와 시장 기능의 조화, 즉 혼합경제를 다룬 『자본주의 4.0』 아나톨 칼레츠키(Anatole Kaletsky), 자유 시장경제가 실패한 게 분명한 이 시점에 정부가 경제를 위해서 뭘 할 수 있는가? 에 대한 답인 『자유시장의 종말 : 국가는 무엇을 해야 하는가(한국판)』 이언 브레머(Ian Bremmer), 자유 시장모델의 '이기적 본성'의 폐해를 낱낱이 파헤친 『경제학의 배신』 라즈 파텔(Raj Patel) 등…!

우리나라의 대표적 두 여·야 정당도 양극화 해결을 위한 '창조 경제론'과 '경제의 민주화'를 정강정책으로 채택했어요. 3대 언론사인 동아일보는 "공존의 자본주의에서 길을 찾다."라는 제목으로 12회에 걸쳐 특집으로 연재했는데 '유통 공용화의 폐회'는 물론이요 그 중 마지막 12회는 "대기업의 윽박지르기로는 상생 어려워… 제도 먼저 갖추자"라고 했어요.

김 | 패러다임의 대 전환은 새로운 방법론을 찾아야 한다는 뜻으로 들립니다. "새 술은 새 부대에 넣어야 한다."고 했듯이 말입니다.

그 것이 가능하다면 어떤 내용일까요?!

권 | 사회주의 경제도 자본주의 경제도 궁극에 있어서는 과정주의일 뿐 결코 궁극에 있어서 완성된 경제제도는 아니에요. 왜냐하면 사회주의적 계획경제는 '생산의 공유화(共有化 : commoing)'로 인하여, 사유화(私有化) 할 때에만 발생되는 개인의 창조력을 차단시켰어요. 또한 자본주의적 시장경제도 '유통(流通)을 사유화'함으로 인하여 유통비용을 고스란히 소비자가 떠안게 되는 문제를 안고 있고요. 따라서 양자(兩者) 모두 창의적 경제에 의한 '생활 공동체경제(Oikonomia)'요, '완성된 경제체제(양(兩)체제의 장점을 결합한 창조적 경제)'를 아직도 창출하지 못했기 때문이지요.

따라서 그 중 사회주의체제의 장점이었던 유통의 공유화(배급제)를 자본주의 시장경제에 부분적으로 도입하여 새로운 경제방식을 창출하는 새로운 방법론이에요.

생산과 유통의 역할을 구분하여, 유통부분에 있어서의 유통의 50% 공영(공(公)과 사(私)의 공유)화 개혁으로 기존의 경제제도를 혁신하여 새로운 신성장동력을 창출하는 것이지요. 이것은 정치권에서 제기한 창조 경제론처럼 "과학기술과 IT를 활용의 양경제론일자리를 지요고 소프트산업 등 신성장산업을 육성하는 것을 의미하는 이것 그런 기존의 단순한 요소투입에 의한 구태적인 방법이 아니라 그 차원을 달리한 창의적 발상인 새로운 제4의 창조적 경제론이에요. 이것은 류상영 연세대 교수가 강조한 일명 '땀과 장시간 노동'이 아니라 '영감에 의존한 경제'와 '요소 투입 이외의 정치사회적 변수가 갖는 의미'의 차원이 다른 새 방법론입니다.

유통의 50% 공유제도의 선택은 새로운 경제의 모델이며 '경제력집중 완화와 부문 간의 균형성장'의 화두이자 새로운 차원의 '융합적 혁신 경제'의 단초에요. 그 외의 수많은 방법론들은 각론들이며, 지엽적인 사안들임을 인식해야 해요. 또한 자본주의 시장경제체제에서 유통의 혁신이 이뤄져야 비로소 '양극화해결'과 평화적 남북통일의 '제도적 기초'가 놓이게 될 것임을 간파해야 한다고요.

— 정부와 시장의 조화를 뜻하는 '혼합경제'의 '자본주의 4.0'을 훌쩍 뛰어넘어, '생산과 유통 & 대기업(수출중심)과 중소기업(내수중심)의 역할분담'에 의한 '성장과 복지'의 동시추구라는 입체적인 경제의 한 축인 '새 경제체제'를 창출해야 양극화 문제를 해결할 수 있다. —

— 3 · 8선은 궁극에 있어서 지나친 사유와 국유라는 경제체제의 상이성이 만들어 낸 설익은 이념의 철조망이다. 따라서 '혁신경제의 창출'만이 오랜 기간 굳건히 걸어 놓았던 질긴 빗장을 걷히게 할 유일한 방법론이다. —

북한의 경제 관리방식 개혁

● ● ●

김 | 최근 북한이 경제개혁을 획기적으로 단행한다는 소식을 접하면서 의외라는 생각을 했습니다. 소장님의 입장에서 본다면 감회가 남다를 것 같은데 북한의 경제 개혁을 어떻게 생각하십니까?

권 | 네, 물론입니다. 2012. 4. 17자 〈동아일보〉는 "일본 마이니찌 신문이 4. 16일 1면 톱기사로 북한의 김정은 노동당 제1비서가 2012. 1. 28일 발언록에서 "자본주의 방식을 포함한 경제개혁 방안을 논의할 것을 노동당 관부들에게 촉구했다고 보도하면서 김정은은 "경제 분야 일꾼과 경제학자가 '경제 관리를 이런 방법으로 하면 어떻겠느냐'고 제안하면 색안경을 끼고 '자본주의 방식을 도입하려한다'고 비판하는 사람이 있다"고 지적했다. 김정은은 또 "이런 사람 때문에 경제 관리에 대한 방법을 갖고 있어도 말하려 하지 않는다."고 말했다. 경제 개혁 전문가들이 그동안 색깔 논란을 우려해 위축돼 왔다는 지적이라고, 그리고 "북한 최고지도자가 그동안 금기시돼 온 자본주의 방식을 직접 언급한 만큼 북한이 대대적인 경제개혁을 실

시할 가능성이 높아졌다"고 신문은 분석했다."라고 했으며, 2012. 6. 26 "협동농장의 사유화 선언"기사를 내기에 까지 이르렀어요.

그 뿐만이 아니에요. 2012년 6월 말 노두철 부총리 조장으로 "경제관리방식 개선노조를 올 초 발족시켜 '농지소유 협동농장 사유화 개혁'을 선언했다. 그리고 김정은 정권은 지난해 김정일 국방위원장 사망 이후 나흘밖에 되지 않아 국상(國喪) 기간이었던 12월 21일 무려 7개의 경제법령을 개정했는데, 이 법령이 외국인 투자유치 정책에 관한 내용이기에 이변중의 이변이라 아니할 수 없다."라고 했어요.

김 | 북한이 진심으로 자본주의 제도를 받아들일 수 있을까요?

권 | 가능성이 많다고 봐야 해요. 김정은은 내부에서 고립된 생활만 하지 않고 중립국인 스위스에서 유학을 하면서 경제체제에 대한 많은 충격을 받았을 겁니다. 저도 대학시절 같은 자본주의체제 속에 있으면서도 미국 연수를 통해 충격을 받고 생각이 크게 바뀌는 것을 경험한 사실이 있거든요? 다음 내용을 한번 보세요.

"김정은은 또 "비판만으로는 경제관리 방법을 현실 발전의 요구에 맞게 개선해 나갈 수 없다. (북한)경제 관리의 최대 문제는 이론과 과학적 개산에 근거하지 않은 점이다." 라고 발언했다. 이와 함께 "공장과 기업이 충분히 가동되지 않아 생활에 불편을 주고 있다. 어려운 생활 속에서도 변함없이 노동당을 따르고 있는 훌륭한 인민에게 더 우수한 물질과 문화생활을 보장해 인민이 언제나 노동당 만세를 해야 한다"고 말했다고 신문은 전했다. 신문은 "김정은 동지가 최근 당 간부들에게 중국이든 러시아든 일본이든 활용할 만한 경제개혁 방안이 있다면 도입하도록 지시했다"는 노동당 관계자의 말도 인용했다. 그러면서 "북한 최고지도자가 그동안 금기시돼 온 자본주의 방식을 직접 언급한 만큼 북한이 대대적인 경제개혁을 실시할 가능성이 높아졌다"고 분석했다."라고 했어요.

김정은 특별지시로 추진(생산과 유통의 50% 사유화)

북한 김정은 정권이 경제개혁을 위해 내각에 특별조직을 신설하고, 부총리 급 인사를 책임자로 임명한 것으로 밝혀졌어요. 김정은 정권이 2000년대 초 '경제관리 개선조치'와 같은 비중 있는 경제개혁을 시행 경제 개혁이라는 관측이 나오고 있어요. 그리고 뒤 이어 곡물생산의 50%를 시장에 내다 팔 수 있게 자유조치를 내렸으며, 근로자 1만 명 이상의 특급 기업소와 5천 명 이상의 1급 기업소를 제외한 모든 기업들에 대한 사유화 조치를 단행했어요.

사회주의 계획경제체제에 자본주의 시장경제의 장점을 결합한 새로운 체제의 실험은 실로 놀라운 국가체제의 대 전환이 아닐 수 없어요. 생산부분에 있어서 특급 기업소(1만 명 이상)와 1급 기업소(5천 명 이상)를 제외한 나머지 기업들에 대한 사유화와 협동농장의 70%의 사유화 조치는 물론이요, 곡물 생산의 50%를 시장에 내다 팔 수 있게 배급제를 1/2을 줄이고 유통부분의 50%를 시장의 논리에 맡기는 획기적인 경제체제의 변신은 "자본주의 4.0에 딱 맞는 한국(윤영신 동아일보 사회정책 부장)"보다 북한이 앞서 자본주의 4.0인 혼합경제의 이상적 모델인 '제4의 길'을 가장 먼저 시도하게 되는 첫 국가가 될지도 모를 일이에요.

이제 남은 것은 우리에요. 생산부분은 이미 각종 공사와 공단을 통하여 50%는 공유화되어 있지만 거의 100%가 사유화되어 있는 유통부분의 50%를 어떻게 공유화 하는가 입니다.

북한이 자본주의 방식을 언급했다는 사실은 단순한 이변이 아니라 무섭고 두려운 사변에 가까운 일입니다. 이는 북한이 자본주의 방식의 도입과 협동농장의 사유화 선언 및 외국인 투자유치 정책에 관한 법령 개정은 개혁이 아니라 개벽에 가까운 사건이에요. 이것은 세계의 경제적 위기와 함께 향후 한반도 변혁의 대 폭발(Big Bang)로 나타나게 될 거라고요. 이 나라는 물론이요 전 세계의 경제체제의 지축을 흔들게 될 웅장한 서곡이 되리라는 것을 쉽게 예측할 수 있지 않을까요?

김 | 인민들을 대상으로 경제개혁에 대한 학습도 병행한다는 소식도 들었습니다만 사실입니까?

권 | 중국의 정통한 대북 소식통들은 25일 "북한 김정은(노동당 제1비서)의 특별지시에 따라 올해 초 내각 산하에 '경제 관리

방식 개선을 준비하는 소조(개선소조·추정 명칭)가 꾸려졌고, 노두철 부총리가 조장"이라며 "북한 내부에서는 이르면 8, 9월에 경제개혁 방안이 나온다는 기대가 높다"고 밝혔어요. 또 다른 대북 소식통에 따르면 "김정은은 경제문제 해결에 적극적 자세를 갖고 있다"며 "경제와 관련해 내각의 권한과 책임이 대폭 강화되고 있다"고 말했어요.

주중 한국대사관의 분석 결과 올해 1~5월 5개월 동안 최영림 내각 총리는 41회의 경제 관련 시찰을 다녔다고 해요. 지난해 같은 기간(9회)에 비해 폭발적으로 증가한 것이죠. 이에 앞서 13일 조선 중앙TV는 평양에 있는 인민 대학습당에서 26일 오후 4시 '사회주의 경제관리 방법을 개선하는 데서 나오는 몇 가지 문제'라는 주제로 김일성종합대 염병호 박사의 강의가 열린다고 보도했답니다.

창조적 경제론은 역할분담경제론

● ● ●

김 | 제가 경제학을 전공하지 않아서 인지는 모르겠습니다만 역할분담 경제론이라는 경제용어는 처음 듣는 것 같습니다. 역할분담 경제론이란 구체적으로 어떤 내용 입니까?

권 | 예를 들어 정부와 시장의 역할이 다르듯이 생산과 유통의 역할 또한 다르다는 것입니다. 생산은 남성성을 갖고, 유통은 여성성을 갖는다고 하겠죠. 따라서 생산은 창출기능이지만 유통은 나눔의 기능이에요.

경제의 본질적 3요소는 생산·유통·소비에요. 생산(生産 : production)은 선의 경쟁성을 갖기에 보편적인 '사유화'의 근본 틀을 유지해야 해요. ─ 물론 공공성이 큰 것은 공유(공사)성을 가져야 하지만 ─ 그러나 유통(流通 : distribution)은 전달과 조절기능을 갖기에 보편적으로 '공유화'[2)]가 정석이고요.

---

2) 국영화를 해야 하는 이유 : 앞에서 나는 국영기업이 부진한 성과를 내는 원인이라고 열거되는 이유들이(정도는 다르겠지만)하나같이 소유권이 분산되어 있는 대규모 민간 기업에 대해서도 적용된다는 사실을 지적했다. 나는 또한 좋은 성과를 내는 공기업들이 많이 있다는 것을 확인할 수 있는 사례들도 제시

왜냐하면 유통의 사유화는 유통의 단계가 복잡(3~4단계)하

했다. 그리나 아직 중요한 이야기가 남아있다. 경제 이론적으로 볼 때도 공기업이 민간 기업보다 우월한 상황들이 존재하기 때문이다.

그 중 한 가지 상황은 장기적으로는 성공 가능성이 있지만 위험도가 높은 것으로 판단되는 모험적인 사업에 민간 부문의 투자자들이 자금을 대지 않으려고 하는 경우이다. 자본시장은 자금의 빠른 회전력을 최대한 이용하기 위해 대개는 단기적인 수익을 향해 몰리는 특성이 있다. 회임 기간이 길고 위험한 대규모 사업을 선호하지 않는 것도 그래서이다. 자본시장이 이렇듯 지나치게 신중하여 실현가능성이 있는 사업에 자금을 대지 않을 경우, 즉 경제학자들이 말하는 '자본시장의 실패'가 발생할 때에는 국가가 설립한 국영기업이 그 일을 맡을 수 있다.

자본시장의 실패는 발전의 초기 단계, 즉 자본시장이 성숙하지 않아 시장의 보수성이 강할 때 더욱 두드러진다. 따라서 역사를 살펴보면 각국은 경제발전의 초기 단계에서 국영기업에 의존하는 경우가 많았다. 2장에서 논의한 바와 같이 18세기 프리드리히 대제(1740년~1786년) 치하의 프러시아는 직물(그 중에서도 린넨), 금속, 무기, 도자기, 견직물 그리고 제당 산업과 관련하여 수많은 '시범 공장'을 설립했다. 19세기 후반 메이지 시대의 일본도 프러시아를 모델로 해서 조선, 제철, 채광(면직, 모직, 견직 같은), 직물, 군비 산업을 비롯한 많은 산업에서 국영시범공장을 설립했다. 일본 정부는 이들 기업이 자리를 잡자 곧 민영화 했지만 일부 기업들, 그 중에서도 특히 조선업체는 민영화된 이후에도 막대한 보조금을 지원 받았다.

한국의 제철 회사 포스코는 자본시장의 실패로 인해 설립된 국영기업의 현대적인, 그리고 보다 극적인 사례이다. 여기서 얻을 수 있는 보편적인 교훈은 명백하다. 흔히 생각하듯이 공기업은 자본주의의 폐지를 위해서가 아니라 자본주의적 발전의 시동을 걸기 위해 사용된 경우가 많다는 것이다.

국영기업은 '자연독점'이 있는 분야에도 설립될 수 있다. 자연독점은 기술적인 조건 때문에 공급자를 하나만 두어야 시장의 요구를 가장 효율적으로 충족시킬 수 있는 상황을 이르는데, 전기·수도·가스·철도 그리고 전화 같은 것이 자연독점의 사례라 할 수 있다. — 역사를 살펴보면 선진국들은 이런 산업들에도 처음에는 수많은 소규모 생산자들이 경쟁하는 형태로 시작하였으나, 나중에는 대규모 지역 독점, 혹은 국가 독점 기업으로 합병되었다.(그리고 대부분 국유화되었다.)

정부가 국영기업을 설립하는 세 번째 이유는 국민들 사이에서 형평성을 유

게 분화되면서 중간 마진이 눈 덩이처럼 불어나게 되는데, 그 피해는 결국 소비자인 시민의 몫으로 남게 돼요.

그리고 금융의 자유화[3] 또한 공공성을 이탈하여 '생산적 투

지해야 하기 때문이다. 민간 기업들에게 맡겨 둘 경우 외진 지역에 사는 사람들은 우편·수도·교통 등의 서비스를 이용하기 어려워진다. 예컨대 스위스에서는 외딴 산간 지역의 주소지로 편지를 보내는 비용은 제네바의 주소지로 보내는 비용보다 훨씬 높다. 이윤에만 관심이 있는 기업이 우편 업무를 맡을 경우 이렇듯 산간지역으로 보내는 우편요금이 올라가게 되고, 그러면 그곳 주민들은 우편 서비스 이용 횟수를 줄이거나 아예 이용을 중단할 수밖에 없다. 따라서 정부는 모든 국민들이 마땅히 누려야하는 핵심적인 서비스에 대해서는 손실을 감수하고라도 공기업을 세워 그 사업을 운영하겠다는 결정을 내릴 수 있다.

– 『나쁜 사마리아인들』 장하준 지음 / 이순희 옮김 도서출판 부키

3) 라즈 파텔은 그의 저서 『경제학의 배신』에서 "경제학자 센퍼드 그로스먼(Sanford Grossman)과 조지프 스티글리츠(Joseph Stiglitz)가 1980년, 효율적 시장 가설이 작동하지 않음을 입증했다. 그 이후로도 수백 편의 연구가 효율적 시장가설이 얼마나 비현실적인지 지적했다. 그중에 가장 영향력 있는 것으로 유진파머 자신이 쓴 글도 있다. 효율적 시장 가설과는 달리 시장은 비합리적으로 움직일 수 있다. 즉 투자자들이 어떤 주식에 떼 지어 몰려서, 그 주식의 실제 가치와 상관없이 주식의 가치를 끌어올릴 수 있다는 것이다.

효율적 시장 가설이 틀렸다는 사실을 보여주는 수많은 경제학적 증거도 있는데도, 세계 각국의 정부가 이 이념을 받아들였다. 이 가설이 '편리한 거짓'이라는 것을 깨달은 사람이 그린스펀만은 아니었다. 트레이드들은 규제기관이 그 가설이 마치 진리인 듯이 전제하고 행동하도록 조장했고, 그 덕에 어마어마한 도박을 벌일 수 있었다. 한동안은 돈이 굴러 들어왔다. 〈파이낸셜타임스(Financial Times)〉는 1990년대 중반부터 '돈 쓰는 법(How to Spend It)' 이라는 제목이 붙은 부록 기사를 매월 내놓기 시작했다.

이런 도박으로 부유해진 금융계의 독자들이 쌓아놓은 돈을 쉽게 쓸 수 있도록 돕기로 마음먹은 모양이었다. 지난 10년간 벌어진 호황의 마술은 중산층의 마음도 움직였다. 중산층은 주거지에서 금융자산으로 둔갑한 주택을 통해 거품 속으로 빨려 들어가 금융 산업의 먹잇감이 되었다. 거품이 터지자, 은행은

자'로 내몰리게 되면, 경제의 공공성을 심각하게 해치게 돼요.

살아남았지만 주택을 소유한 개인들은 그렇지 못했다. 그들은 은행만큼의 영향력을 발휘할 수 없었기 때문이다. 정부는 문제가 생길 경우 사태를 수습하기 위해 개입하겠다고 약속함으로써 금융 산업이 흥청망청 잔치를 벌이게끔 조장했고, 사태가 터지자 실제로 그렇게 했다.

금융가들의 도박으로 금융시스템은 망가졌는데도, 그들이 챙긴 이익은 고스란히 그들의 주머니에 남았다. 그 이익은 사유화되었으나 위험은 사회화되었다. 그들의 부는 전 세계가 엄청난 희생을 치른 대가로 얻어진 것이었다. 이런 상황에서 2009년, 최상위 헤지펀드 매니저 들은 역사상 세 번째로 많은 돈을 벌어들였다. 금융위기를 예측한 일부 헤지펀드는 조지 소로스(George Soros)의 말처럼 '기회가 된 위기'를 맞아 오히려 천문학적인 수익을 올렸다. 골드만삭스(Goldman Sacks)임직원들이 140년 회사 역사상 최대 보너스를 받게 된다는 소식이 알려지면서 비난 여론이 들끓기도 했다.

이 모든 일을 통해 '자유시장' 이라는 수사(修辭)가 비시장적인 행위들을 위장하는 보호막 역할을 한다는 것이 드러난다. 골드만삭스 직원들이 여전히 문제없이 지내는 이유는 골드만삭스가 명백히 비시장적인 술수를 부렸기 때문이다. 격주간지 〈롤링스톤(Rolling Stone)〉의 저널리스트 맷 타이비(Matt Taibbi)는 특유의 필치로 골드만삭스가 미국 정부를 어떻게 움직여왔는지 폭로했다.

오바마 행정부의 경제팀은 월가가 선호하는 재무장관 티머시 가이트너(Timothy Geithner)부터 래리 서머스에 이르기까지, 한 세대를 아우르는 금융 친화적 인물들로 채워졌다. 가이트너는 뉴욕 연준 의장 재임 기간 중 JP모건체이스가 베어스턴스를 인수하도록 종용하며 290억 달러의 기록적인 규모의 대출을 주선했다. 래리 스머스는 월가의 대형 헤지펀드에서 2년 동안 일주일에 하루 일하고 520만 달러를 벌었다. 이들은 백악관에서 차지한 새로운 지위 덕분에 경제라는 밀림의 타잔 같은 존재가 되었다. 월가가 기뻐할 것은 뻔하다.

골드만삭스는 AIG에 투자를 많이 해둔 상태였는데, 90년이나 된 이 보험업계 거인은 금융 상품 사업부 때문에 파산 지경에 이르렀다. 2008년 AIG 구제 조치로 골드만삭스는 130억 달러에 달하는 투자 원금 전액을 돌려받았다. 이와 대조적으로 크라이슬러에 투자한 사람들은 투자 금액 중 29%를 돌려받은 것에 만족해야 할 상황이다. 민주주의에 관심 있는 사람이라면 월가와 정부사이의 경계선이 거의 분간할 수 없을 지경이라는 사실에 우려할 수밖에 없다. 아무리 너그럽게 본다 해도, 위기를 조장한 기관들이 스스로 혼란을 해결할 수 금융의 규제완화로 인한 2008년 미국 발 금융 위기와 유럽 발 재정 위기(디폴트)가 이를 잘 증명하지 않나요? (도표 5-1, 2 참조)

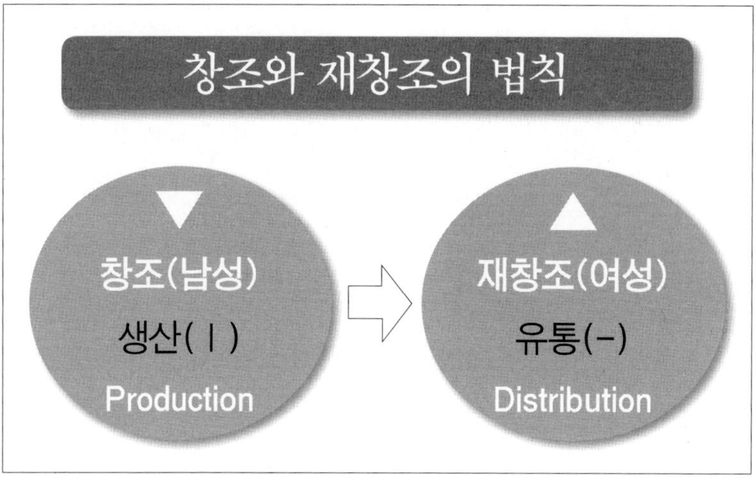

도표 5-1

없을 것이라고 의심하는 것은 당연하다.

나심 탈레브는 부조리한 상황을 이렇게 지적했다. "스쿨버스를 무모하게 운전하다가 사고를 낸 사람들에게 결코 새 버스를 주어서는 안 된다." 문제는 우리 경제가, 그리고 대부분의 정치가조차 실질적으로 민주적통제를 받지 않는다는 점, 버스 운전사 자리는 항상 똑같은 운전학원을 졸업한 이들로 채워질 거라는 점이다.

월가가 정부를 포함한 현 상황에는 변함이 없지만, 어쩐 일인지 정치가들은 한 세대가 지나도록 입 밖에 내지 않던 '규제'라는 말을 꺼내기 시작했다. 골드만삭스를 비롯한 금융회사들이 시장의 붕괴 속에서도 상당한 이득을 거두는 가운데, 시장이 그동안 지나치게 자유를 누려왔다는 문제의식이 정치인들 사이에서 대두되기 시작한 것이다."

도표5-2

사회주의의 장·단점과 자본주의의 장·단점

김 | 사회주의의 장·단점과 자본주의의 장·단점을 말씀하셨는데 그것을 정확하게 구분을 할 수 있습니까?

권 | 자본주의의 **장점**은 생산의 '사유화'인 개인의 '선의 경쟁'이며, 사회주의의 **장점**은 유통의 '공유화', 즉 '국가로 부터의 분배'(생산에 참여한 분배-분배는 유통의 다른 이름)입니다. 그리고 자본주의의 **단점**은 '유통의 사유화'이며, 사회주의의 **단점**은 '생산의 공유화'이고요. 따라서 두 체제의 장·단점의 구체적 분석에 대한 부재가 결국 사회주의를 해체하게 만들었으며, 또한 자본주의를 작금의 위기로 내몰게 된 원인이에요.(생산의 사유와 공유는 7:3~6:4, 유통(금융)의 사유와 공유는 6:4~3:7) (도표5-3 참조)

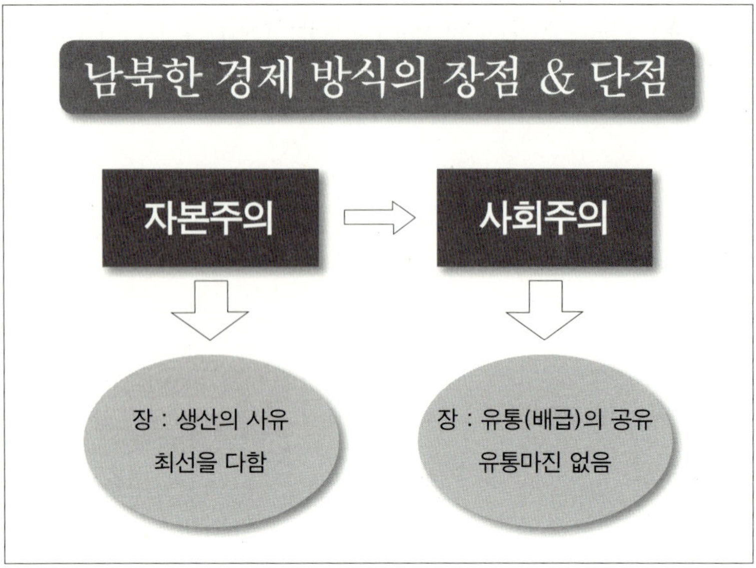

도표5-3

북한은 생산의 50% 사유화,
남한은 유통의 50% 공유화

● ● ●

김 | 남북통일을 위해서는 북한은 생산의 사유화가, 남한은 유통의 공유화가 이뤄져야 하겠군요. 그러면 북한은 이미 착수했는데 남한의 유통구조에 대한 혁신이 문제입니다. 현재 우리의 유통은 어떤 상태입니까?

권 | MB 정부는 2011년 7월 20일 물가관계 장관회의를 열어 "발상을 전환하여 유통구조의 제도적인 부분까지 연구하여 그 대안을 제시하라"고 지시했었어요. 김정식 연세대 경제학부 교수도 '다보스 포럼의 경고'라는 〈동아일보〉 칼럼에서 "먼저 양극화를 해소하려면 현행 경제체제를 보완할 필요가 있으며, 우리가 소비하는 제품의 상당수는 독과점 업체가 공급하고 있다"고 유통부분의 폐해를 역설했고요.

따라서 경제의 한 축인 유통과 금융의 구조를 시급히 개선해야 합니다. 그러기 위해서는 과감히 유통과 금융의 지나친 사유화 및 자유화 구조를 조정하고 공공성, 즉 '유통과 금융의

50% 공영화'를 위한 '유통과 금융공사를 새롭게 창설해야 해요. 그렇게 하려면 기존의 농수산유동공사(aT)를 재창조'하여 물류시스템을 보완해서 직거래 중심의 통로를 만들어야 합니다. 은행 또한 이미 민영화된 것들을 사안별로 분류해서 공공성이 큰 부분은 공영화(공(公)·사(私) 공동 경영) 하는 '금융규제 조치'를 해야 하고요. —금융은 생산기능보다 유통과 같은 조절기능의 비율이 높다.—

유통과 금융구조의 50% 공영화를 이루지 못하면 신 시장경제인 '창조적 시장경제'와 윤리경영은 결코 불가능해요. 그리고 '유통과 금융의 50% 공영화'를 이뤄내지 못하면 양극화 및 사회갈등의 해결은 결코 힘들어요. 지금 손쓰지 않으면 자본주의의 위기를 더 키워 결국 민주주의와 모든 구성원의 공멸을 초래하게 된다고요. 그러므로 '유통의 1/2 공유화' 정책으로의 대 전환은 북한이 생산의 50%의 사유화라는 사상초유의, 아니 실로 경이로운 새로운 방식의 '경제체제'를 선택하게 될 수밖에 없듯이, 우리 남한도 모든 '유통의 50% 공유화'를 현실적으로 실현해야 합니다. —우리 나라의 여러 각종 공사 들은 생산부분에 있어서의 공유성을 이미 1/2 정도 갖추고 있다.(중앙공기업 286개, 지방공기업 137개)—

이창양 KAIST 교수는 "경제는 민주화의 대상이 아니라 공정한 경쟁의 영역이다. 따라서 소위 경제민주화의 핵심은 공정한 경쟁 기회의 보장과 경제적 차별의 해소다."라고 했어요. 맞는 말이에요. '유통의 50% 공유화'는 대·중소기업의 역할분담론과 함께 자본주의 시장경제에 놀라운 결과를 가져오게 할거에요. 먼저 유통의 100% 사유화로 인해 생산과 유통의 두 축을 한꺼번에 거머쥐고, 이미 시장 질서를 정글로 만들어버릴 수밖에 없었던 비 공정의 경영방식이 사라질 것에요.

그리고 진정한 윤리경영이 새롭게 살아나 대·중소기업과의 사이에서 발생되는 모든 불협화음(납품, 하도급관행, 노조, 비정규직문제 등…)을 한꺼번에 해결하게 될 겁니다. 이것이 서로 다투지 않고 오히려 공생하게 되는 공정한 경쟁 기회의 보장을 구축할 수 있는 유통의 50% 공유화가 아니겠어요?

한-EU, 한-미 FTA라는 유통의 고속도로가 새롭게 뚫렸어요. 걸음마를 겨우 졸업한 우리 경제가 건장한 청년의 선진국들과 경쟁하기 위해서는 '유통구조 개선'이라는 강력한 새 자동차를 이제는 준비하지 않으면 안 돼요. 재래식 지게나 달구지로 굽은 오솔길을 낑낑거리며 걸어서 다닐 때가 아니지요.

김 | 금융의 50% 공유화도 같은 차원에서 보면 되는 것입니까?

권 | 네, '금융의 위기[4])를 불러온 근본 원인은 금융시장 규제완화

4) 금융 위기 저금리 때문이 아니다

장하준 : 전 세계적으로 금융 위기가 자주 일어나게 된 건 1980년대 중후반부터입니다. 그런데 그 시기는 바로 금융 자본주의가 전 세계적으로 확산된 시기와 겹쳐요. 시장주의자들은 금융자본주의처럼 시장의 자유가 보장되는 시스템에서는 큰 사고가 일어날 수 없다고 맹신했습니다. --중략--

결국 세계 금융위기는 시장경제 맹신이라는 문화적 분위기 속에서

금융자본주의라는 구조적 요인에 저금리정책까지 기세하면서 터진 사건이라고 봅니다.

더 범위를 넓히면 1990년대 초중반부터 각국의 금융 시장 규제완화와 대외 개방의 흐름을 타고 월스트리트 금융 자본이 여기 저기 돌아다니면서 거품을 만들어 냅니다. 그런데 그 거품이 꺼질 때마다 금융 위기가 터졌어요. 예컨대 1997년 말 우리나라와 동아시아에서 금융위기가 발생하자 월스트리트 금융자본이 대거 빠져나가 IT와 인터넷 기업으로 몰려갑니다. 그 결과 1999년을 전후T와 엄청난 IT 거품이 발생했다가 2000년 초에 붕괴해요. 그러자 이번에는 미국의 모지기 대출 시장으로 몰려간 거예요. 그린스펀은 2001년 IT 거품 붕괴의 충격을 막가 IT와 금리를 낮췄는데 그게 결국 새로운 거품, 즉 부동산 버블을 만든 겁니다. 저는 이걸 '거품을 거품으로 돌려막기'라고 표현해요. 어처구니없는 금융 거품이 생겼다가 터졌는데, 그걸 제대로 처리하는게 아이라 또 다른 금융 거품을 만들어 해결하니까요.

금융 자본주의는 위기를 몰고 다닌다

이종태 : 그렇다면 이번 세계적 금융 지진의 진원지인 금융 자본주의라는 건 도대체 뭡니까?

장하준 : 흔히 실물경제가 몸통이고, 금융은 꼬리라고 하잖아요. 그런데 1980년대 이후 최근에 이르기까지 미국에서는 금융이 몸통이 되고, 실물경제는 오히려 꼬리로 퇴락하는 이상한 과정이 전개되어 왔어요.

그러니까 금융자본주의란 금융이 몸통이 되어 실물경제라는 꼬리를 흔들어 대는 자본주의라고 할 수 있겠죠.

이종태 : 한갓 꼬리에 불과했던 금융이 몸통으로 신분 상승하려면 경제 제도나 구조에 많은 변화가 있어야 할 것 같은데, 구체적으로 어떤 제도적 구조적 변화가 있었나요?

장하준 : 그게 바로 금융 시장 규제 완화인데, 그 시작은 1980년대 미국에서입니다. 당시 미국에서는 저축대부조합(S&L)이라는 작은 금융 기관이 전국 곳곳에 있었어요. --중략-- 그런데 1980년 레이건 대통령이 이런 규제들을 모두 풀어버려요.

정승일 : 저축대부조합 위기가 남의 나라 일이 아닙니다. 우리도 저축은행들이 대거 파산한 게 작년(2011년)과 재작년(2010년)인데, 그 양상이 저축대부조합 사태와 비슷해요. 저축은행들이 프로젝트 파이낸싱이

라고 하여 상업용 부동산에 위험한 대출을 많이 해 주다가 그게 부실화 되면서 저축은행까지 부실해진 거니까요. --중략--

정승일 : 이어 그다음 해인2000년에는 이른바 금융 현대화법으로 파생금융상품에 대한 규제를 대폭 완화하죠. 이번 글로벌 금융 위기의 주범으로 불리는 CDO(부채담보부증권) 같은 극히 위험한 신용파생상품이 만들어질 수 있었던 게 그 덕분이고요. 또 2000년대 중반에는 골드만삭스나 리먼 브라더스 같은 투자은행들이 사실상 무제한으로 돈을 차입해 '고위험 고수익(high risk, high retum)' 투자를 감행할 수 있도록 규제를 풀어줍니다. 그 결과 자본금 100억~200억 달러의 투자은행이 무려 1조 달러를 차입해 투자 자금으로 운영하는 일까지 벌어져요. 어마어마하죠? 1조 달러면 세계경제 11~13위권인 우리나라의 총 GDP 규모예요. --중략--

이렇듯 글로벌 금융사들은 단순한 시장 참여자가 아니라 시장의 지배자에요. 이런 규제완화를 통해 많은 돈을 차입할 수 있게 된 월스트리트는 고위험 고수익 상품에 투자해 막대한 수익을 올리게 되죠. 금융위기 발발 직전에는 심지어 미국의 전체 수익 중 40퍼센트 이상이 금융 산업에서 나왔다고 하더군요. 엄청난 거죠.

장하준 : 재미있는 건 금융에서 엄청난 수익이 나니까 제조업체까지 직접 금융업을 시작했다는 겁니다. 그래서 겉으로는 제조업체이지만 전체 수익 중 금융업의 비중이 더 큰 회사들이 생기는데 GM이나 포드, GE 같은 미국 대기업의 경우 이미 2000년대 초반부터 금융에서 버는 이윤이 본업에서 나오는 이윤보다 더 커집니다. --중략--

한마디로 제조업체가 기술 혁신으로 좋은 상품을 만들려 하지 않고 금융으로 한몫 보려다가 망한 거죠.

중앙은행 독립? EU의 경험을 새겨라

이종태 : 시장개혁과 경제민주화를 주장하는 분들은 정부가 외환시장이나 금융시장에 개입하고 규제하는 걸 아주 싫어한다. 또 그래야 경제민주화가 달성된다고 생각한다는 얘기네요. 그런데 그분들이 요구하는 유일한 정부 정책인 금리인상도 엄밀하게 따지면 정부 개입이 아닌가요? --중략--

장하준 : 진정한 민주주의 국가라면 관치를 하는 게 맞습니다.

정승일 : 생각해 보면 한국은행의 금리결정을 좌우하는 금통위 인사들 중에

를 통한 지나친 사유화'에요. 여기에 대해 경제학의 배신의 저자 라즈 파텔(Raj Patel)은 "이번 금융위기의 경우, 일반 대중과 일부 정치인은 위기를 자유시장적 사고방식의 결과라는 것을 받아들이지 않다가, 대중의 원성이 높아지자 세계 각국의 정치인들은 시장을 어떻게 규제하고 억제할지 토론하려는 것 같다."라고 했어요.

'금융 위기'를 타개할 수 있는 대안은 '금융의 50% 공유화'에 있어요. 유통과 금융은 조절기능일 뿐, 생산기능이 아님에도 불구하고 월스트리트의 글로벌 금융은 생산적 투자를 일삼으며 시장경영의 이기심을 부추기는 주주자본주의를 확장시켜

국민이 민주적으로 선출한 사람이 단 한 명도 없어요. 대한상공회의소나 은행연합회처럼 친기업적, 친금융 시장적인 인사들은 들어가 있지만요. 스웨덴 같은 경우 노조 대표가 금통위에 들어갑니다. 금리 결정이 자칫 잘못될 경우 가장 타격을 받는 게 노동자들이니까요.

장하준 : 시장개혁을 주장하는 분들 요구대로 하면 결국 1996년 전경련 보고서처럼 되는 겁니다. 그 보고서에는 민간 부분이 할 수 없는 외교와 국방 빼고는 전부 시장에 맡겨라. 기업에 맡겨라 그래요. 민주화 투쟁을 해서 집권하면 뭐합니까? 정작 국민의 운명을 결정하는 통화정책은 한국은행이 독자적으로 결정하겠다고 하는데요. 그래서 유럽에서는 이른바 좌파라는 사람들이 중앙은행 독립에 절대 반대하는 거예요. 통화정책이 얼마나 중요한데 그걸 민주적 통제 밖에 둘 수 있느냐는 거죠.

그리스 사태에서 보듯이 유럽의 경제 위기가 심각해지면서 요즘도 가장 많이 비판받는 게 유럽중앙은행(ECB)의 독립성입니다. EU 어디에도 유럽중앙은행을 민주적으로 통제할 장치를 만들어 놓지 않은 거예요.

-『무엇을 선택할 것인가』 장하준, 정승일, 이종태의 쾌도난마 한국경제 중에서 / 도서출판 부키

전 세계기업의 식민화를 위해 아직도 개발도상국의 투자처를 찾아 배회하고 있어요.

전통시장 현대화를 위해 생필품 마트(Mart)공사 창설

● ● ●

김 | 전통시장 현대화를 위해 생필품 마트(Mart)공사를 창설해야 한다고 하셨는데 새누리당의 대선 공약인 전통시장 시설 현대화와 어떤 차이점이 있습니까?

권 | 우리 경제구조에 있어서 지나친 유통구조의 사유화는 생산자와 소비자의 의사를 반영할 수 없는 일방적 가격결정의 구조를 갖고 있어서 유통의 독점에 의한 소비자의 피해는 불가피합니다. 따라서 유통의 독점 구조를 혁신할 수 있기 위해서는 시장경제제도를 적절하게 유지하면서도 제어할 수 있는 기구를 설치하지 않으면 안 돼요. 따라서 공(公)과 사(私)의 협력에 의한 유통의 50% 공유화 제도인 〈생필품 Mart(시장)공사〉를 창설해야 해요.

생필품 Mart(시장)공사 창설을 통한 유통혁신(50% 공유화)은 중소기업과 벤처기업에서 생산한 제품의 판로에 대한 생산자의 절대적 부담으로부터의 탈피할 수 있어서 생산과 분배,

즉 '성장과 복지'를 동시에 플러스시킬 수 있어요. 특히 생산환경이 확충되기 때문에 일자리를 획기적으로 늘릴 수 있고요. 따라서 본질을 간과한 시설만의 전통시장현대화는 별 효과도 없을 뿐만 아니라 유통공사처럼 사업추진을 위한 강력한 주체도 세우지 않고 자본금 확보는 어떻게 할지 자못 궁금합니다.

— 대기업은 자력적 유통체계를 확보하고 있기에 '생필품 마트(Mart : 시장) 공사'의 도움을 받아 이제는 국내에서 해외로 눈을 돌릴 수 있게 윤리적 경영에 의한 '마트공사의 세계화'를 추진해야 하며, 마트공사와 공동으로 지구촌의 무역을 관장할 수 있는 역량으로 확장해서 궁극에는 세계경제의 위기를 유발하는 세계무역불균형을 해결할 수 있는 해결사의 역할을 할 수 있어야 한다. 혼합경제와 역할분담경제론은 한 가정에 있어서 부모와 자식이 따로 일 수 없듯이 한 국가에 있어서 정부와 기업이 개별적이지 않음을 깨달아야 한다. —

— 북한은 "세계적 추세에 맞는 경제구조개혁"을 단행했는데, 외국인 투자유치와 함께 곡물생산의 1/2을 시장에 맡기는 정책으로 생산의 50%는 사유화로 전환하지만, 50%는 국유화의 틀(특수 기업소와 1급 기업소는 국유화)을 유지 하고 있다. 따라서 유통부분의 50%는 자연히 사유화가 되지만, 나머지 50%는 국유화로 남게 됨을 깊이 인식해야 한다.(이상사회의 체제모델에 가장 가까이 접근하고 있음 --물론 절대가치의 부재라는 한계를 갖고 있음) 따라서 남한은 생산의 50%는 각종 공사와 공단을 통한 공유화 형태(더 강화)가 되어 있지만, 유통은 거의 100%로 사유화(96%독과점)이어서 유통부분의 50%를 공유화하는 '생필품 유통개혁'을 단행(중소기업을 경제제도의 혁신을 통해 보호)하지 않으면 안 된다. —

유통산업발전법(유통법) 폐기

김 | FTA 협정문과 대치되는 유통산업발전법(유통법) 폐기를 주장하셨는데 무슨 뜻인지요? 그리고 대안이 마련되어 있습니까?

권 | 유통산업발전법(유통법)의 목적은 전통시장의 보호에 있기 때문에 전통시장으로부터 500m 내에 SSM 및 대형마트를 설치할 수 없는 진입규제로 귀결됩니다. 그런데 FTA협정문은 외국의 유통회사에 대해서는 자유롭게 진입해도 무방한 계약을 맺음으로 인하여 유통법과는 정면으로 상충돼요. 따라서 FTA 협정문과 유통법의 상충문제를 해결하기 위해서는 전통시장보호를 위한 새로운 방법론을 찾지 않으면 안 돼요. 그 대안은 전통시장의 현대화에요.

소비자들이 전통시장을 기피하는 근본 이유는 쇼핑환경의 절대적 열악함에 있습니다. 주차시설의 턱없는 미비, 미팅과 화장실 사용의 불편, 거래의 공정성과 품질의 불신, 그리고 품목의 구색부족 등이 그 이유고요. 화장실에 비유하면 대형마트는 수세식인데 비하여 전통시장은 재래식인 푸세식과도 같아서 대형마트와는 상대도 안 돼요. 이런 열악한 환경은 또한 쇼핑 시간을 소비하게 되며 또한 쇼핑의 품격마저 떨어뜨려 소비자의 가치추구욕구를 저하시키는 근본 요인입니다.

따라서 전통시장을 살리기 위한 진정한 방법은 '재래시장을 현대화(종합쇼핑몰-직거래 중개소(network marketing)'하는 것입니다. 그런데 '전통시장 시설 현대화'만으로는 완전할 수 없어요. 그렇게 하기 위해서는 '생필품 유통(Mart)공사의 창설'로 자본금 마련을 위한 기구를 설치해야 합니다. 새로운 유통의 주체를 만들어 '직거래도 활성화' 시키고, '물류시스템도 개혁'해야 유통비용을 줄여 물가안정을 이룰 수 있어요. 따라서 '생필품 유통(Mart)공사의 창설'로 전통시장 시설 현대화를 이루면 FTA협정으로 인한 외국의 유통업체들이 우리의 유통시장을 넘보지 못하게 할 뿐만 아니라 전통시장을 보호하기 위해 제정했던 유통산업발전법(유통법)은 더 이상 필요치 않기 때문에 유통법은 폐기해야 해요.

양극화 해결은 유통의 50% 공유화로 부터

● ● ●

김 | 양극화 해결을 위한 유통의 공유화로 공생경제체제를 창출해야 한다고 하셨는데 그 의의에 대해서 간략하게 요약하실 수 있겠습니까?

권 | '창조적 유통'은 '자본주의 시장경제'에 있어서 '유통(流通)의 사유화'로 인한 '양극화'를 해결할 수 있는 유일한 대안이에요. 이것을 정책화의 과정을 통해 '공생경제'를 창출하게 되면, 경제제도의 차이로 갈라진 남북한 국가체제의 대립을 바로잡을 수 있어요. 그리고 유통의 50% 공유화는 새로운 경영방법을 창출할 수 있어요. 양극화 문제는 물론이요,

유통의 범위를 초국가적으로 확대해 글로벌 경제위기문제의 한 축인 무역불균형을 해결해 세계경제를 안정시킬 수 있어요. 따라서 공생경제는 '한반도 통일'의 근본 기재(器材)로 활용할 수 있으며, 나아가 세계경제위기를 바로 잡고 영구적 세계평화를 위한 새로운 패러다임이 될 수 있어요. —전쟁으로 인한 갈등을 용서라는 헌신적 가치관에 의해 해소시키고— (보기 1 참조)

보기 1

• MB대통령은 지난 7월 20일 물가 관계 장관회의와 8·15 광복절 경축사에서 "이전에 물가 당국이 했던 것처럼 단속, 점검 등 통상적인 방법이 아니라 발상의 전환을 해 기본적으로 물가 구조체계를 개선할 수 있는 방안을 발굴, 검토하고, 민간의 자율적인 경쟁, 그리고 유통구조상 또는 지금까지 있었던 제도적인 방안에서 개선점은 없는지, 관습과 제도를 바꾸는 방안을 찾아보라" 라고 지시했다.

8·15 광복절 기념사에서 "기존의 시장경제가 새로운 단계로 진화 〈탐욕경영에서 윤리경영으로, 자본의 자유에서 자본의 책임으로, 빈익빈 부익부에서 상생번영으로, 이념의 정치에서 생활의 정치로 변화〉 해야 한다." 라고 설파했다.

복지국가건설의 지도적 이론가이며 복지경제학자인 G. 뮈르달은 그의 저서 『복지국가를 넘어서』에서 "역사(歷史)는 맹목적인 숙명이 아니라 우리들의 책임이다. 복지국가정책은 오히려 훨씬 사회주의적이며, 훨씬 마르크스적이라고 조차 말할 수 있다"라고 했다.

선진 자본주의 정책의 형성과 집행의 기본 준칙으로 존. 힉스는 "보상의 원칙"을, 존. 롤스는 "최 약자 보호의 원칙"을 말하였으며, "시장경제 원리는 천민(후진)자본주의의 원형이다" 라고 지적하였다.

워렌 버핏은 "자본주의는 빈곤문제를 해결할 수 없으며, 가난한 자의 입장에서 보면 시장경제는 제대로 굴러가지 않는다."라고 했다.

라즈 파텔은 그의 저서 『경제학의 배신에서』 "더 정의롭고 지속 가능한 세계로 가려면, 전 지구적 정의의 이름으로 사유 재산의 경계에 도전하는 직접적 행동이 필요하다는 점에 의문의 여지가 없다. 이 역시 그리 급진적인 것은 아니다."라고 했다.

- "어떤 부분에서 자본주의는 자기 파괴적이며, (개혁 없이)이런 상황이 계속된다면 두 번째 대 공항이 발생할 수도 있다." — 누리엘 루비니(뉴욕大 교수) —

- "은행들의 탐욕이 지금 겪고 있는 끔찍한 경제 상황의 원인" — 애써 에덜먼(전 기업사냥꾼) —

- "미국의 실업문제를 해결하기 위해서는 고루한 정치적 이념이나 과거 통설을 잊어버리고 세계경제환경변화에 대응한 보다 창조적이고 유연하며 실용적인 대안들을 찾아야 한다." — 마이클 스펜스(2001. 노벨경제학수상자) —

김 | 북한은 생산과 유통(50%)의 사유화, 남한은 유통(50%)의 공유화를 제도적으로 실천해야 평화적 통일이 가능하다고 하셨는데 근본 이유가 무엇입니까?

권 | 경제는 경세제민(經世濟民)[5)]의 준말이에요. 이는 경제의 성장만을 뜻하지 않고 모든 분야에 대한 조화로움을 내포하고 있어요. 경제에 있어서 사회체제를 깊이 관조해 보면, 장점 못지않게 많은 문제점 또한 수없이 안고 있음을 볼 수 있잖아요?

자본주의 사유화는 생산(生產)에 있어서 생산의욕을 극대화시켜 시장의 성장을 활성화 시키는 큰 장점이 있지만, 유통(流通)에 있어서 지나친 이윤추구는 비(非) 윤리를 양산하고 결국 인간성을 황폐화시켜 비극적인 양극화를 심화시키게 돼요.

그리고 사회주의의 '공유화'는 생산의욕을 감퇴시키는 큰 단점 때문에 빈곤의 악순환으로 결국 붕괴될 수밖에 없지만, 유통(분배-국가가 유통을 담당하게 되어 주민들은 그 비용을 물지 않음)에 있어서는 치열한 다툼이 발생되지 않기 때문에 인간적 윤리가 살아있는 장점이 있어요.

앞에서 생산(生產)은 창조성, 남성성, 투쟁성을 갖기에 '자본주의 시장경제'의 '선의 경쟁(7;3~6;4)'이 이상적이며, 유통(流通)은 재창조성, 여성성, 분배성을 갖기에 조절기능으로 작용해야 효과적이에요. 유통이 시장경제의 생산처럼 무한경쟁의 대상이 되고 유통과정이 복잡하게 되면 '유통비용'으로 인해 결국 소비자들에 대한 유통업자의 횡포가 늘어나 건전한 유통질서를 형성할 수 없게 돼요. 그 결과 국가 경제의 한 축이

5) 경세제민 : 세사(世事)를 잘 다스려 도탄(塗炭)에 빠진 백성(百姓)을 구(求)함. 경국제세(經國濟世)라고도 함. 경제(經濟)는 이의 준말.

뒤틀려 결국 민심이 흉흉하게 되는 것이죠.

따라서 자본주의 시장경제에 있어서 '유통'의 지나친 '사유화 구조'는 이기심을 극대화(대형마트, SSM)로 유통의 새로운 대안인(7;3~6;4) '유통의 공유(共有)'을 절박하게 요구하고 있어요.[6)]

연세대학교의 김정식 교수는 "소비제품의 상당수는 독과점 업체가 공급하고 있으며, 경쟁시장을 유지하고 있는 업종도 (이익집단을 구성해) 독과점과 같이 가격을 책정하고 있다." 라고 말해 우리나라 유통의 폐해를 지적했어요.

그러므로 '분야별 유통공사의 창설'은 궁극에 있어서 효율적 물가관리와 양극화치유 및 사회혼돈을 바로잡을 수 있으며, 마케팅(Marketing)의 부담을 획기적으로 줄여 중소기업과 새 창업자들이 지속가능한 창조 의지를 발휘할 수 있는 '제4의 방법론'으로 기능하게 된다고요. (보기 2 참조)

---

6) 지난 번 배추 값 파동(유통구조의 복잡성이 가격의 75%를 차지함 - 서울시가 개입하여 배추 값을 안정시켰음)을 겪으면서 대통령께서도 유통구조의 혁신을 두 번이나 강조 했음.

*롯데마트의 치킨 할인판매에서 뿐만이 아니라 대형마트와 재래시장간의 갈등, 혹세무민하는 각종 유통업체와 '다단계'의 난립은 새로운 '유통공유에 의한 유통공사 창설'의 필요성과 정보화 시대의 New Marketing에 있어서 '경영 질서'의 '창조적 재정비'가 시급함을 웅변하고 있다. .

보기 2

〈유통산업 발전법(유통법)〉

- 한, EU FTA발효를 앞두고 "재래시장 1Km이내에 기업형 슈퍼마켓(SSM)의 입점을 제한하는 유통산업 발전법"을 2011년 7월 국회가 처리했다.

〈FTA협정문 12.4조(시장접근 보장의 의무)〉

- 경제적 수효심사에 따라 특정지역에서 대형마트, SSM등 서비스 공급자의 수를 제한하는 것을 금지하고 있다.
- 외국인 투자자가 상대방 국가의 서비스 시장에 접근할 수 있도록 보장해야 할 의무가 있다.

〈외교통상부〉

- SSM규제법이 FTA와 충돌할 가능성을 인정함.

〈대안〉

- 생필품 유통공사 창설로 전통시장을 현대화(종합쇼핑센터-직거래-윤리경영)하여, 전국. 전 세계로 진출해야 함.(조선일보 A7면 전면광고 - SSM, 대형마트 등 500만 가족은 전통시장의 현대화를 통한 정부의 실질적인 방법의 시행과 유통법의 규제를 철폐해 줄 것을 요구함)

창조적 복지정책

김 | 창조적 복지정책은 포퓰리즘 복지와는 그 근본부터 차이가 나는 것 같습니다. 어떤 큰 차이가 있습니까?

권 | 복지 포퓰리즘처럼 한정된 국가예산을 통한 비생산적 복지가 아니라, 유통구조를 개선함으로 인하여 발생하는 유통의 편익은 물론이요, 소비자들에게 돌아가는 그 이익(利益)을 적절하게 활용하여, '의무구매기부제(구매자의 의무적 기부)'를 통해 소외계층을 도와 불균형을 바로잡아줌으로 인하여 차별을 해소하는 '창조적 복지'를 말해요. 구체적인 내용은 다음에 다루게 될 창조적 H- Mart를 통한 제4의 유통 부분을 참조하시면 됩니다.

기업의 역할분담경영

● ● ●

김 | 유통구조의 불합리가 갖는 폐해와 기업의 역할분담경영에 대해 알고 싶습니다.

권 | 대부분의 재벌은 생산과 유통[7]은 물론이요, 대·중소기업의 납품과 하도급 관행[8]에 있어서도 막강한 힘과 시장경제체제라는 제도를 등에 업고, 상대적으로 힘이 약한 중소기업과 자영업자 및 일반 소비자들을 교모하게 수탈하게 되어 있어요. 이에 대해 무지한 대부분의 약자들은 제대로 힘 한 번 써보지 못하고

---

7) 최근 우리나라의 재벌들은 생산뿐만 아니라 유통업까지 진출하여 골목상권까지 무자비하게 장악했는데, 가격결정에 있어서도 소비자의 의사가 반영되지 않은 상태에서 생산자와 유통업자들에 의해 일방적으로 가격결정(롯데마트 치킨 사건)이 이루어져 그 피해는 고스란히 영세 상인이 지게 된다. 뿐만 아니라 재벌들에 의한 유통의 횡포는 무분별한 다단계(약 90만명)가 만연하는 온상을 부채질 하고 있다.

8) 이경만 저(著) -『거래의 7가지 함정』21세기 북, 1)전속거래의 유혹, 2)핵심기술의 유출, 3)핵심인재의 이탈, 4)단가인하의 함정, 5)거래담당라인의 교체, 6)대기업의 중소기업영역 진출(사자가 달려든다), 7)1원 입찰로 사업가로채기(좀비기업이 설치는 함정)

마냥 당할 수밖에 없는 게 현실이고요. 그리고 대기업과 중소기업의 관계처럼, 중소기업과 관련된 골목상권의 자영업자 또한 마찬가지입니다. 이는 자영업자와 소비자와의 관계에서도 그대로 적용 된다고 하겠지요. 왜냐하면 서로 속이기는 매 일반이기 때문이죠. 그 결과는 결국 약자로서의 신세타령과 사회에 대한 불평과 불만으로 가득 차게 돼요. 그리고 그것의 본질에 대한 무지는 재벌과 유통업(SSM) 중소기업 자영업 종사자도 마지막 종착역인 소비자도 또한 마찬가지지만 말입니다.

따라서 이와 같은 부정적 관행을 개선하기 위해서는 새 가치관과 함께 새로운 방법론의 창출이 시급한데, 새로운 방법론으로서 기업의 '역할 분담 경영론'을 제시합니다.

예 : 대기업은 건장한 장수(將首)나 특공대와도 같기 때문에 내수와 중소기업을 상대로 경쟁(경쟁은 체급이 같아야 진정한 대상이 될 수 있음)할 것이 아니라, 해외시장개척과 글로벌 기업을 상대로 횡(橫;수평)적인 선의의 경쟁을 치열하게 전개해야 흥미로운 게임을 펼칠 수가 있게 될 것이며, 그래야 영혼이 있는 진정한 기업이라 할 것이다. 물론 형님 기업으로서 때로는 내수시장의 위계질서와 품질의 질적 업그레이드를 위해 부분적인 관여(30%-중소기업 부재 제품 예외)는 필수적이어야 종(縱; 수직)적인 선의 경쟁(보호)을 통한 입체적인 시장을 형성할 수 있어야 다양하면서도 풍성한 시장이 될 것임은 자명하다.

유통개혁 그리고 소비자주권

●　●　●

김 | FTA 협정과 유통개혁 그리고 소비자주권과는 어떤 관계에 있습니까?

권 | FTA의 채결과 발호로 인한 유통의 필요성은 절대성을 갖는다고 할 수 있어요. 자원의 원만한 수급조절을 위한 모든 분야의 유통구조 개선은 물론이요, FTA라는 '유통의 새 고속도로'를 힘차게 달리기 위해서라도 새 자동차격인 유통개혁은 시급해요. 따라서 '제4의 길'로서의 유통구조개선 없이는 결코 양극화 문제의 해결과 FTA에 대한 국내 유통의 원활한 대처와 경제적 자립기반의 구축을 위한 지방분권, 그리고 정신적인 국민통합과 선진화와 남북통일은 요원할 것입니다. 김흥종 대외경제정책연구원 연구조정실장은 매일경제 경제부가 발간한 「근혜노믹스」에서

"지난 10여 년간 우리는 다자간 무역협상의 부진 속에서도 양자간 FTA를 적극적으로 추진해 글로벌 통상국가로서의 면모를

확립하기 위해 노력해 왔다. 이제 동아시아에서 새로운 통상 네트워크를 구축하기 위해 힘쓰는 것과 동시에 개방의 국내 전달효과를 극대화할 수 있는 경제구조를 만드는데 힘을 기울여야 한다. 과거 수출을 통한 경제성장에 주력했던 시기부터 지속되어 온, 수출보다 상대적으로 덜 선진화된 수입구조를 뜯어 고쳐 투명성 제고 및 경쟁을 통한 효율성 제고가 절실하게 필요한 시점이다. 경쟁의 룰을 보다 엄격하게 적용하고 소비자주권도 더 강화해야 개방의 혜택이 더 널리 확산된다."라고 했습니다.

자유 시장경제에 있어서의 모든 새로운 길은 유통의 혁신에 있어요. 중소기업과 지방경제자립을 위해 마케팅의 안정성을 보장하게 될 '유통의 공유화'는 시장경제의 자율성도 보장함과 동시에 지나친 독과점을 적절히 조절할 수 있어요. 그리고 유통의 공유화는 중간과정을 크게 줄여 물가안정과 구매비용을 크게 줄이게 되어 '소비주권'을 동시에 찾을 수 있는 유일한 방법론이라 생각해요.

생필품 유통공사 창설로 전통시장 현대화

● ● ●

김 | 생필품 유통공사 창설로 전통시장 현대화와 물류시스템 정비를 통한 골목상권을 보호할 수 있다고 했는데 그 방법론을 알고 싶습니다.

권 | 정부의 대형유통업체에 대한 의무휴일 규제로 유통법 개정에 대한 대형마트 500만 가족들의 반발이 예상보다 심각해요. 홍익대 김종석 교수는 「근혜노믹스」-매일경제 경제부 지음-에서

「고비용, 저효율 불량규제 철폐해 예측가능성 높여야」라는 제하의 글에서 "정부규제는 '감추어진 세금(Hidden Tax)'이다. 어떤 규제든지 규제는 비용을 유발한다. 정부에는 집행비용, 국민에게는 준수비용, 그 외에 각종 부작용과 왜곡이 초래된다. -중략- 복잡하고 모호한 정부 규제는 부정과 비리의 온상이 되며, 정직하고 성실한 사회기풍의 조성에도 장애가 된다. -중략- 규제개혁의 기본원칙은 공정한 경쟁을 촉진하는 것이다. -중략- 경쟁력

은 경쟁을 통해서만 향상될 수 있다. 많은 규제가 경쟁을 제약하고 기존 기업들의 수익성 확보를 위한 보호장치화 되어 있다. 이는 동시에 국민들의 경제적 자유와 직업선택의 자유를 제약하는 결과도 초래한다. 그러므로 경쟁 제한적 규제를 폐지해야 창업을 활성화하고 일자리창출에 기여해야 한다. 이런 점에서 골목상권 보호를 위해 도입된 대형 유통점포에 대한 각종 영업 규제는 그 득과 실을 따져 비규제적 수단으로 접근하는 것이 더 바람직하다."라고 설파했지요.

그런데 SSM과 대형마트 보다 대기업 자회사에 의한 편의점의 골목 잠식으로 낡은 슈퍼의 위기가 더 심각해요. 따라서 강제적 규제가 아니라 대응이라는 새로운 방법론이 나와야 합니다. 민주당이 18대 대선 공약으로 제시한 "필수 생필품 반값시대"와 앞에서 얘기했습니다만 새누리당이 제시한 "골목가게와 전통시장의 시설 현대화"로는 너무 미약해서 유통대란의 본질 문제에 접근할 수 가 없어요. 생필품 반값시대를 열기위해서는 단순히 전통시장 시설 현대화를 넘어 유통구조의 현대화가 이뤄져야 해요.

물류시스템을 전면적으로 개선해야합니다. 기존의 유통의 복잡성을 단순화(직거래)시키고, 낡은 슈퍼를 프랜차이즈 방식으로 편입해 규모를 일정 범위 이상 확장시켜 제품에 대한 구색을 소비자의 요구에 맞춰야 해요. 그래야 30%~40%의 유통가격을 획기적으로 줄일 수 있기에 전통시장과 골목상권을 가격경쟁에서 실질적으로 보호할 수 있는 겁니다. 그리고 소비자에게 소비가 더 이상 소비가 아닌 '유통소득'으로 되돌아가게 해야 해요. 뿐만 아니라 이중, 삼중의, 시너지효과와 함께 놀라운 '유통구조 개선편익'을 발생시켜야 한다고요.

그리고 그 힘은 21세기 서비스산업의 패러다임을 새롭게 바꿀 거예요. 더군다나 FTA 발효로 인하여, 지금 당장 농·수·축·제약업계는 큰 타격을 피해갈 수 없어요. 그 대안으로서 유통공사의 창설은 시급해요. '글로벌협동조합'에 의한 '글로벌유통공사'의 창설은 특히 우리 한반도의 특성, 즉 4계절의 영향으로 토양이 게르마늄화가 되어 있어서, 이 땅에 서식하는 모든 생물은 품질이 높으며, 그 우수한 재료를 첨단기술과 융합하여 새로운 제품으로 탈바꿈시켜, 오히려 해외 시장을 공략하게 되면 FTA로 인한 유통의 위기가 기회가 되어 새 무역 강국으로 발돋움할 수 있어요. 다시 말해 '유통의 50% 공영화'로 유통의 체질을 대규모로 업그레이드 시키면 세계시장을 우리의 무대로 삼을 수 있다고요. 그렇게 된다면 자유무역으로 피해를 보는 업종들의 걱정이 기우일 수도 있겠죠?

내친김에 자본주의 경제방식의 문제점에 대해 집고 넘어가지 않으면 안 될 일이 하나 있어요. 물론 생산과 유통에 관한 부분이죠. 생산과 유통의 역할은 위에서 논했지만, 이해를 돕기 위해 좀 더 구체적인 분석이 필요해요. 생산의 사유화와 유통의 공유화의 문제가 아니라 역할분담 부분이죠. 이것은 생산과 유통의 사유와 공유의 문제처럼 중요한 부분이에요.

존재의 궁극 법칙은 창조와 재창조에 의한 성장이라고 했어요. 이것은 이 법칙을 기초로 성립하는 것이고요. 남성의 씨(창조)를 여성이 받아 키우(재창조)며, 농부는 씨를 뿌리고 가꾸지만 그 씨를 받아 키우는 일은 전적으로 밭(田)의 몫이에요. 이와 같이 기업은 제품을 생산(창조)하고 유통업은 그 제품의 판매를(재창조) 도맡아 처리해야 하는 것이 가장 이상적이에요. 그런데 왜 사회주의의 계획경제는 모든 기능을 국가가 다 합니까? 자본주의 시장경제는 왜 생산자가 유통까지 이중 일을 또한 동시에 합니까? 사회주의체제의 국민인 각각의 개인은 무엇 이며, 자본주의체제의 국가는 과연 그 무엇인가요?

이는 여성이 남성의 일까지 다하는 것과도 같고, 남성이 여성의 몫까지 다 하는 것 같아서 비효율적이고 비능률적이며, 더군다나 보기에도 썩 좋지 않아요. 이것은 잡탕이며, 중성처럼 보여 심한 울렁증이 일어나요. 토할 것만 같다고요. 분명 문제가 있어요. 사회주의가 그 종언을 선언하고 뒤 이어 '자본주의의 종언'을 선언하지 않을 수 없는 사건들이 글로벌 경제위기라는 이름으로 나부끼고 있지 않습니까? 이제 무엇을 선택할 것인가? 가아니라 무엇을 해야 하는가?가 문제라고요.

대체 산업을 통한 신 성장 동력 발굴

● ● ●

김 | 대체 산업을 통한 신 성장 동력을 발굴해야 한다고 하셨는데 어떤 내용을 말하는지요?

권 | 우리나라는 70%가 산(山)이에요. 산업화 시절을 지나면서 한때 우리는 산 때문에 경작지가 줄어들 수밖에 없다고 산의 많음을 한탄했어요. 산이 미웠던 것이죠. 산의 위기였어요. 그런데 위기에 놓인 산을 기회로 바꾸는 발상의 대 전환을 시도해 보자는 것이죠! 이상하게도 21세기 초엽부터 우리 동양의 의학인 한방이 서구 유럽의 중요한 치료분야로 자리를 잡기 시작해 지금은 세계화가 되었어요.

유통의 체질을 개선해서 그 범위를 넓힌다면, 산에서 생산되는 고 품질의 약초들을 세계시장으로 진출해 세계인의 건강증진을 돕고, 우리의 시장도 늘리는 일석이조를 동시에 거둘 건강(health care)산업은 보조 산업이 아니라 6차 산업입니다. 좋은 약초를 캐어낸다고 할지라도 판로를 개척할 수 없는 환경 때문에 미래의 특화산업이 될 수 있는 약초산업이 활성화 되지 못하고 중국의 저급하고 값싼 약초의 도전으로 고사위기에 놓여 있어요.

유통의 50% 공유화는 농·수·축산은 물론이요, 우리나라만의 특화 전략이라 할 수 있는 약초산업을, 21세기의 새로운 산업으로 각광받는 '신(新)생약산업 전략'을 수립해 규모있게 시행한다면, 엄청난 인력의 수요가 발생되게 될 게예요. 이것은 대도시의 인구 과밀 현상을 지방으로 대대적으로 분산시키는 효과를 유발시킬 수 있어요. 유통의 공유화는 유통경영 뿐만 아니라 21C 미래 경제의 블루오션이죠.

김 | 글로벌 유통공사의 창설로 대기업과 중소기업의 공생, 그리고 지방산업의 활성화가 가능하다고 하셨는데 유통의 공유화가 마케팅까지 대신하게 되는 것을 의미하는 것은 아닌지요?

권 | 맞습니다. 유통의 공유화를 통한 글로벌 유통은 대기업과 중소기업을 동시에 살리는 새로운 경영전략이죠. 중소기업은 유통망의 확보로 인해 내수를 중심으로 하는 생산의 활력을 갖게 될 것입니다. 그리고 대기업에게는 세계시장으로의 원활한 진출은 물론이요, 해외자산의 투자를 늘려 **외환시장**을 안정시킬 수 있으며 해외자본에 의존하지 않고 외환을 확보할 수 있어 **경상수지 흑자**를 지속적으로 유지할 수 있는 차원이 다른 창조적 경제론이 될 수가 있어요.

그뿐만 아니에요. 유통의 공유화로 인해 국가기준의 검증을 통과한 모든 생산에 대해 —일정부분에 대한 책임과 함께— 유통공사가 마케팅을 대신해 준다면, 그 판로에 대한 부담이 줄어들게 되면서, 지방경제의 활성화는 놀랍게 이뤄지게 돼요. 왜냐하면 판로에 대한 부담이 획기적으로 줄면서, 대도시 중심의 생산방식에 변화가 일어나 지방으로의 생산설비와 인구이동이 급격히 진행되기 때문이지요. 이렇게 되면 이제 더 이상 '지방분권'과 '국가균형발전법'을 크게 걱정하지 않아도 된다고요. 이것이 경제적 방법의 지방분권전략인 셈이죠. 물론 이것만이 유일한 것은 아니에요. '민주주의 4.0(공존주의 1.0)'이 말하는 [국가복지]도 가능하게 되겠지요.

유통의 공유화는 화이트칼라와 블루칼라 까지도 공생할 수 있으며 생산과 유통, 대기업과 중소기업, 국가와 시장의 역할분담론까지 조화시킬 수 있는 새로운 경제학의 한 방법론이며, 우리가 세계사를 주도하는데 빼놓을 수 없는 수레의 한 바퀴가 될 거예요.

따라서 이것은 『자본주의 4.0』에서도 제시되지 않은, 아니 꿈조차도 꾸지 못한 새로운 경제학의 한 방법론인 셈이죠. 그리고 이것은 한반도라는 특수한 상항에서 몸부림쳐보지 않고서는 도저히 만들어 낼 수 없는 그런 '복잡계 시스템이론'이라 할 수 있지 않겠어요?

글로벌협동조합과 창조적 기부 & 글로벌유통금융공사

● ● ●

김 | 생필품 유통공사 창설을 위한 재원 마련이 문제로 보입니다. 어떻게 마련할 방법이 있습니까?

권 | 박근혜 정부의 국민행복기금 18조원 마련 전략이 한국자산관리공사 고유계정에서의 차입금 7천억, 신용회복기금 잔여재원 8천 7백억, 부실채권정리기금 잉여금 배당액 출자 3천억을 합한 1조 8천 7백억을 기반으로 10배의 채권발행으로 18조 7천억의 자본금을 마련하게 돼요.

그런데 저는 국가기관의 자금이 아니라 해외자금을 자본금으로 마련할 수 있다고 생각해요. 글로벌협동조합 말이에요. DJ정부시절 재일동포은행(평화은행) 설립을 시도했었다가 실패 했었잖아요? 그 실패의 원인을 두고 일본에 파견 됐던 김민하 전 민주평화통일협의회 수석 부의장은 "거류민단과 조총련을 하나로 통합시킬 수 가 없었기 때문"이라고 했어요. 그 땐 때가 아니었었어요. 그런데 이젠 그 환경이 왔다고요. 그 때를 확인하기 위해서 직접 일본으로 갔었어요.

2001년 7월에 경남은행 민영화 문제가 제기 되었을 때 직접 재일동포들을 상대로 자본금 문제를 논의했었어요. 그런데 동포회장도 경남도지사도 처음에는 난색을 표했어요. 뒤에 도지사의 적극적 노력으로 결국 3천억이라는 자금유치는 성공했어요.

따라서 세계평화를 위한 원대한 계획을 세워 공영기구를 창설해서 공채를 발행해 해외동포가 중심이 되어, 외국인 자금도 유치하고, 국민 참여를 통한 애국적 투자를 이끌어 내면 얼마든지 세계 최대의 '**글로벌협동조합**에 의한 **글로벌유통금융공사**'가 가능하다고요. 비전과 대의명분과 굳은 의지가 문제지요. 성공한 해외동포의 자금력이 상당해요. 생필품유통공사의 목표를 국내를 넘어 국제적으로 세워 세계유통질서를 바로잡아야 해요. 국제 무역질서를 재편할 수 있는 세계최고의 '유통금융공사'를 창설해서 말이에요. 유통과 금융의 대 융합이지요. 그래야 글로벌협동조합이 가능하다고요. 막대한 통일자금도 필요하잖아요? 꿈을 원대하게 가져야 해요.

김 | 유통을 통한 창조적 기부운동을 말씀하셨는데 어떤 내용인지요?

권 | 부족한 자는 도움이 필요해요. 그러나 자본주의는 개인주의이기 때문에 사회주의처럼 국가가 사회의 전 부분을 아우를 수 없어요. 따라서 부족하고 소외받는 계층에 대한 관심을 원

래는 종교가 했었는데 이미 사회적 기능을 잃어 버렸어요. 봉사단체 또한 능력에 한계가 있고요. 국가도 예산 문제에 걸려 힘들어요. 그래서 새로운 방법을 창출해 내는 겁니다. 민간의 민간에 의한 민간을 위한 사회복지의 방법을 말이에요

'생필품 유통법인'인 H- Mart를 창설하여 현실에 맞게 디자인한 후, 이것을 '롤 모델화'하여 전국 전통시장을 현대화하고, 그리고 전 세계로 확산시켜야 해요. (도표 5-4 참조)

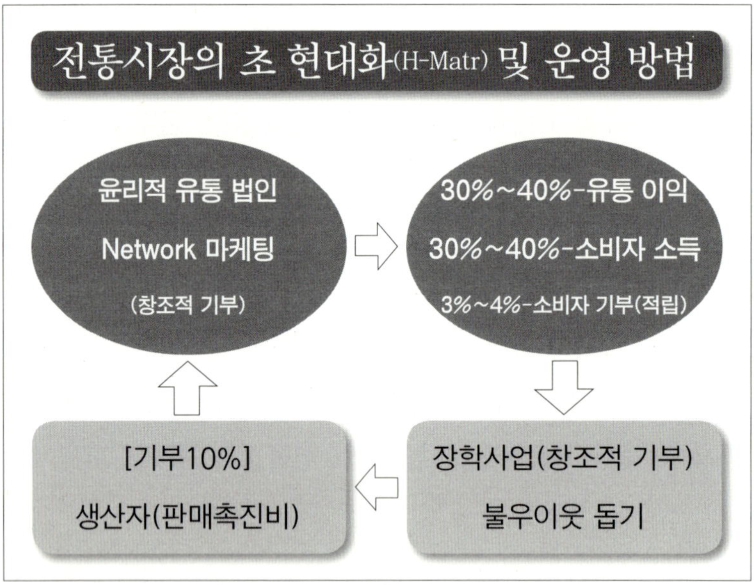

도표 5-4

가. 개인 및 사회봉사 단체가 후원하여 윤리경영에 의해 운영하는 [H-Mart]를 설립하게 되면 일반 마트(E-마트, 홈플러스 등…)에서 남기는 유통의 경영 이익 30%~40%를 소비자들에게 소득으로 돌려주고, 그 대신 소비자가 얻게 되는 그 소득

의 10%를 적립하여 소비자의 이름으로 직접 불우이웃을 돕는 새로운 기부운동을 펼치면 모든 소비자, 즉 전 국민이 소비자(최소 1000만 명)이기 때문에 제도에 의해 의무적 기부문화가 이 땅에 뿌리내려지게 되는 '제4의 방법론'이에요.

헝가리 태생의 영국 경제학자 칼 폴라니(Karl Polanyi)는 "시장과 시장을 둘러싼 사회가 서로 결부되어 있다."고 한 주장에서 보듯이, 차원은 다르지만 경제활동 과정에 있어서도 '이기적 이윤추구'와 '이타적 기부행위'는 동전의 앞뒤 면, 우리 몸의 자율성과 타율성, 물체의 구심력과 원심력이 조화를 이루는 것과 같아서 서로 밀고 당기는 과정을 통해 적절한 균형을 이루어야 하는 법이에요. 그렇지 않은 일방적인 시스템의 작동은 결코 모든 구조의 붕괴를 방지할 수 없어요. 따라서 유통의 구조개혁은 그 어떤 경제방식보다도 더 완벽한 경제활동을 통한 이타적 기부의 이상적 모델을 만들어 내는데 적격성을 갖게 돼요. —생산자로 부터도 '유통의 편익'에 대한 기부를 의무화 할 수 있다.—

나. '생산은 창조적 남성성'을 갖지만 '유통은 재창조적 여성성'을 가져요. 따라서 대부분의 여성회원을 상대로 '제4의 경영방식'을 통한 새 가치관 교육과 여성의 사회적 역할 및 여권신장으로 새로운 여성문화운동을 일으켜 그 역량을 업그레이드하게 되면 모성본능에 의한 배려와 사랑의 경제정책을 통하여 정치적 제도변혁을 가능하게 할 수 있어요. 그리고 이것을

디자인해 전 세계로 수출(최첨단 서비스 산업)하게 되면 요원의 불길처럼 번져가게 될 거예요. 그리고 경제방식의 새로운 방법론과 형식, 그리고 제도가 되어 가공할 힘으로 변해 세계 경제위기를 바로잡게 된다고요.

자본주의 4.0에 딱 맞는 한국

● ● ●

김 | 자본주의 4.0에 딱 맞는 한국이라는 내용이 소장님께서 주창하는 제4의 길과 혹시 같은 개념은 아닙니까? 아니라면 어떤 차이점이 있으며 또한 자본주의 4.0은 무엇을 의미하는지 구체적으로 알고 싶은데요?

권 | 『자본주의 4.0』은 러시아 출신 미국인 A. 칼레츠키의 저작물입니다. 저자는 이 책에서 이제는 자본주의 4.0의 시대이며, 자본주의 4.0은 신자유주의를 대체할 새로운 경제 패러다임이 될 것을 설파했어요.

"2008년 9월 15일에 발생한 금융위기로 무너진 것은 단지 하나의 투자은행이나 금융시스템이 아니다. 그날 무너진 것은 정치철학과 경제 시스템 전체이며, 이 세상을 바라보는 방식이다. 2007년~2009년 금융위기는 정치와 경제학을 지배했던 시장근본주의 이데올로기 때문에 나타났다. 이제 더 자유로운 시장과 더 작은 정부가 필요하다고 생각하는 시대는 끝났다.

자본주의는 위기를 통해 진화하는 적응력 있는 사회 시스템이다. 자본주의 1.0은 자유방임의 시기였다. 자본주의 2.0은 정부가 주도한 수정자본주의의 시대였다. 자본주의 3.0은 시장이 주도한 신자유주의 시대였다. 자본주의 각 단계는 구조적 위기가 발생하면 환경에 더 적합한 새로운 버전으로 진화해 왔다. 2008년 금융위기로 마침내 자본주의의 네 번째 시스템 전환이 시작되었다. 바로 자본주의 4.0이다.

자본주의 4.0은 유능하고 적극적인 정부가 있어야만 시장 경제가 존재할 수 있다는 인식에 기초한다. 자본주의 4.0은 정부와 시장이 모두 불완전하며, 오류를 저지르기 쉽다는 인식에 기초한다. 자본주의 4.0은 세계사 예측하기 어려운 복잡성과 불확실성을 본질로 하고 있다는 인식에 기초한다.

따라서 자본주의 4.0으로의 구조적 전환은 정치와 경제, 정부와 시장의 관계를 새롭게 정의한다. 자본주의 4.0은 적응성 혼합경제를 특징으로 한다. 자본주의 4.0에서는 정부와 시장의 상호의존적 관계가 의식적으로 인식된다. 자본주의 4.0에서는 회의주의, 실험정신, 유연성이 강조되며, 제도적 적응력과 이데올로기적 유연성이 특징으로 나타난다."라고 했으며, 그리고 그는 어떤 종류의 자본주의가 보편화 될 것인가에 대해서는 2010년 중반까지는 아무도 확실히 대답할 수 없을 것이라고 말했다."

(도표 5-5 참조)

자본주의 4.0에 딱맞는 한국

1. 미국 - 탐욕과 잔혹한 경쟁이 지나쳐 글로벌 경제위기를 불렀고, 시장의 힘이 너무 비대해져 있다.(정부는 강력하지만 인류 역사상 가장 강력한 파워를 구축한 시장을 관리하기엔 버겁다.)

2. 중국 - 정부와 지배세력의 힘이 거의 절대적이다.(시장이 경쟁과 자율 인권의 목마름이 사회통합에 균열을 내면서 성장의 브레이크를 걸 가능성이 있다.)

3. 일본 - 중앙정부와 지방정부의 관료주의가 화석화 되어 있다.(거대한 관료집단과 나약한 국가 지배구조가 성장과 사회통합의 적이 된 지 오래다.)

4. 한국 - 정부조직엔 관료주의가 남아 있지만 아직 화석화 전 단계이고 시장은 불공정이 있지만 정부의 관리를 무력화시킬 만큼 오만하지도 비대하지도 않다.(정부와 시장은 짧은 기간 안에 민주화와 산업화를 잘 이뤘으며 견제와 협력의 시스템이 다른 나라에 비해 잘 가동되고 있는 편이다.)

- 윤영신 〈동아일보〉 사회정책부장 칼럼 -

도표 5-5

위의 내용은 동아일보사 윤영신 정책부장의 칼럼입니다. 이것은 세계적 경제위기에 대한 대안서가 될 것을 자처한 '자본주의 4.0'에서 언급한 A. 칼레츠키의 탁월한 분석과 비평이 현실 세계에 구체화되기 위해서는 어떤 과정과 어떤 대상을 상대로 해야 그 가능성의 여부를 헤아릴 수 있을까?에 대해 선진 경제강국들이 처한 정치 경제적 상황을 매우 예리하게, 그리고 아주 심도 있게 연구했다고 할 수 있어요.

그런데 더 놀라운 것은 '자본주의 4.0'라는 새로운 경제의 패러다임을 시험한다고 가정했을 때, 그 최적지가 4대 열강 이라는 가깝고 먼 이웃의 부자나라가 아니라 이제 막 개발도상국의 딱지를 땐 대한민국이라는 사실이죠.

참으로 놀라운 일이에요. 다만 필자가 볼 때 조금 아쉬운 것은 '자본주의 4.0'에서 지적한 훌륭한 내용들이 정치경제에만 국한되어 있어서 경제법칙의 본질적 문제, 즉 경제이론의 큰 축이라 할 수 있는 정부와 시장이라는 외적인 틀에서만 볼 것이 아니라, 내적인 틀이라 할 수 있는 생산과 유통의 역할분담이라는 자본주의 시장경제와 사회주의 계획경제에서 오래도록 시행해 온, 그러니까 생산은 창조 기능이며 선의 경쟁이 장점이지만, 유통은 재창조 기능이기에 조절작용이라서 경쟁은 단점이라는, 자본주의 생산의 사유화의 장점과 사회주의 유통의 공유화(분배- 생산에 참여한 분배임이 강조되어야 함)의 장점이라는 거시적 경제법칙의 한 축에 대해서 까지도 심도 있게 연구해 '자본주의 4.0'에서 갈파한 탁월한 내용과 함께 그리고 철학적 확신과 비전까지 가미되어 비교될 수 있었더라면 금상첨화였을 텐데 하는 것이었어요.

이렇게 볼 때 아직 '자본주의 4.0'은 4.0이라는 목표를 향해 나아가고 있는 과정일 뿐, 완전한 4.0에 도달하지 못한 3.5, 즉 자본주의 3.5인 것이죠. 그것도 '시작이 반'이라는 한국의 속담 덕택일 테지만 말이에요. 그래서인지 4.0의 저자도 어떤 자본주의가 보편화 될지는 아무도 확실히 대답할 수 없다고 했음은 높게 평가해야 해요.

시장은 사유성을 갖고 정부는 공유성을 갖습니다. 공유성과 국유화는 다른 개념이에요. 자본주의 4.0이 그동안 시행된 자유 시장경제라는 환경을 기반으로 연구되고 분석되어 보다 더 새로운 과정으로 나아가기 위한 진지한 연구의 결과는 결국 사유와 공유의 적절한 믹싱에 대한 것이에요. 제가 여기에 더해 '생산은 사유성'을 갖고 '유통은 공유성'을 갖기에 생산과 유통의 적절한 역할분담에 의한 원활한 교류가 있어야 하며, 여기에 더하여 대기업은 '대외업무'를 맡고, 중소기업은 '내수업무'를 주로 관장하는 임무를 각각 수행하는 시스템으로 전환하게 된다면 이상적일 수 있을 것이다. 이것이 '제4의 길'이에요.

더불어 '자본주의 4.0'이 제대로 기능하기 위해서는 경제의 심장과도 같은 '금융체계'가 '공유화체제(50%)'로의 대 전환이 일어나지 않으면 안 돼요. 왜냐하면 금융은 궁극에 있어서 엄연히 유통의 한 분야이기 때문이죠. 공유성을 갖는 금융이 금융파생상품을 생산하여 자유화라는 미명하에 민간시장으로 내려와 투기를 일삼으며, 건전한 시장 질서를 유린한 결과 끝내 공공성 까지 파괴하는 현실을 무엇으로 설명할 수 있을지 걱정이 앞섭니다.

뉴욕대학의 닥터 둠 누리엘 루비니도 "지금 세계는 금융위기로 불거진 불평등의 심화가 정치·사회적인 위기로 옮아가는 단계에 놓여있다"라고 해 금융의 중요성을 강조했어요. 따라서 금융은 생산성을 갖는 본질적 기능이 아니라 조절기능, 즉 전달기능을 갖는 에너지원소일 뿐임을 깊이 인식해야 해요. 존재에 대한 정확한 연구와 역할 규명, 이것이 철학입니다.

노벨경제학 수상자 조셉 스티글리츠(Joseph E. Stiglitz)는 "민간 시장이 언제나 자신의 이익을 사회의 이익과 일치시키려고 노력할 것으로 기대할 수는 없으며. 특히 기술적으로나 정치적으로 급변하는 상황에서는 더욱 그렇다."라고 해 '사유화'의 놀이터인 시장만능주의의 위험성을 경고하고 있어요.

다음은 A. 칼레츠키의 '자본주의 4.0, 16장 자본주의 4.0의 경제정책'에 대한 의견입니다. 이 탁월한 분석의 의미와 금융의 공유화의 개념과는 어떤 차이점과 그리고 어떤 유사성이 있는지를 심도 있게 분석해 보기를 바랍니다.

"리먼브라더스가 파산할 때까지 30년 동안 대부분의 정부와 중앙은행들은 거시경제정책에서 한 가지 공식적인 목표만 인정했다. 바로 인플레이션만 통제하는 것이었다. 통화량과 인플레이션의 관계는 공식적인 슬로건 보다 훨씬 더 미묘하고 섬세하다는 것을 늘 알고 있었지만, 중앙은행들은 한결같이 오로지 인플레이션에만 초점을 맞추었다. 통화주의 경제정책 때문에 총수요 관리정책을 펼칠 수 없는 가운데 거시경제정책의 성공 여부를 판단하는 데에는 오직 한 가지 기준만 남아 있는 것 같았다. 바로 물가안정이었다. 재무장관과 중앙은행들은 … 완전고용 달성·생산성장 극대화·무역수지와 재정수지의 균형 유지를 무역정책·산업·정부 예산 편성과 같은 미시경제를 담당하는 하급 책임자에게 위임했다.

자본주의 4.0에서는 통화주의와 실물경제, 인플레이션에 대한 책임과 실업에 대한 책임, 거시경제 목표와 미시경제 목표 사이의 이런 극단적인 구분은 더 이상 의미가 없다. 정치인과 국민들이 정책 목표의 모든 측면들은 상호작용한다는 것을 깨달았으므로 모든 경제 목표들은 더 복잡한 방식으로 다루어져야 한다. -중략-

중앙은행이 금융위기 이전의 경제사상의 관점에서 대답한다면, 그것은 시장근본주의자들이 일관성·투명성·공무원들의 재량권을 제한하기 위해 만든 준(準) 계약적 규칙에 집착했다. 그러나 자본주의 4.0은 이런 순진한 추상적 사고방식에서 벗어날 것이다. 그리고 중앙은행들도 경제활동의 복잡성과 애매모호함을 받아들이게 될 것이다.

인플레이션과 명목 GDP, 혹은 다른 어떤 한 가지 경제 목표만 통제하는 대신에 중앙은행은 여러 가지 경제 목표를 추구해야 한다. 최소한 전 세계의 중앙은행들은 적정한 수준의 경제성장률과 고용만이 아니라 낮은 물가 상승률이라는 목표도 달성해야 한다. 중앙은행들은 또한 신용을 적절히 확대시키고, 다른 주요 경제국의 책임 있는 기관과 협력해서 환율과 무역불균형을 적정선에서 조율해야 한다. …

정부는 국제적으로 경제성장의 균형을 유지하는 역할을 해야 한다. 정부는 미국과 영국·유럽 주변국들에 대한 수출을 늘리고 중국과 독일·일본의 소비를 늘리도록 해야 한다. 또한 정치인들은 금융시스템을 안정시킬 책임이 전적으로 정치인들 자신에게 있다는 것을 인정하고, 금융규제의 궁극적 책임을 시장이나 민간 신용평가사·국제 관료들에게 맡겨서는 안 된다. 게다가 정부는 공공지출과 부채를 빠른 속도로 줄이면서 새로 맡은 이런 포괄적 경제 관리의 책임을 져야 한다. 더 복잡하고 더 폭넓은 정치적 책임과 더 엄격한 제약은 자본주의 4.0 시대 경제정책의 전형적인 특징이 될 것이다. …

이렇듯 유통성을 갖는 모든 분야는 '1/2 공유화체계'로의 일대 변신을 시도해야 해요. 이것이 정치가 해야 할 중요한 역할, 즉 정치경제인 것이지요. 그런데 자본주의 4.0 못지않게 중요한 4.0이 하나 또 있다. 일명 새로운 '제4의 길'로 불리는 '민주주의 4.0·공존주의 1.0'이 그것이에요.

그 동안의 민주주의는 1.0, 2.0, 3.0의 민주주의, 즉 인물중심과 중앙집권, 연고, 혈연, 학연 등의 패거리주의에 의한 청사진 부재의 정치 일색이라 해도 과언이 아니에요. 자본주의 4.0에 못지않은 민주주의 4.0은 정책중심, 지방분권, 능력, 배려, 소통, 공감 등의 국민이 국가의 주인의식으로 거듭나 미래를 걱정하는 책임민주주의인 '제4의 길(민주주의 4.0·공존주의 1.0)'을 이제는 이 땅에 화려하게 피어나게 해야 해요.

통행에서 동행으로

이 국 환 ((사)국민통합 광주광역시본부장)

알프스 기슭에서 노란개나리꽃이 반기고
중앙아시아 공원에서 만난 무궁화꽃나무도 당당할 적에
동남풍과 북서풍이 길을 열고 결을 넓히고
민족의 햇살은 채워지고 채워주련만
반세기가 철철 넘치도록 등진 남과 북의 등과 등거리
벌벌거리고 설설거려온 백두대간의 협곡에서
남과 북은 혀로 밀면서 동과 서는 혀로 벌면서
갈기갈기 찢겨진 물림의 상처요 절규의 무덤뿐이었다면

오호 하늘을 우러러 준열한 역사에 기울어
나 하나의 침묵, 끼리 끼리만의 냉소여
잘못 살아온 세월도 부끄러울세라
잔생이도 꼬장꼬장한 꼼수와의 자전에서
방관조차 넘어서는 공전의 신명이란 이런 것이니
허망한 통치에서 무거운 시험지는 내려놓아야 할 때

툭 터진 통행에서 쭉쭉 질러가는 동행으로
팔천만 한민족의 열혈한 정체성을 우뚝 세우고
우렁찬 백두산호랑이 출력으로 애국가를 열창해야 할 때

치열한 디지털능선의 선봉에 서서
단단한 단군의 지팡이로 대주와 대양을 지휘해야 할 때다!

국립중앙도서관 출판시도서목록(CIP)

(국민통합, 남북통일, 세계평화를 위한) 패러다임의 대전환 / 권추호 지음. -- 광주 : 시와사람, 2013
p. ; cm

ISBN 978-89-5665-376-1 03300 : ₩15000

정치사[政治史]

340.911-KDC5
320.9519-DDC21 CIP2013009460

국민통합, 남북통일, 세계평화를 위한

패러다임의 대전환

2013년 6월 20일 인쇄
2013년 6월 25일 발행

좌장 | 조 동 회 질문 | 김 현 서
답변 | 권 추 호 편집 | 이 국 환
펴낸이 | 강 경 호
기획·인쇄 | (주)시와사람
등 록 | 1994년 6월 10일 제 05-01-0155호
주 소 | 광주시 동구 백서로 125번길 32-5 (금동 8-1)
전 화 | (062)224-5319
팩 스 | (062)225-5319
E-mail | jcapoet@hanmail.net

ISBN 978-89-5665-376-1 03300

값 15,000원

* 지은이와의 협의로 인지를 붙이지 않습니다.
* 잘못된 책은 바꾸어 드립니다.

공급처 ■ 한국출판협동조합
경기도 파주시 탄현면 오금리 202번지
주문전화 (02)716-5616, 070-7119-1740